A ÉTICA É POSSÍVEL NUM MUNDO DE CONSUMIDORES?

Obras de Zygmunt Bauman:

- 44 cartas do mundo líquido moderno
- Amor líquido
- Aprendendo a pensar com a sociologia
- A arte da vida
- Babel
- Bauman sobre Bauman
- Capitalismo parasitário
- Cegueira moral
- Comunidade
- Confiança e medo na cidade
- A cultura no mundo líquido moderno
- Danos colaterais
- O elogio da literatura
- Em busca da política
- Ensaios sobre o conceito de cultura
- Estado de crise
- Estranho familiar
- Estranhos à nossa porta
- A ética é possível num mundo de consumidores?
- Europa
- Globalização: as consequências humanas
- Identidade
- A individualidade numa época de incertezas
- Isto não é um diário
- Legisladores e intérpretes
- Mal líquido
- O mal-estar da pós-modernidade
- Medo líquido
- Modernidade e ambivalência
- Modernidade e Holocausto
- Modernidade líquida
- Nascidos em tempos líquidos
- Para que serve a sociologia?
- O retorno do pêndulo
- Retrotopia
- A riqueza de poucos beneficia todos nós?
- Sobre educação e juventude
- A sociedade individualizada
- Tempos líquidos
- Vida a crédito
- Vida em fragmentos
- Vida líquida
- Vida para consumo
- Vidas desperdiçadas
- Vigilância líquida

Zygmunt Bauman

A ÉTICA É POSSÍVEL NUM MUNDO DE CONSUMIDORES?

Tradução:
Alexandre Werneck

Copyright © 2008 by President and Fellows of Harvard College

Tradução autorizada da primeira edição inglesa, publicada em 2008 por Harvard University Press, de Londres, Inglaterra

Grafia atualizada segundo o Acordo Ortográfico da Língua Portuguesa de 1990, que entrou em vigor no Brasil em 2009.

Título original
Does Ethics Have a Chance in a World of Consumers?

Capa e imagem
Bruno Oliveira

Preparação
Angela Ramalho Vianna

Revisão
Eduardo Monteiro
Clara Diament

Dados Internacionais de Catalogação na Publicação (CIP)
(Câmara Brasileira do Livro, SP, Brasil)

Bauman, Zygmunt, 1925-2017
A ética é possível num mundo de consumidores? / Zygmunt Bauman; tradução Alexandre Werneck. – 1ª ed. – Rio de Janeiro: Zahar, 2021.

Título original: Does Ethics Have a Chance in a World of Consumers?
ISBN 978-65-5979-014-2

1. Consumo (Economia) – Aspectos morais e éticos 2. Globalização – Aspectos morais e éticos I. Título.

21-63348   CDD: 174

Índice para catálogo sistemático:
1. Consumo : Ética 174

Cibele Maria Dias – Bibliotecária – CRB-8/9427

[2021]
Todos os direitos desta edição reservados à
EDITORA SCHWARCZ S.A.
Praça Floriano, 19, sala 3001 – Cinelândia
20031-050 – Rio de Janeiro – RJ
Telefone: (21) 3993-7510
www.companhiadasletras.com.br
www.blogdacompanhia.com.br
facebook.com/editorazahar
instagram.com/editorazahar
twitter.com/editorazahar

· **Sumário** ·

Introdução: Ameaças ou oportunidades? 7

1. Que oportunidades tem a ética no mundo globalizado dos consumidores? 37

2. Assassinatos categóricos, ou o legado do século XX e como relembrá-lo 84

3. Liberdade na era líquida moderna 115

4. Vida apressada, ou desafios líquidos modernos para a educação 149

5. Da frigideira ao fogo, ou as artes entre a administração e o mercado 198

6. Tornando o planeta hospitaleiro para a Europa 228

Notas 261
Índice remissivo 269

· **Introdução** ·

Ameaças ou oportunidades?*

Este livro é um relato do campo de batalha – do campo em que travamos uma luta para encontrar formas novas e adequadas de pensar *em*, *sobre* e *para* o mundo em que vivemos, e de fazer o mesmo em relação a nossas vidas neste mundo.

O esforço para compreender o mundo – este mundo, aqui e agora, em aparência familiar, mas que não nos poupa de surpresas, negando hoje o que ontem sugeria ser verdade, oferecendo poucas garantias de que aquilo que consideramos verdadeiro ao entardecer de hoje não será refutado amanhã, ao nascer do sol – é de fato uma luta. Uma luta, pode-se dizer, árdua – sem dúvida uma empreitada assustadora e permanente –, para sempre inacabada. A vitória final nessa guerra continua obstinadamente para além do horizonte. E, de forma vergonhosa, a esperança de se alcançar alguma compreensão do mundo parece ainda mais inexequível agora do que num passado não tão distante assim – como as pessoas mais velhas se lembrarão e as mais jovens acharão difícil de imaginar.

Se a vida parece se mover rápido demais para que a maioria de nós consiga acompanhar suas idas e vindas, imagine se falás-

---

* Série de conferências proferidas no Instituto de Ciências Humanas de Viena, em 2008.

7

semos em antecipá-las. Planejar um curso de ação e se manter fiel ao plano, esta é uma empreitada cheia de riscos, porque a ideia de planejamento a longo prazo parece ser muito perigosa. Trajetórias de vida soam como se tivessem sido fatiadas em episódios; qualquer conexão entre os capítulos, para não mencionar as ligações causais, determinantes, só é perceptível (se é que isso é possível) em retrospecto. Preocupações e apreensões sobre o sentido e o destino da jornada são tão abundantes quanto os prazeres prometidos por este mundo cheio de surpresas, esta vida pontuada de "novos começos".

Nosso desafio, uma vez lançados num cenário como este e obrigado a nele agir, não se torna mais fácil pelas "redes conceituais" que herdamos ou aprendemos a usar para apreender a fugaz realidade, nem pelos vocabulários a que em geral recorremos para relatar nossas descobertas. Tantos conceitos e tantas palavras planejadas para transmitir a nós mesmos e aos outros os significados que depreendemos hoje se mostram inadequados para seu propósito. Precisamos desesperadamente de um novo quadro que acomode e organize nossas experiências, permitindo perceber sua lógica e ler sua mensagem, até agora ocultas, ilegíveis ou suscetíveis de leituras errôneas.

Neste livro, sugiro uma tentativa preliminar e experimental de montar esse quadro. Não posso fingir que seja algo mais que um "memorial de carreira", nada além de uma tentativa de captar a forma de um mundo em movimento, um universo que, de forma enervante, muda mais depressa que nossa capacidade – nossos modos de pensar e falar sobre ele – de nos adaptar. Em vez de sugerir soluções para nossos dilemas, apresento-me aqui a pergunta de como eles tendem a ser moldados (por que tipo de experiência), onde se encontram suas raízes e que questões precisam ser formuladas se quisermos desencavá-las.

Minha ambição é apenas ajudar a mim mesmo e a meus leitores a afiar nossas *ferramentas* cognitivas comuns. Aperfeiçoar os *produtos* cognitivos é um esforço que pode permanecer individualizado, do tipo faça você mesmo. Sem dúvida, é verdade que, seja grande ou pequeno, o apuro em nosso pensamento sobre o mundo vivido não será suficiente para assegurar a realização da esperança de melhorar este mundo e nossas vidas nele; embora não seja menos verdade que, sem tais melhorias, essa esperança não poderá sobreviver.

Apenas para esclarecer o que essa sugerida reformulação de nosso quadro cognitivo implicaria e que obstáculos é provável enfrentar no percurso, paremos para dar uma olhada na aventura intelectual de um grupo de pesquisadores da Sociedade Zoológica de Londres, que foi ao Panamá estudar a vida social das vespas locais. O grupo viajou equipado com tecnologia de ponta, utilizada ao longo de seis mil horas para acompanhar e monitorar os movimentos de 422 vespas de 33 ninhos.[1] Pois o que os pesquisadores descobriram derrubou estereótipos de séculos a respeito dos hábitos dos insetos sociais.

Na verdade, desde que o termo "insetos sociais" (categoria que abrange abelhas, cupins, formigas e vespas) foi cunhado e popularizado, tanto os zoólogos universitários quanto o público leigo compartilharam uma firme crença, poucas vezes questionada: a "sociabilidade" dos insetos é restrita ao ninho a que pertencem, no qual nasceram e para onde levam os despojos de suas regulares investidas em busca do alimento a ser compartido com os demais habitantes da colônia. A possibilidade de algumas abelhas ou vespas trabalhadoras cruzarem os limites entre os ninhos, abandonar a colmeia *de nascimento* e se juntar a outra, uma colmeia *de escolha*, era vista (se é que isso alguma vez chegou a ser contemplado) como algo incongruente. Pelo contrário, tinha-se como axioma que os "nativos", os naturais do local e, portanto, "legítimos" membros do ninho, prontamente perseguiriam os recém-chegados e os aniquilariam, caso se recusassem a fugir.

Como todos os axiomas, esse pressuposto jamais fora questionado ou verificado. De fato, do ponto de vista técnico, nem poderia ter sido: os equipamentos eletrônicos para marcar cada vespa tinham sido inventados havia muito pouco tempo. Mais importante, porém, é que, para começo de conversa, a ideia de que era possível fazer o rastreamento do tráfego entre ninhos ou colmeias não ocorreu a ninguém – nem a pessoas comuns nem aos especialistas. Para os estudiosos, o pressuposto de que o instinto de socialização se restringia a "amigos e parentes", em outras palavras, à "comunidade de nascimento e, *portanto*, de pertencimento", era o mais racional. E, para as pessoas leigas, isso fazia sentido.

Assim, em vez de sugerir-se o questionamento, grande quantidade de energia e dinheiro para pesquisa foi dedicada à questão de como os insetos sociais localizam um estranho em seu meio. Eles o distinguiriam pela visão? Pelo som? Pelo cheiro? Por diminutas nuances de conduta? O problema intrigante era como os insetos conseguem realizar aquilo em que nós, seres humanos, com todas as nossas sofisticadas e inteligentes ferramentas e armas, somos apenas parcialmente bem-sucedidos – isto é, como eles mantêm as fronteiras da "comunidade" impermeáveis e conservam a separação entre "nativos" e "estrangeiros", entre "nós" e "eles".

Mas o que é aceito pela razão (em seu papel de autoridade suprema quando se trata de fazer julgamentos e reconhecê-los como indiscutíveis), assim como o que é considerado de "bom senso" (em seu papel de *doxa* ou paradigma), tende a mudar ao longo do tempo.[2] Muda ao mesmo tempo que a condição humana e os desafios por ela apresentados.

Todas ou a maioria das visões mantidas pela razão ou por bom senso tendem a ser *praxeomórficas*. Elas tomam forma em resposta às realidades "lá fora", enxergadas pelo prisma das práticas humanas – o que os seres humanos realmente fazem, sabem fazer, são treinados e preparados para e dispostos a fazer. Projetos acadêmicos derivam de práticas leigas, uma vez que o temário *sociocultural*, ditado por problemas de convivência humana diária, é que define a relevância tópica de questões e sugere hipóteses que depois serão ou não confirmadas por projetos de pesquisa.

Estamos, portanto, autorizados a supor que, se nenhum esforço foi feito para testar um conhecimento transmitido pela sabedoria popular, não é tanto por falta de instrumentos de pesquisa; é pela ausência de suspeita de que o teste seja necessário porque a credibilidade daquele conhecimento comum estava em questão. Embora, na maior parte da história moderna, nada na visão de senso comum (nenhuma crença formada e reforçada todos os dias pela experiência comum) tenha lançado dúvidas sobre a "naturalidade" e a universalidade das limitações "inatas" na sociabilidade, a pesquisa aventureira da equipe da Sociedade Zoológica torna razoável supor que isso agora talvez não possa mais acontecer.

Ao contrário de tudo o que sabia (ou acreditou conhecer) havia séculos, a equipe de Londres descobriu no Panamá que uma razoável maioria (56%) de "vespas trabalhadoras" muda de ninho ao longo da vida, se desloca para outras colônias não apenas como visitantes temporárias e indesejadas, discriminadas e marginalizadas, sempre suspeitas e alvejadas pelo ressentimento; elas mudam-se como membros plenos e legítimos (fica-se tentado a dizer "de carteirinha") da comunidade adotiva, recolhendo nutrientes, alimentando e preparando as ninhadas nativas da mesma maneira que as trabalhadoras locais. A conclusão inevitável é que os ninhos pesquisados pelos londrinos, em geral, eram "populações mistas", nas quais vespas nativas e imigrantes viviam e trabalhavam lado a lado, ombro a ombro – tornando-se indistinguíveis umas das outras (pelo menos para os outsiders humanos), salvo com a ajuda de marcas eletrônicas.

O que a novidade do Panamá aponta, acima de tudo, é uma surpreendente reversão de perspectiva: crenças que até não muito tempo atrás eram imaginadas como reflexos do "estado de natureza" foram então reveladas, em retrospecto, como simples projeção, sobre os hábitos dos insetos, de preocupações e práticas dos próprios estudiosos humanos, demasiado humanos (embora sejam práticas de um tipo hoje em declínio e já ultrapassadas). Contudo, uma vez que os pesquisadores de uma nova geração levaram para a floresta do Panamá suas (e nossas) experiências práticas de vida, adquiridas e absorvidas em seu lar recém-tornado um universo multicultural de diásporas entrelaçadas, eles "descobriram" da maneira devida que a fluidez na adesão e a perpétua mistura de populações são a *norma* também entre os insetos sociais; e uma norma aparentemente implementada de maneira "natural", sem a ajuda de comissões legislativas, projetos de lei rapidamente postos em vigor, tribunais superiores ou campos de refugiados. Nesse caso, como em tantos outros, a natureza praxeomórfica da percepção humana do mundo impeliu os pesquisadores a encontrar lá fora, no mundo, o que aprenderam a fazer e faziam ali mesmo, em casa – e que todos nós carregamos em nossas cabeças ou em nosso inconsciente como imagem de como as coisas realmente são.

No confronto com as inesperadas evidências trazidas à tona pelos insetos sociais, algo produziu um estalo: as premonições intuitivas, semi ou inconscientes, eram articuladas entre si (ou, talvez, tenham articulado a si mesmas desse modo); em seguida, as intuições foram recicladas na forma de uma síntese alternativa daquela realidade diferente, que correspondia à novidade contida na própria realidade dos pesquisadores. Mas, para que essa reciclagem pudesse ter lugar, já devia haver uma acumulação de matéria-prima à espera de reciclagem.

"Como isso é possível?", perguntaram-se os londrinos em sua viagem de pesquisa ao Panamá, num primeiro momento, mal acreditando nos resultados, tão diferentes eles eram do que seus professores lhes haviam ensinado. Então, eles começaram, de forma febril, a buscar uma explicação convincente para a conduta bizarra das vespas do Panamá.

Como seria de esperar, encontraram-na no celeiro de métodos testados e familiares de reciclar evidências anômalas e fazê-las se conformar à imagem de um mundo ordenado. Eles declararam que os recém-chegados que tivessem sido autorizados a se instalar no interior de colônias diferentes das originais "não eram verdadeiramente estrangeiros" – estranhos, sem dúvida, mas não tão estranhos quanto os outros, estranhos *genuínos*. Talvez eles tivessem se juntado a ninhos de vespas intimamente relacionadas – primos, quem sabe? De fato, essa explicação pode ter soado infalível para os pesquisadores humanos: parecia indiscutível, precisamente pelo fato de ser pleonástica. O direito de parentes próximos a visitar e se instalar na casa da família era, para eles, desde tempos imemoriais, um direito de nascimento. Como todos nós sabemos, é exatamente isso que diferencia parentes próximos de todos os outros visitantes. Mas como saberíamos se as vespas estrangeiras eram parentes próximas das nativas? Bem, elas deviam ser, não deviam? Caso contrário, os nativos as teriam obrigado a ir embora ou as matado ali mesmo – *quod erat demonstrandum*, o raciocínio circular é infalível, mesmo que não seja exatamente lógico, e é por isso que muitos de nós inúmeras vezes recorremos a ele, não tanto para resolver problemas desconcertantes, mas para sermos absolvidos da obrigação de nos preocupar com eles.

O que os pesquisadores de Londres claramente esqueceram ou, por razões de conveniência, deixaram de mencionar é que levou um século ou mais de trabalho árduo, por vezes brandindo espadas, por outras com lavagem cerebral, para convencer prussianos, bávaros, badenianos, württemberguianos ou saxões (como é preciso agora convencer os *Ossis* e os *Wessis*, até pouco tempo atrás, respectivamente, alemães-ocidentais e alemães-orientais)* de que eles eram todos parentes próximos, primos ou mesmo irmãos, descendentes do mesmo antigo tronco, animados pelo mesmo espírito teutônico; e que, por isso, deviam se comportar como procedem os parentes próximos – ser hospitaleiros uns com os outros e cooperar na proteção mútua e na ampliação do bem comum.

De maneira similar, no caminho para o moderno Estado-nação centralizado e para a identificação entre nacionalidade e cidadania, a França revolucionária teve de incluir o slogan da *fraternité* nas conclamações dirigidas aos "locais" de todos os cantos – agora chamados *citoyens*. Dirigia-o a pessoas que raramente tinham lançado um olhar, muito menos chegado a

---

* *Wessi* e *Ossi*, abreviaturas de *Westerner* e *Easterner*, respectivamente "ocidental" e "oriental"; nomes informais dados na Alemanha pré-reunificação aos habitantes de cada lado do Muro. Ainda persistem para designar os antigos moradores dos lados oriental e ocidental, mas perderam sua força. Aqui, fizemos o plural acrescentando "s" no final das palavras. (N.T.)

viajar, além das fronteiras do Languedoc, de Poitou, Limousin, da Borgonha, Bretanha ou do Franco-Condado. *Fraternité*, fraternidade: todos os franceses são irmãos, por isso, por favor, comportem-se como irmãos, amem uns aos outros, ajudem-se e façam de toda a França seu lar comum, e das terras da França sua pátria comum. Nesse mesmo sentido, desde a época da Revolução Francesa, todos os movimentos empenhados em proselitismo, recrutamento, expansão e integração das populações dos reinos e ducados antes desunidos e mutuamente desconfiados adotariam o hábito de tratar seus atuais e potenciais convertidos como "irmãos" e "irmãs". Ou, como qualquer antropólogo poderá dizer, *todas* as culturas conhecidas, em geral, ligam direitos e deveres individuais e normas de reciprocidade a áreas destacadas nos mapas mentais de parentesco, mesmo que o conteúdo substantivo desses direitos e deveres varie consideravelmente de uma cultura para outra, e essa variação constitua uma das principais razões para vê-las como culturas *diferentes*.

Para resumir uma longa história: a diferença entre os mapas cognitivos que as gerações mais velhas de entomologistas carregavam em suas cabeças e os adquiridos ou adotados pelos mais jovens reflete a passagem da fase de construção da nação na história dos Estados modernos para a fase multicultural de sua história; ou, de maneira mais geral, da modernidade "sólida" (centrada em consolidar e fortalecer o princípio da soberania territorial, exclusiva e indivisível, e em circunscrever territórios soberanos dentro de fronteiras impermeáveis) para a modernidade "líquida" (com suas fronteiras difusas e permeáveis, a irrefreável, embora lamentada, ressentida e até combatida, desvalorização das distâncias espaciais e da capacidade defensiva dos territórios, e o intenso tráfego humano por todas e quaisquer fronteiras).

Esse tráfego humano, aliás, segue nos dois sentidos; as fronteiras são cruzadas por ambos os lados. A Grã-Bretanha, por exemplo, é hoje um país de *imigração* (ainda que os sucessivos secretários do Interior percam as estribeiras para mostrar seus esforços em criar novas barreiras e conter o afluxo de estrangeiros). Mas, por outro lado, de acordo com os últimos cálculos, quase um milhão e meio de britânicos nativos estão estabelecidos na Austrália; quase um milhão na Espanha; algumas centenas de milhares na Nigéria; há até uma dúzia na Coreia do Norte. O mesmo se aplica a França, Alemanha, Polônia, Irlanda, Itália, Espanha. Em uma medida ou outra, aplica-se a qualquer território do planeta que seja limitado por uma fronteira, com exceção de pouquíssimos enclaves totalitários remanescentes, que ainda lançam mão de anacrônicas técnicas panópticas, mais projetadas para manter os internos (cidadãos do Estado) *dentro* das muralhas (fronteiras do Estado) do que para conservar os estrangeiros *do lado de fora*.

A população de qualquer país, hoje, é uma coleção das diásporas. Qualquer cidade de dimensões consideráveis é agora um agregado de enclaves étnicos, religiosos e de estilo de vida, cuja linha divisória entre insiders e outsiders se torna uma questão ferrenhamente discutida; ao passo que o direito de traçar essa linha, de mantê-la intacta e torná-la inexpugnável se transformou no principal elemento de disputa nos conflitos sobre a influência e nas batalhas sobre reconhecimento que a eles se seguem. A maioria dos *Estados* deixou sua fase de construção da nação para trás – de modo que não está mais interessada em assimilar os estranhos que chegam (obrigando-os a sair e a perder, por confisco, sua identidade própria, diferente, e se dissolver na massa uniforme dos autóctones); assim, os arranjos da vida contemporânea são susceptíveis a se manterem proteus* e caleidoscópicos, e é provável que os fios com os quais a experiência de vida é tecida se mantenham por longo tempo variados, matizados. Considerando-se tudo o que importa, e por tudo que sabemos, eles podem muito bem se manter para sempre em mutação.

---

* Desde *Postmodern Ethics* (publicado originalmente no Reino Unido em 1993), Bauman recorre várias vezes ao mito grego de Proteu para cunhar termos relacionados à ideia de algo ser capaz de assumir diferentes formas (ele chega a falar, por exemplo, em uma *proteofobia*). A metáfora vem do nome do filho de dois titãs, que tinha o poder da premonição e o usava para atrair os homens, mas, diante deles, tomava sempre outra forma, podendo assumir a que desejasse. (N.T.)

Todos agora somos, ou logo nos tornaremos, as vespas do Panamá. Porém, mais precisamente, coube àquela porção de vespas entrar para a história como a primeira entidade social à qual o quadro cognitivo emergente, precoce (ainda à espera de ser reconhecido e endossado), foi aplicado; um quadro derivado de nossa nova experiência acerca de uma configuração de convivência humana progressiva e sempre matizada, do caráter fundível da linha de separação entre o dentro e o fora, e da prática cotidiana de se misturar e ficar ombro a ombro com a diferença.

Immanuel Kant previu, mais de dois séculos atrás, que a concepção, a elaboração e a colocação em prática das regras de hospitalidade mútua deveriam em algum momento se tornar uma necessidade para a espécie humana, já que todos nós habitamos a superfície de um planeta *esférico*. Essa previsão foi agora concretizada. Ou, antes, essa necessidade tornou-se o desafio seminal de nosso tempo, aquele que clama pelas respostas mais urgentes e minuciosamente avaliadas.

Nenhum lugar do planeta será poupado de um confronto cara a cara com esse desafio. Se, de alguma maneira, um deles for isentado da regra universal, isso será apenas por curto período de tempo. O desafio afronta cada direção de só uma vez e, do ponto de vista de qualquer lugar, simultaneamente, ativa tensões e urgências internas e externas. Por mais autoconfiante que possa ou finja estar, e por mais recursos que apresente, cada enclave territorial soberano do planeta está fadado a ser arrastado para baixo pela magnitude total do desafio global; mais cedo ou mais tarde perderá sua batalha defensiva (caso empreenda essa batalha sozinho, como na maioria das vezes, recorrendo apenas às fontes disponíveis e às medidas viáveis no seu interior). Ao mesmo tempo, hoje é notória a ausência de um centro planetário dotado de autoridade total, que pudesse definir as regras para uma aliança universal, orientada para dar uma resposta adequada a esse desafio, e que pudesse tornar essas regras universalmente efetivas.

A composição de mais de duas centenas de "unidades soberanas" no mapa político do planeta lembra cada vez mais aquela dos ninhos de 33 vespas pesquisados pela expedição da Sociedade Zoológica de Londres. Ao tentar dar sentido ao presente estado de coabitação humana, poderíamos fazer pior que tomar emprestados os modelos e as categorias que os pesquisadores do Panamá foram obrigados a mobilizar para dar significado às suas descobertas. Na verdade, nenhum dos ninhos que investigaram tinha os meios para manter suas fronteiras impermeáveis, e cada um se viu obrigado a aceitar as permanentes trocas em sua população. Ao mesmo tempo, cada qual parecia administrar muito bem a situação, dadas as circunstâncias: absorveram os recém-chegados sem atrito e não sofreram qualquer avaria por conta da saída de alguns moradores. Além disso, não havia nada em vista que mesmo remotamente lembrasse uma "central dos insetos" capaz de regular o trânsito desses seres – ou, nesse sentido, promover qualquer outra coisa parecida com uma regulação. Cada ninho teve de lidar com as tarefas da vida mais ou menos por conta própria, embora seja provável que suas altas taxas de "rotatividade de pessoal" tenham assegurado que o know-how adquirido por qualquer colônia pudesse viajar livremente, e que de fato o fizesse, contribuindo para a bem-sucedida sobrevivência de todos os outros ninhos.

Além disso, os pesquisadores parecem, antes de tudo, não ter encontrado evidências de guerras entre ninhos. Em segundo lugar, eles descobriram que o fluxo de "quadros funcionais" entre colmeias parecia compensado pelos excessos ou déficits populacionais localmente produzidos. Terceiro, perceberam que a coordenação e a cooperação indireta entre os insetos sociais do Panamá, ao que parece, eram sustentadas sem nenhuma coação ou propaganda, sem oficiais de comando ou quartéis-generais à vista, ou seja, sem um *centro*. Quer admitamos ou não, quer apreciemos ou temamos – nós, seres humanos espalhados entre mais de duas centenas de unidades soberanas conhecidas como Estados –, também conseguimos já há algum tempo viver sem um centro, embora essa ausência de um poder global claro, incontestado e de autoridade inquestionável gere, para os poderosos e os soberbos, uma constante tentação de buscar, eles próprios, preencher esse vazio.

A centralidade do centro se decompôs, e ligações entre esferas intimamente interligadas de autoridade foram rompidas, talvez de modo irremediável. Condensações locais de influência e poder econômicos, militares, intelectuais ou artísticos não convergem mais (se é que algum dia o fizeram). Aqueles mapas-múndi em que pintamos entidades políticas em várias cores para marcar suas participações e importâncias relativas no que diz respeito, respectivamente, a indústria global, comércio, investimentos, poder militar, realizações científicas ou criação artística não apresentam mais sobreposições. Além disso, as tintas que por acaso usássemos deveriam ser laváveis, uma vez que a classificação de qualquer território segundo a "ordem das bicadas"* de influência e impacto sociais não tem garantia de durabilidade.

À medida que tentamos desesperadamente compreender a dinâmica das questões mundiais de hoje, nosso hábito antigo e violentamente agonizante de organizar o equilíbrio de forças com a ajuda de ferramentas conceituais como centro, periferia, hierarquia, superioridade e inferioridade se aproxima mais de uma deficiência do que, como antes, de um recurso; mais como luzes ofuscantes do que como lanternas. Afinal, as ferramentas desenvolvidas e aplicadas na pesquisa com as vespas do Panamá podem bem se provar muito mais adequadas para essa tarefa.

A falta de uma divisão clara e estável entre centro e periferia globais, assim como a nova multidimensionalidade das relações superior-inferior, não permite antever um "nivelamento" global das condições dos homens. Sem dúvida, elas não dizem respeito ao advento ou mesmo ao gradual avanço da igualdade. Na atual constelação de condições globais necessárias para uma vida decente e agradável (e, claro, também das perspectivas globais de se viver a vida dessa maneira), a estrela da *paridade* brilha cada vez

---

* Expressão vinda da psicologia animal e incorporada a determinado campo da psicologia social; designa a precedência de alimentação entre espécies de pássaros. Bauman usa-a aqui como metáfora para "hierarquia". (N.T.)

mais luminosa onde outrora luziu o astro da *igualdade*. Como irei sugerir no Capítulo 3 deste livro, paridade (proponho enfaticamente) *não é* igualdade; ou melhor, é uma igualdade despojada de um igual ou pelo menos equitativo *direito ao reconhecimento*, ao "direito de *estar*" e ao de (se necessário) *ser deixado* em paz. Isso significa, antes de mais nada, ter direito à autodefinição e à autoafirmação, ter chances reais de atuar de modo efetivo em favor e a partir desse direito. O que mantém unidas as totalidades que se esforçam para alcançar ou reter a paridade é mais aquilo que se costuma chamar de autogoverno (realizado e usufruído, seja postulado ou suposto) do que a criação de fronteiras materiais. As totalidades de nosso tempo lembram mais os abacates, de caroço duro, que os cocos, de dura casca.

O cada vez mais frequente uso da metáfora da "rede", em substituição a termos usados no passado, na descrição das interações sociais (*sistemas, estruturas, sociedades* ou *comunidades*), reflete a acumulativa percepção de que as totalizações sociais são nebulosas nas bordas; mantêm-se num estado de fluxo constante; estão sempre *se tornando*, em vez de *serem*; e raramente estão destinadas a durar para sempre. Em outras palavras, isso sugere que as totalizações hoje em luta por reconhecimento são mais fluidas do que costumavam ou se acreditava ser quando os termos que agora ansiamos por substituir eram os adotados.

No Capítulo 3, proponho que a característica mais determinante de uma rede é a formidável flexibilidade de seus conteúdos – a extraordinária facilidade com que sua composição pode e tende a ser modificada. Se, em todos os sentidos, estruturas consistem em delimitar, reter, manter, restringir, conter, a rede, em contrapartida, diz respeito à perpétua interação de *conexão* e *desconexão*. O processo de "formação de identidade" tornou-se sobretudo uma contínua renegociação de redes.

Proponho também que as identidades existem hoje apenas em processo de contínua renegociação. A formação da identidade, ou, mais corretamente, sua re-formação, tornou-se tarefa vitalícia, jamais completada. Em nenhum momento da vida a identidade é "final". Sempre estará pendente uma tarefa de reajuste, uma vez que nem as condições de vida nem os conjuntos de oportunidades e ameaças cessam de mudar. Essa embutida "infindalidade", a incurável inconclusividade da tarefa de autoidentificação, causa muita tensão e ansiedade. E para essa ansiedade não há um remédio simples.

De todo modo, essa ausência de alguma cura radical existe porque os esforços de formação de identidade variam de modo inquietante – como deve ser – entre os dois valores humanos igualmente centrais de liberdade e segurança. Indispensáveis para uma vida humana decente, eles são difíceis de conciliar, e o perfeito equilíbrio entre ambos ainda deve ser encontrado. Afinal, a liberdade tende a vir no mesmo pacote que a insegurança, enquanto a segurança tende a ser embrulhada com os constrangimentos à liberdade. Como nos ressentimos tanto da insegurança quanto da "in-liberdade", dificilmente ficaríamos satisfeitos com qualquer combinação possível entre liberdade e segurança. Por conseguinte, em vez de seguir o caminho do progresso linear em direção a mais liberdade e mais segurança, podemos observar um movimento pendular: primeiro, opressiva e firmemente no sentido de um dos dois valores; depois, afastamento de um e aproximação do outro.

Hoje, talvez na maioria dos lugares do planeta, parece que o ressentimento em relação à insegurança prevalece sobre o medo de não ser livre (embora ninguém possa dizer por quanto tempo essa tendência irá durar). Na Grã-Bretanha, por exemplo, a vasta maioria das pessoas declara que estaria disposta a renunciar a várias formas de liberdade civil a fim de reduzir as ameaças. Em nome de mais segurança pessoal, a maior parte das pessoas está pronta a aceitar ter carteiras de identidade, até pouco tempo atrás obstinadamente rejeitadas no país em nome da liberdade e da privacidade individuais; e o maior número, também por causa da segurança, quer que as autoridades estatais tenham o direito de grampear linhas de telefone e abrir correspondência privada. É no plano da segurança, e sob a bandeira de "maior segurança", que se forja a ligação entre as autoridades políticas da ocasião e os indivíduos, seus sujeitos, e é aí que se buscam a compreensão mútua e as ações coordenadas.

O desmembramento e a incapacitação dos antigos centros – ortodoxos, supraindividuais, estruturados com firmeza e poderosamente estruturantes – parecem correr paralelos à emergente centralização de um self tornado órfão. No vazio deixado para trás pela retirada de autoridades políticas decadentes, é agora o self que se esforça para assumir, ou é forçado a assumir, a função de centro do *Lebenswelt* (o "mundo da vida", aquela expressão privatizada, individualizada, subjetivizada do Universo). É o self que recoloca o resto do mundo como sua própria periferia, enquanto especifica, define e atribui relevância diferenciada a suas partes, de acordo com suas próprias necessidades. A tarefa de manter unida a sociedade (o que quer que "sociedade" possa significar sob as condições líquidas modernas) está sendo "subsidiarizada", "terceirizada", ou, ainda, simplesmente alocada no plano das políticas de vida individuais. É cada vez mais deixada nas mãos do empreendimento de selves "de rede" e "em rede", e de suas iniciativas e operações de conexão-desconexão.

Tudo isso não significa que a conduta normal e cotidiana do indivíduo tenha se tornado aleatória e descoordenada. Representa apenas que a não aleatoriedade, a regularidade e a coordenação de ações individualmente empreendidas podem ser atingidas por meios diferentes dos estratagemas sólidos modernos de coação, policiamento e orientação da cadeia de comando – os meios preferidos e mobilizados pelas totalidades do passado, em suas tentativas de serem maiores que a soma de suas partes e de forçar/treinar/ensinar suas "unidades" humanas para condutas repetitivas, rotinizadas e reguladas.

Isso posto, podemos perceber outra similaridade digna de nota entre o modo como vivem as vespas do Panamá e a maneira como vivemos. Numa sociedade líquida moderna, *enxames* tendem a substituir *grupos*, com seus líderes, hierarquias e ordens de bicada. Um enxame consegue se arranjar despido de toda a parafernália sem a qual um grupo não pode sequer existir. Enxames não precisam carregar o fardo dos kits de sobrevivência do grupo: eles se juntam, dispersam e reúnem novamente de uma ocasião a outra, cada vez guiados por diferentes e inconstantes pertenças, atraídos por objetivos mutáveis e errantes. A sedutora atração de alvos inconstantes é, em geral, suficiente para coordenar os movimentos do enxame – de modo que comandos ou outros meios de constrangimento vindos "do topo" são redundantes (na realidade, o próprio "topo", o centro, é redundante). Um enxame não tem topo, nenhum centro; apenas a direção de seu voo atual coloca algumas das unidades autoimpelidas do enxame na posição de "líderes" a serem seguidos pela duração de um voo em particular, ou parte dele, mas dificilmente por muito mais tempo.

Entretanto, enxames não são times; eles desconhecem a divisão de trabalho. São (ao contrário de grupos de *bona fide* ["genuínos"]) não mais que a soma de suas partes, ou antes agregados de unidades automotrizes, unidas apenas pela solidariedade mecânica manifestada em padrões semelhantes de conduta e em movimentos numa direção semelhante. Um enxame pode ser mais bem visualizado como as imagens eternamente copiadas de Warhol, sem que nenhuma seja o original, ou com um original descartado e impossível de localizar e resgatar. Cada unidade do enxame reencena os movimentos operados pelos outros enquanto desempenha sozinho todo o trabalho, do princípio ao fim e em todas as suas partes (no caso de enxames de consumo, esse trabalho é consumir).

Num enxame, então, não há muita divisão do trabalho. Não há especialistas, detentores de habilidades e recursos diferenciados (e escassos), cuja tarefa seja habilitar ou ajudar outras unidades a concluir suas tarefas. Espera-se que cada unidade seja um faz-tudo, de posse da caixa de ferramentas completa e das habilidades necessárias para os trabalhos serem realizados. Num enxame, não há complementaridade alguma, e pouco ou nenhum intercâmbio de serviços – apenas proximidade física e movimentos parcamente coordenados. No caso dos homens, unidades sensíveis, pensantes, o conforto de se formar um enxame vem da segurança do *número* – da crença de que a direção trilhada pela ação deve ter sido corretamente escolhida, uma vez que um número impressionantemente grande de pessoas a segue; da suposição de que tantos homens que sentem, pensam, praticam a livre escolha não podem estar todos enganados de uma vez só. No que diz respeito a transmitir autoconfiança e uma sensação de segurança, os movimentos coordenados de um enxame são a melhor alternativa (e não a menos efetiva) para a autoridade dos líderes de grupo.

Jorge Luis Borges sugeriu num de seus contos que, dada a aleatoriedade da boa e da má sorte que recai sobre os indivíduos, e a frequente falta de conexões causais entre a fortuna de uma pessoa e suas ações, seus méritos e seus vícios, pode-se formular a hipótese de que o destino dos indivíduos é decidido sorteando-se números em algum departamento clandestino de loteria.* Do ponto de vista da experiência individual, ninguém poderia provar se existe ou não tal loteria. Pois me pergunto se um mistério do mesmo modo insolúvel não frequenta também a questão centro/periferia no cenário líquido moderno.

De fato, ao assistir a um enxame na perseguição de um objetivo, poderíamos supor que ele segue um comando – muito embora dificilmente fôssemos levados a localizar o quartel-general de onde viriam as ordens. Se assistíssemos a qualquer "unidade" *individual* do enxame, poderíamos sugerir que ela foi movida por seus próprios desejos e intenções, embora acabássemos julgando asssustador explicar as voltas e voltas por ela seguidas – e ainda mais espantoso alcançar o segredo por trás das surpreendentes semelhanças e sincronicidade de movimentos demonstradas pelo grande número de unidades individuais. Se queremos compreender o mundo como ele atualmente se apresenta para nós e adquirir as habilidades necessárias para nele atuar, desconfio que precisamos aprender a conviver com esse dilema.

Em todos os lugares, os laços inter-humanos, sejam herdados ou ligados ao curso das interações atuais, estão perdendo suas antigas proteções institucionais, cada vez mais vistas como

* "A loteria da Babilônia", que integra o livro *Ficções*. (N.T.)

constrangimentos irritantes e insuportáveis para a liberdade de escolha e a autoafirmação individuais. Liberados de sua estrutura institucional (agora censurada e lamentada como uma "gaiola" ou "prisão"), os laços humanos tornaram-se tênues e delicados, facilmente quebráveis e com frequência efêmeros.

Nossa vida, quer saibamos disso ou não, quer apreciemos o fato ou o lamentemos, é obra de arte. Para viver nossa vida como exige a arte de viver, temos – assim como os artistas – de nos impor desafios difíceis de confrontar de perto, objetivos bem além de nosso alcance, padrões de excelência que pareçam distantes de nossa capacidade para alcançá-los. Precisamos tentar o impossível. Só podemos esperar, sem o benefício de prognósticos confiáveis (o que dirá de certezas), que, com esforços longos, árduos e muitas vezes exaustivos, ainda conseguiremos satisfazer esses padrões e alcançar esses objetivos, e, assim, aceitar o desafio. Incerteza é o hábito da vida humana – muito embora o motor das buscas do homem seja a esperança de escapar da incerteza.

Numa notável síntese das experiências de vida mais comuns em nossa sociedade individualizada, François de Singly lista os dilemas que tendem a lançar indivíduos praticantes da arte da vida em estado de incerteza aguda, incurável e em perpétua hesitação.[3] As empreitadas da vida sempre oscilam entre objetivos mutuamente incompatíveis, até antagônicos – como adesão e abandono, imitação e invenção, rotina e espontaneidade –, todas oposições derivadas ou exemplos da metaoposição, a suprema contraposição na qual se inscreve a vida individual e da qual é impossível se livrar: o antagonismo entre segurança e liberdade – ambas desejadas com ardor e em igual medida, mas também dolorosamente difíceis de conciliar e quase impossíveis de satisfazer ao mesmo tempo.

O produto da autocriação, do processo operado pela arte de vida, é (supõe-se) a "identidade" do criador. Consideradas as oposições que a autocriação em vão luta para resolver, a interação entre o mundo constantemente variável e as também instáveis autodefinições dos indivíduos que tentam com afinco dar conta das condições variáveis, a identidade não pode ser interiormente consistente, nem pode em qualquer momento transpirar um ar conclusivo, sem deixar espaço algum (e nenhum desejo) para outros desenvolvimentos. A identidade está sempre em *statu nascendi*; cada uma das formas que assume padece de uma contradição interna mais ou menos aguda, cada qual em maior ou menor extensão insatisfatória e ansiando por revisão, cada qual carente da autoconfiança que só poderia ser oferecida por uma reconfortante expectativa de vida longa.

Como sugere Claude Dubar, "a identidade não passa de um resultado ao mesmo tempo estável e provisório, individual e coletivo, subjetivo e objetivo, biográfico e estruturado de diversos processos de socialização que de uma só vez constroem os indivíduos e definem as instituições".[4] Podemos observar que essa "socialização", ao contrário do que diz a opinião outrora universalmente sustentada e ainda repetidas vezes expressada, não é um processo unidirecional, mas um produto complexo e instável da contínua interação entre ansiar por liberdade individual de autocriação e o também forte desejo de segurança que só pode ser oferecido pelo selo da aprovação social, confirmado por uma comunidade (ou comunidades) de referência. A tensão entre os dois raramente retrocede por muito tempo, e quase nunca desaparece. De Singly sugere, aliás de forma correta, que, na teoria sobre as atuais identidades, as metáforas sobre "raízes" e "desenraizamento" (ou, permitam-me adicionar, a correlata figura do "desencaixe"*), tudo que implica a natureza única da emancipação do indivíduo com referência à sua comunidade de nascimento e também o caráter final e irrevogável desse ato, devem ser abandonados e substituídos pelas imagens de lançar e levantar âncora.[5]

Ao contrário de "desenraizado" e "desencaixado", não há nada de irrevogável, muito menos de definitivo, em levantar ân-

---

* No original, *disembedding*, termo sugerido por Anthony Giddens em sua descrição dos traços característicos da modernidade. (N.T.)

cora. Enquanto as raízes, se arrancadas da terra em que crescem, sem dúvida secam e morrem, as âncoras são levantadas apenas para serem lançadas em outro lugar, e podem sê-lo com igual facilidade em muitos portos de escala diferentes e distantes. Além disso, raízes são parte do desenho da planta e de seu formato predeterminado – não há possibilidade alguma de qualquer outro tipo de planta crescer a partir delas –, enquanto âncoras são apenas ferramentas que facilitam a viagem e o atracamento temporários de um navio num lugar, por si próprias não definem as qualidades e capacidades da embarcação. Os intervalos entre o lançamento de uma âncora e o momento em que ela é içada são apenas escalas na trajetória do navio. A escolha do próximo ancoradouro no qual será lançada é estabelecida mais pela carga; um porto bom para um tipo de carga pode ser completamente impróprio para outro.

De mais a mais, a metáfora da âncora capta aquilo que a metáfora do "desenraizar" perde ou a respeito do qual ela se mantém em silêncio: o entrelaçamento entre continuidade e descontinuidade na história de todas, ou pelo menos de um número crescente de identidades contemporâneas. Como navios ancorando de maneira sucessiva ou intermitente em vários portos de escala, os selves, nas comunidades de referência nas quais buscam admissão ao longo de sua vitalícia procura de reconhecimento e confirmação, têm suas credenciais conferidas e precisam ser aprovadas a cada nova parada; toda comunidade de referência estabelece suas próprias exigências para o tipo de documento a ser submetido a ela. O livro de registro do navio e o diário do capitão estão muitas vezes entre os documentos dos quais depende a aprovação, e a toda parada o passado (constantemente expandido pelos registros de paradas precedentes) é reexaminado e reavaliado.

Claro, há portos, como há comunidades, que não são especiais no que diz respeito a conferir credenciais e que dão muito pouca importância aos destinos passados, presentes ou futuros de seus visitantes. Eles permitirão que quase qualquer navio (ou qualquer "identidade") lance âncoras, incluindo as embarcações (ou identidades) a que mandariam dar meia-volta à entrada de qualquer outro cais (ou aos portões de qualquer outra comunidade). Mas, então, visitar tais portos (e tais comunidades) não é sábio, seria melhor evitá-los, uma vez que, dado o caráter improvisado da companhia local, o descarregamento de produtos preciosos talvez fosse uma decisão imprudente (arriscada). Além disso, visitar esses portos (ou comunidades) poderia ser um passo irracional ou, na melhor das hipóteses, um completo desperdício de tempo, pois as visitas teriam pouco peso no plano da conquista de reconhecimento e da confirmação de identidades autocriadas – principal objetivo da viagem.

De forma paradoxal, a emancipação do self e sua efetiva autoafirmação necessitam de comunidades fortes e exigentes. A criação de si, do self, é um imperativo, mas a autoafirmação soa como uma fantasia da imaginação (e por isso tende a ser depreciada como sintoma de autismo ou um caso de autoilusão). Que diferença faria, para o apoio, a autoconfiança e a capacidade de agir do indivíduo, todo esse esforço investido na criação de si, se a confirmação, o ato final, e seu propósito não viessem em seguida? Mas uma confirmação capaz de completar o trabalho de autocriação só pode ser oferecida por uma autoridade: uma comunidade cuja admissão *faça a diferença*, porque detém e efetivamente utiliza o poder de recusar a admissão.

"O pertencimento", como sugere Jean-Claude Kaufmann, é agora "usado sobretudo como um recurso do ego".[6] Ele adverte contra se pensar em "coletividades de pertencimento" necessariamente como "comunidades de integração". Em vez disso, sugere que elas são mais bem-concebidas como um acompanhamento necessário para o progresso da individualização; ou, podemos dizer, como uma série de estações ou hotéis de beira de estrada a marcarem a trajetória do ego em autoformação e em autorreforma.

A ideia de uma comunidade de integração é uma noção herdada da hoje ancestral era do pan-óptico: ela se refere ao esforço organizado de fortalecer a fronteira que separa o "interior" do "exterior", de manter os internos dentro, enquanto se impede os outsiders de entrarem e os próprios internos de praticarem desvios, quebrando normas e planejando escapar do pulso da rotina. Tudo isso diz respeito à execução de um código de conduta uniforme, monotônico, imputado em termos de espaço e tempo. Essa noção está associada a restrições impostas ao movimento e à mudança: uma comunidade de integração é essencialmente uma força conservadora (conserva, estabiliza, impõe e preserva rotinas). Ela se sente em casa num cenário administrado, supervisionado e policiado com firmeza – que descreve com dificuldade o mundo líquido moderno, com seu culto da velocidade e da aceleração, da novidade e da mudança, em nome da transformação.

Agora, instrumentos pan-ópticos em seu formato tradicional, herdado do passado moderno sólido, são mobilizados sobretudo na periferia social, para impedir os excluídos de reingressar no mundo convencional – o que protege os membros de *bona fide* da sociedade de consumidores – e os párias, de agir de modo daninho. Em outro lugar, algo que seria enganosamente semelhante na forma às ferramentas pan-ópticas ortodoxas e é muitas vezes confundido com uma versão atualizada do Big Brother, o Grande Irmão, o guarda supremo, tem sido remobilizado a serviço da *exclusão*, e não do *confinamento*, do "manter no interior" e do "manter na linha". Monitora o movimento de outsiders inoportunos e indesejáveis para conservá-los do lado de fora – de modo que os insiders possam ser instados a permanecer na linha sem que se tenha de recorrer às ferramentas de vigilância, policiamento e constrangimento.

As "totalizações" supraindividuais para que os indivíduos convencionais ofereçam sua fidelidade em algum momento de suas vidas (para retirá-la na próxima parada da viagem ou numa parada posterior) não são de modo algum comunidades de integração: elas não monitoram o tráfego humano por seus limites, não registram aqueles que cruzam as fronteiras em qualquer sentido e estão pouco atentas às decisões individuais de "aderir" ou "deixar" – e elas não dirigem departamentos que poderiam se ocupar com seriedade de todo esse monitoramento, registro e classificação. Mais que integrar o grupo daqueles hoje "pertencentes", essas entidades estão sendo "integradas" (embora de uma maneira solta, facilmente contida e invertida) por ofertas individuais de fidelização – quer dizer, do momento em que as ofertas começam a fluir até o começo de uma deserção em massa.

Há outra diferença seminal entre as referências ao estilo contemporâneo de "pertencimento" e as ortodoxas "comunidades de integração". Para citar Kaufmann mais uma vez, "grande parte do processo de identificação alimenta-se da rejeição do outro".[7] Não há acesso algum a um grupo, nem pode haver, sem o simultâneo abandono ou isolamento em relação a outro grupo. O ato de selecionar um grupo como local de pertencimento constitui alguns outros grupos como territórios estranhos e potencialmente hostis: "Eu sou P" sempre significa (pelo menos de modo implícito, mas muitas vezes explícito) que "sem dúvida *não* sou Q, R, S, e assim por diante". "O pertencimento" é um lado da moeda; o outro lado, muitas vezes é a separação e a oposição – que na maioria das vezes evolui para o ressentimento, o antagonismo e o conflito aberto. A identificação do adversário é um elemento indispensável de identificação com uma "entidade de pertencimento" – e, por meio desta última, também um elemento crucial de autoidentificação. A identificação de um inimigo interpretado como uma encarnação do mal contra o qual a comunidade se "integra" confere clareza aos objetivos de vida e ao mundo no qual a vida é levada.

O que foi dito até aqui se aplica a todas as instâncias de "pertencimento", acesso e oferta de fidelidade. Mas, no curso da Era Moderna, com a passagem da "construção de identidade" a um "processo de identificação" contínuo, vitalício e, para todos os efeitos, infinito, esse traço universal sofreu transformações significativas.

Talvez a transformação mais importante seja o desvanecimento das ambições monopolistas da "entidade de pertencimento". Como já se indicou, aqueles entes a que o pertencimento se refere, ao contrário das comunidades de integração ortodoxas, não possuem ferramentas para monitorar a força da dedicação de seus membros; não estão interessados em exigir e promover a inabalável lealdade desses integrantes nem sua inteira lealdade. E eles não têm ciúme, à maneira das deidades monoteístas. Em sua versão líquida moderna contemporânea, pertencer a uma entidade pode ser compartilhado e praticado, de forma simultânea, com o pertencer a outras entidades em quase qualquer combinação, sem necessariamente provocar condenações ou medidas repressivas de qualquer tipo.

Por conseguinte, os laços perderam grande parte de sua antiga intensidade. Muito de sua veemência e de seu vigor – assim como da animosidade partidária daqueles neles envolvidos – é em geral temperado por fidelidades paralelas. É difícil algum pertencimento que empenhe "todo o self", uma vez que cada pessoa está envolvida não apenas no curso de sua vida, mas, em qualquer momento dela, em múltiplos pertencimentos. Ser leal apenas em parte ou leal *à la carte* já não é visto necessariamente como algo equivalente à deslealdade, muito menos à traição.

Daí a atual representação do fenômeno do "hibridismo" (cultural) – a combinação de características derivadas de diferentes e distintas espécies – como uma virtude e um sinal de distinção, e não, como se via até pouco tempo atrás, como um vício e um sintoma de inferioridade cultural ou condenável desclassificação. Nas emergentes escalas de superioridade cultural e prestígio social, os híbridos tendem a ocupar posições elevadas na hierarquia, e a manifestação do "hibridismo" de uma pessoa se tornou o veículo principal para a mobilidade sociocultural positiva. Estar condenado para sempre a um conjunto de valores e padrões de comportamento encerrado em si e invariável, é cada vez mais visto como sinal de inferioridade sociocultural ou privação. As antigas comunidades de integração, ciumentas e monopolistas, agora serão encontradas sobretudo, talvez até exclusivamente, nos degraus inferiores da escadaria sociocultural.

Para a arte de vida, esse novo cenário abre perspectivas sem precedentes. A liberdade de criação de si nunca antes havia alcançado extensão tão impressionante – a um só tempo estimulante e assustadora. Nunca antes a necessidade de pontos de orientação e de guias foi tão forte e dolorosamente sentida. Além disso, nunca antes tivemos essa provisão tão curta de pontos de orientação firmes e seguros, de guias confiáveis (pelo menos em relação ao volume e à intensidade da necessidade). Permitam-me ser claro: há uma irritante escassez de pontos de orientação *firmes e seguros* e guias *confiáveis*. Essa escassez (de forma paradoxal, embora de modo algum acidental) coincide com uma proliferação de sugestões tentadoras e ofertas sedutoras de orientação, e com uma crescente onda de guias no meio de infladas multidões de conselheiros. Entretanto, essa circunstância torna ainda mais confusa a tarefa de navegar em meio a propostas enganosas ou traiçoeiras a fim de encontrar uma orientação capaz de cumprir sua promessa.

Para resumir as transformações seminais discutidas até aqui: a hoje emergente condição humana sugere um grau sem precedentes de emancipação de constrangimentos – de uma necessidade experimentada como coerção, e portanto ressentida, contra a qual se gerou rebelião. Esse tipo de emancipação tende a ser vivido como a reconciliação do "princípio do prazer" com o "princípio de realidade", propostos por Sigmund Freud, e, então, entendido como o fim do conflito de uma era que, na visão de Freud, tornou a civilização um viveiro de mal-estar.

Tudo isso não significa, porém, que essa condição humana alterada tenha sido purificada das dificuldades endêmicas de sua forma prévia. Representa apenas que as dificuldades são de um tipo diferente, que são experimentadas de um modo diverso, que escapam dos quadros cognitivos criados para servir às antigas dificuldades; logo, precisam ser articuladas mais uma vez. O propósito da nova articulação deveria ser, em primeiro lugar, a avaliação dos modos pelos quais a atual condição humana poderia ser aperfeiçoada e tornada mais convidativa e hospitaleira para uma vida "boa" (ou "melhor"); em segundo lugar, a identificação da gama de opções que homens e mulheres contemporâneos têm de enfrentar se contemplarem a realização dessa condição e dessa vida. Essas duas tarefas intimamente interligadas eram no passado a missão e a vocação dos intelectuais. A grande pergunta, então, é se é plausível pensar que essa missão seja assumida mais uma vez pelas "classes de conhecimento" de nosso tempo. Fica-se inclinado a admitir que as perspectivas para isso num futuro imediato ou previsível não são nada encorajadoras. O "pacto histórico" entre intelectuais e povo hoje parece um episódio relacionado à primeira fase, sólida, da modernidade – a era da intensa construção da nação e da empreitada de construção da autoridade do Estado moderno. Aquela era assistiu ainda ao cercamento territorial das classes de conhecimento e das classes trabalhadoras no mesmo espaço, limitado pela soberania territorial do emergente Estado-nação – um tempo em que ambas as classes permaneceram, para todos os efeitos (e para todas as intenções), *glebae adscripti*. Mas essa condição já não mais as associa.

As "classes de conhecimento" (inclusive os intelectuais) cada vez mais habitam o ciberespaço extraterritorial, emancipando-se de qualquer dependência e de qualquer população local, numa extensão que não cessa de crescer. Um novo encontro e uma nova reunião, dessa vez em escala global, parecem algo para um momento futuro – uma nova reunião como esta deve e pode ser organizada no nível planetário, global.

De fato, a globalização soa agora algo inevitável e irreversível. O ponto a partir do qual não há mais possibilidade de voltar foi já alcançado. E ultrapassado. Não há volta possível. Nossas interconexões e nossa interdependência já são globais. O que quer que aconteça em um lugar influencia a vida e as oportunidades de vida das pessoas em todos os outros. O cálculo dos passos a serem dados em qualquer local precisa levar em conta as possíveis respostas das pessoas em todos os outros. Nenhum território soberano, por maior que seja, populoso e dotado de recursos, pode proteger sozinho suas condições de sustento, sua segurança, sua prosperidade a longo prazo, seu estilo de vida preferencial ou a segurança de seus habitantes. Nossa dependência mútua tem dimensões planetárias, de modo que já somos, e permaneceremos de modo indefinido, *objetivamente* responsáveis uns pelos outros. Há, porém, poucos sinais (se tanto) de que nós, que compartilhamos o planeta, estamos dispostos a levar a sério a responsabilidade *subjetiva* por essas nossas responsabilidades *objetivas*.

Hoje, as classes de conhecimento (e a maioria dos intelectuais pode ser incluídas nelas) parecem estar se estabelecendo no (para tomar emprestado um conceito de Manuel Castells) "espaço de fluxos" planetário, e por meio dele mantêm-se a distância "do povo", das pessoas, que são deixadas para trás no "espaço de lugares". Mas o que dizer sobre um futuro um pouco mais distante? A longo prazo, por assim dizer?

Para Marx, como sugeriu Theodor Adorno, o mundo parecia pronto para se transformar num paraíso, naquele lugar e naquele momento. Parecia estar preparado para uma reviravolta instantânea, uma vez que "a possibilidade de mudar o mundo 'do topo para a base' estava ao alcance das mãos". Entretanto, observa Adorno, já não é mais isso – se é que já o foi um dia ("apenas a teimosia poderia ainda sustentar a tese como Marx a formulou").[8]

A oportunidade de encontrar o atalho para um mundo mais bem-ajustado à habitação do homem foi perdida. Em vez disso, pode-se dizer que, entre este mundo, aqui e agora, e um outro, hospitaleiro à humanidade e "amigável", fácil de usar, não restou nenhuma ponte visível, seja ela genuína ou suposta. Nem haveria multidões ansiosas para estourar rumo ao outro lado dessa ponte, se ela fosse projetada; nem veículos capazes de apanhar os dispostos a fazer isso e levá-los para o outro lado em segurança. Ninguém sabe dizer ao certo como seria possível projetar uma ponte funcional e onde seria possível instalar uma cabeça de ponte ao longo das margens, para facilitar travessias suaves e convenientes. *Nenhuma* dessas possibilidades, concluiríamos, está de imediato ao alcance de nossas mãos.

Traçar os mapas da utopia (representada como o modelo para a "boa sociedade") que acompanhou o nascimento da Era Moderna parecia para os intelectuais, seus desenhistas, algo fácil. Esses desenhistas apenas preencheram as lacunas ou repintaram as partes feias no espaço público cuja presença era, com razão, tomada como indiscutível e vista como não problemática. A busca da felicidade era entendida como a procura da boa sociedade. Imagens de uma vida boa eram verdadeiramente públicas e sociais, uma vez que os significados de "social" e "público" não estavam em questão – eles ainda não eram os temas contestados que se tornaram em nossos dias, no rescaldo do *coup d'État* neoliberal de Reagan e Thatcher. Quem poderia implementar o projeto e coordenar as transformações não era um problema: poderia ser um déspota ou uma República, um rei ou o povo; fosse quem fosse, o assento de "autoridade pública" jamais estaria vago. Uma autoridade ou outra encontravam-se firmadas em seu lugar, em aparência só à espera do esclarecimento e de um sinal para agir. Não admira que tenha sido justamente essa utopia *pública* ou *social* o que tombou como a primeira vítima da dramática transformação da esfera pública.

Como tudo mais outrora localizado com segurança naquela esfera, os modelos para uma vida boa se tornaram objeto de caça esportiva e presa para cavaleiros solitários, caçadores e armadilheiros – e se transformaram em alguns dos muitos espólios de desregulamentação, privatização e individualização, da conquista e anexação do público pelo privado. A grandiosa visão social foi cindida numa multidão de valises individuais e pessoais, muito semelhantes, mas decididamente não complementares. Cada uma feita na medida da felicidade dos consumidores – voltada, como todas as alegrias de consumo, para prazeres individuais, solitários, mesmo quando apreciados em conjunto.

Poderia o espaço público se tornar mais uma vez um lugar de engajamentos duradouros, ao invés de local de encontros casuais e passageiros? Um espaço de diálogo, discussão, confrontos e acordos? Sim e não. Se aquilo que se entende como espaço público for a esfera pública, acondicionada e mantida pelas instituições representantes do Estado-nação (como ocorreu ao longo da maior parte da história moderna), a resposta provavelmente é não. Essa variedade particular de teatro público vem sendo despida da maioria dos recursos que lhe permitiram sustentar as peças nele montadas no passado. Esses teatros públicos, na origem construídos para os propósitos políticos do Estado nacional, permanecem teimosamente locais, ao passo que o drama contemporâneo é uma produção do tamanho da humanidade; assim, é ruidosa e enfaticamente global. Para a resposta ser sim de forma crível, seria necessário um novo espaço público *global*: políticas de fato globais (em oposição a internacionais) e um palco planetário. Além disso, seria necessária também uma responsabilidade planetária de verdade: o reconhecimento do fato de que todos nós, que compartilhamos o planeta, dependemos uns dos outros para nosso presente e nosso futuro; de que nada que fazemos ou falhamos ao fazer é indiferente para o destino de qualquer outra pessoa; e que já não podemos, nenhum de nós, buscar e encontrar abrigos privados para tempestades originadas em qualquer parte do globo.

A lógica de responsabilidade planetária está voltada, pelo menos em princípio, para tomar os problemas gerados globalmente e os enfrentar à queima-roupa – em seu próprio nível. Ela se origina da suposição de que soluções duradouras e efetivas para problemas de dimensões planetárias podem ser encontradas e postas para funcionar apenas por meio da renegociação e da reforma da teia de interdependências e interações globais. Em vez de adotar o objetivo de controlar os danos e benefícios locais derivados dos caprichosos e fortuitos movimentos de deriva das forças econômicas globais, ela buscaria resultados num novo tipo de cenário global: aquele em que iniciativas econômicas promulgadas em qualquer lugar do planeta não são mais caprichosas e guiadas apenas por ganhos momentâneos, sem atenção para os efeitos e vítimas "colaterais" e nenhuma importância atribuída às dimensões sociais dos balanços de custo-benefício.

Em resumo, citando Habermas, essa lógica é voltada para o desenvolvimento de "políticas capazes de perseguir e alcançar os mercados globais".[9] Sentimos, supomos, suspeitamos o que precisa ser feito, mas não temos como saber de que modo e com que forma isso será afinal consumado. Apesar disso, podemos estar bem seguros de que a forma assumida não nos será familiar. Será diferente de tudo com o que nos acostumamos.

Há não muito tempo, tomei parte da celebração feita em Praga pelo 70º aniversário de Václav Havel, um dos intelectuais mais atraentes e eficazes do último século. Como Havel deixou um rastro tão poderoso no contorno do mundo em que vivemos? Ele passou a fazer parte dos registros históricos por ter declarado que "a esperança não é um prognóstico". De fato, a esperança deve pouco (se é que deve algum) respeito a estatísticas, a tendências calculadas com pedância e a inconstantes opiniões da maioria. A esperança, em geral, se vê e se espraia para além do hoje e do amanhã (e, para assombro da maioria dos políticos profissionais, para bem além das próximas eleições!) – e é por isso que a maioria dos políticos experimentados não a deveria cutucar com vara curta.

Havel, que quase sozinho conseguiu derrubar um dos mais sinistros baluartes dos campos comunistas soviéticos, não teve em suas mãos qualquer bombardeiro, porta-aviões, nem mísseis inteligentes ou fuzileiros – todas essas armas que (como ouvimos falar repetidas vezes) decidem o curso da história. Ele possuía apenas três armas: esperança, coragem e obstinação. São armamentos primitivos, sem nada de altamente tecnológico. E são as mais mundanas e comuns dentre as armas: todos os homens as possuem e as têm pelo menos desde a Era Paleolítica. Apenas, nós as usamos muito raramente.

Por isso acredito que o obituário dos intelectuais está grotescamente exagerado. Por isso também acredito que a ruptura entre suas preocupações e aquelas do resto das pessoas será superada, que seu diálogo com a experiência humana prosseguirá, e a condição humana oscilante será mais uma vez conquistada, com todas as ameaças e oportunidades que apresenta a nossa partilhada humanidade.

·1·

Que oportunidades tem a ética no mundo globalizado dos consumidores?

A conclamação para amar a teu próximo como a ti mesmo, diz Sigmund Freud, é um dos preceitos fundamentais da vida civilizada (e, de acordo com alguns, uma de suas exigências éticas fundamentais).[1] Mas é também o que de mais antagônico pode haver com o tipo de razão que essa mesma civilização promove: a razão do interesse individual, da busca da felicidade. Seria a civilização, então, baseada numa contradição insolúvel? Assim parece; a se seguir as sugestões de Freud, chegaríamos à conclusão de que o preceito fundador da civilização só poderia ser cumprido caso se adotasse a famosa advertência de Tertuliano: *credere quia absurdum* (acredite porque é absurdo).

De fato, basta perguntar "Por que eu deveria fazer isso?" ou "Que bem isso me fará?" para perceber o absurdo de uma exigência de amar o próximo "como a ti mesmo" – qualquer próximo, simplesmente porque ele ou ela estão à vista e ao alcance. Se eu amar alguém, ele ou ela devem merecê-lo de algum modo. E ele o merecerá se for como eu de tantas importantes maneiras que eu possa amar *a mim mesmo* nele; ela o merecerá ainda mais se for tão mais perfeita que eu que eu possa amar nela o *ideal* de mim mesmo. "Mas se ele é um estranho para mim e não pode me atrair por nada que valha a pena nele próprio, ou por qualquer importância que já possa ter adquirido para minha vida emocional, será difícil amá-lo."[2]

A exigência parece ainda mais vazia e acima de tudo árdua porque muitas vezes não é possível achar evidência de que o estranho a quem supostamente amar corresponda a esse amor ou mesmo demonstre "a mais leve consideração por ele". "Quando lhe for conveniente, ele não hesitará em me prejudicar, zombar de mim, caluniar-me e me mostrar a superioridade de seu poder." E, assim, pergunta Freud: "Qual o sentido de um preceito enunciado com tanta solenidade se seu cumprimento não pode ser recomendado como algo razoável?" Fica-se tentado a concluir, diz ele, contra o bom senso, que "ama teu próximo" é "um mandamento na verdade justificado pelo fato de que nada mais corre tão fortemente contra a natureza original do homem".

Quanto menos provável a obediência a uma, mais possivelmente ela será declarada uma resolução e uma teima. E a prescrição de amar o próximo talvez seja menos passível de se obedecer que qualquer outra norma. Quando o sábio talmúdico, o rabino Hillel, foi desafiado por um possível convertido a explicar o ensinamento de Deus, enquanto ele, o desafiante, ficava equilibrado em um pé só, o erudito ofereceu "ama teu próximo como a ti mesmo" como a única – e a mais completa – resposta, aquela que envolve a totalidade das prescrições divinas. Mas a história da tradição do Talmude não conta se a resposta foi seguida pela conversão do desafiante. Realmente, aceitar o mandamento do rabino Hillel seria um salto de fé; um salto decisivo, mas muito difícil, com o qual o homem romperia a carapaça de vontades, desejos e predileções "naturais" e se poria em contradição com a natureza, transformando-se no ser "antinatural" que são os homens, distintos das feras (e, na verdade, dos anjos, como indicou Aristóteles).

Aceitar o preceito de amar o próximo é o ato fundador da humanidade. Todas as outras rotinas de coabitação humana, assim como as normas e regras preconcebidas ou retroativamente descobertas, são apenas uma lista sempre incompleta de notas de rodapé a esse preceito. Podemos avançar um passo e dizer que, se ele é precondição de humanidade, civilização e humanidade civilizada, caso fosse ignorado ou jogado fora, não haveria ninguém para recompor a lista nem ponderar se ela está completa.

Mas permita-me acrescentar de imediato que, embora amar teu próximo possa não ser um dos produtos principais do instinto de sobrevivência, também não o é o amor-próprio, que costuma ser considerado o modelo de amor ao próximo. "Amor-próprio" – o que isso quer dizer? O que devo amar "em mim"? O que amo quando me amo?

É verdade que o amor-próprio nos incita a "aderir à vida", a nos esforçar em ficarmos vivos para o melhor ou para o pior; a resistir e lutar contra tudo que possa ameaçar com o término prematuro de nossa existência; e proteger ou, melhor ainda, ampliar a boa condição e o vigor que, esperamos, tornarão essa resistência (e, com ela, a proteção) efetiva. Nisso, porém, nossos primos – próximos ou distantes – animais são mestres não menos realizados e amadurecidos que aqueles entre nós mais dedicados e viciados em boa forma e fanáticos por saúde. Nossos primos animais (excetuados os domesticados, que conseguimos despir de dotações naturais de tal forma que eles possam servir à nossa sobrevivência mais que à deles próprios) não precisam de nenhum perito para lhes dizer como se manter vivos e estar em forma. Eles também não precisam de amor-próprio para instruí-los de que se manter vivo e estar em forma são as coisas certas a fazer.

A sobrevivência (a sobrevivência animal, física, corporal) pode ocorrer *sem* o amor-próprio. Para falar a verdade, ela pode ocorrer melhor sem ele do que com ele. O instinto de sobrevivência e o amor-próprio podem ser estradas paralelas, mas também podem correr em direções opostas. O amor-próprio pode se rebelar *contra* a manutenção da vida se acharmos certa vida odiosa, não amável. Ele pode nos incitar a *rejeitar* a sobrevivência se nossa vida não estiver à altura dos padrões do amor e, por isso, não valer a pena ser vivida.

O que amamos quando "amamos a nós mesmos" é um "nós", um "self" *apto a ser amado*. O que amamos é o estado ou a esperança de *sermos amados* – de sermos objetos merecedores de amor, sendo reconhecidos como tais e recebendo provas desse reconhecimento.

Em resumo: para ter amor-próprio, precisamos ser amados ou ter a esperança de ser amados. A recusa do amor – uma censura, uma rejeição, uma negação do status de objeto digno de amor – gera *ódio-próprio*. *O amor-próprio é feito do amor oferecido a nós pelos outros*. Os outros têm de nos amar primeiro, para que possamos começar a amar a nós mesmos.

E como sabemos que não fomos desprezados ou jogados fora como um caso para o qual não há esperança, que não vale a pena? Como sabemos que o amor está, pode estar, estará próximo, que *somos* merecedores dele? Nós o sabemos, acreditamos saber e ficamos tranquilizados de que nossa convicção não esteja enganada quando nos falam e nos ouvem, quando somos *ouvidos com atenção*, com um interesse que sinalize a disposição do ouvinte em responder. Inferimos, então, que somos respeitados. E é da condição de ser respeitado pelos outros que derivamos a conclusão de que o que pensamos, fazemos ou pretendemos *conta*. De que fazemos diferença. De que nosso ficar vivos faz diferença. De que somos merecedores de sermos queridos, de sermos cuidados.

Se outros me respeitam, então, obviamente, deve haver algo "em mim" que só eu posso oferecer aos outros; é evidente que há outros que ficariam alegres em ganhar esse algo e que ficariam gratos se isso ocorresse. Sou importante, e o que penso, digo e faço também é importante. Não sou uma cifra facilmente substituída, de que se possa abrir mão. Eu "faço a diferença", e não apenas para mim. O que digo, o que sou e faço contam – e isso não é apenas uma viagem de minha imaginação. O que quer que haja no mundo ao redor de mim, esse mundo seria mais pobre, menos interessante e menos promissor se eu de repente deixasse de existir.

Se é isso o que nos torna objetos justos e certos do amor-próprio, então a conclamação para amar nossos próximos como a nós mesmos (quer dizer, para esperar que nossos próximos desejem ser amados pelas mesmas razões que incitam nosso amor-próprio) invoca o desejo dos próximos de também ter *seu* valor único, insubstituível e indispensável reconhecido e confirmado. Essa conclamação nos leva a assumir que o próximo realmente representa esse valor – pelo menos até prova em contrário. Amar nosso próximo como a nós mesmos significaria, então, *respeitar a singularidade de cada um* – valorizando cada um por nossas características distintivas, enriquecedoras do mundo que habitamos juntos e com as quais o tornamos um lugar mais fascinante e agradável.

Este, no entanto, é apenas um lado da história – o lado mais claro. Estar na presença de um Outro* também possui um lado obscuro. O Outro pode ser uma promessa, mas é também uma ameaça. Ele ou ela pode despertar tanto desprezo quanto respeito, temor ou reverência. A grande questão é: qual dos dois é mais passível de acontecer?

Os filósofos têm se dividido em suas respostas a essa pergunta. Hobbes, por exemplo, sugeriu que, se as pessoas não fossem coagidas a se comportar bem, elas se lançariam ao pescoço umas das outras. Rousseau, por sua vez, supôs de maneira também notória que é justamente graças à coerção que as pessoas ficam cruéis e se ferem umas às outras. Outros, ainda, por exemplo Nietzsche e Scheler, sugeriram que qualquer uma dessas possibilidades poderia ser confirmada, dependendo de que tipo de pessoas se lançam (ou são lançadas) na relação mútua, e sob que circunstâncias.

Tanto Nietzsche quanto Scheler apontam o *ressentimento* como o obstáculo principal ao amar o Outro como a ti mesmo (e, embora tenham escrito em alemão, eles usaram o termo francês

---

* A partir deste ponto, o autor passa a distinguir a alteridade a partir do modelo de Emmanuel Lévinas (que ele explorará adiante). Essa distinção é marcada com o uso das maiúsculas, tratando esse ente como "Outro" (caracterizando-o como, digamos, *o* outro mais do que como *um* outro, ou seja, como uma entidade singular e específica com a qual se dá um encontro). Mantivemos a distinção em todos os casos assinalados por Bauman. (N.T.)

ressentiment, cujo complexo significado é imperfeitamente captado pelo suposto cognato inglês *resentment*.* Para alcançar de forma completa o que os dois filósofos tinham em mente e ser capaz de escrevê-lo em inglês, seria melhor lançar mão de termos que traduzissem palavras como rancor, repugnância, acrimônia, má vontade, contrariedade, despeito, nocividade – melhor ainda, uma combinação de todas elas). Muito embora usem o mesmo termo, Nietzsche e Scheler se referem a tipos um pouco diferentes de hostilidade.

Para Nietzsche, o *ressentimento* é aquilo que o abatido, o desprovido, os discriminados e os humilhados sentem por seus "superiores" (os autoproclamados e autoestabelecidos superiores): o rico, o poderoso, o livre para a autoafirmação e capaz de se autoafirmar, aquele que reivindica o direito a ser respeitado com o direito de negar (ou refutar) aos inferiores o direito à dignidade. Para esses "inferiores" (as "pessoas menores", as "classes inferiores", as massas, os plebeus, *hoi polloi* [a maioria]), reconhecer os direitos de seus "superiores" seria equivalente a aceitar sua própria inferioridade e sua menor ou inexistente dignidade. Ressentimento é, por essa lógica, uma mistura curiosa e inerentemente ambígua de genuflexão e acrimônia, mas também de inveja e despeito.

Poderíamos dizer que a causa mais profunda do ressentimento é a agonia dessa insolúvel ambivalência, ou, como diria Leon Festinger, dessa "dissonância cognitiva": a aprovação das qualidades que uma pessoa não possui necessariamente envolve a desaprovação (*dessa pessoa*); e o respeito pelos "melhores" implica, para as "pessoas menores", a rendição da autoestima. Pode-se então esperar, no caso do ressentimento, como em todos os casos de acentuada dissonância cognitiva, o surgimento de um desejo esmagador de se negar esse nó cego: recuperar a autoestima (quer dizer, o direito à dignidade) de alguém por meio da

---

* O termo, tanto em Nietzsche quanto em Scheler, tem sido sistematicamente traduzido para o português como *ressentimento*, e doravante o usaremos como tal. (N.T.)

negação da superioridade dos superiores – em outras palavras, por meio da postulação de, pelo menos, uma igualdade de posição hierárquica e do direito à deferência.

Para Nietzsche, essa era a fonte de todas as religiões e do cristianismo em particular, com seu postulado da igualdade de todos os homens perante Deus e com os mesmos mandamentos, o mesmo código ético, ligando a todos. Na interpretação do autor de *Zaratustra*, o *ressentimento* não leva a mais liberdade, mas ao mitigar da dor da própria falta de liberdade por meio da negação da liberdade a tudo; e ao alívio da dor da própria indignidade, pelo rebaixamento dos outros das alturas que eles conseguiram tornar sua propriedade exclusiva, lançando-os na direção de um nível de baixeza ou mediocridade, de escravidão ou semiescravidão próprias aos indignos.

Para Max Scheler, o *ressentimento*, por sua vez, é mais passível de surgir entre iguais – sentido pelos membros das classes médias entre si e incitando-os a competir febrilmente por conquistas similares, a promover a si mesmos, ao mesmo tempo que degradam os outros "como eles". O conceito de Scheler de ressentimento e do papel que desempenha na sociedade é em essência oposto ao de Nietzsche. Para este, o ressentimento resulta numa luta contra a desigualdade e uma pressão para se nivelarem por baixo as hierarquias sociais existentes. Para Scheler é o contrário: a partir de uma posição social igual e de uma semelhante atribuição, membros das classes médias – como livres agentes que se autoafirmam e autodefinem – lutam arduamente para chegar ao topo e atirar os outros para baixo. A liberdade vem, como parte de um pacote promocional, junto com a desigualdade: minha liberdade se manifesta no (e será medida pelo) grau em que consigo limitar a liberdade de outros que reivindicam ser meus iguais. O ressentimento resulta em competição, numa luta contínua pela redistribuição de poder e prestígio, reverência social e dignidade socialmente reconhecida. O "consumo ostensivo", descrito por Thorstein Veblen – aquela exibição impudente da própria opulência e riqueza para humilhar outras pessoas sem os recursos para responder na mesma moeda –, é um exemplo vívido do tipo de comportamento que a variedade de ressentimento descrita por Scheler tende a gerar.

Podemos somar a esses um terceiro exemplo de ressentimento. Um tipo atemporal, que, em especial no nosso tempo, talvez seja o obstáculo mais indômito a "ama teu próximo". Aparentemente impossível de cessar, ele aumenta em importância com a crescente "fluidez" das configurações sociais, a dissipação de rotinas confortáveis, a crescente fragilidade dos laços humanos e com a atmosfera de incerteza, insegurança e medo difuso, indefinido, sempre à deriva e sem lastro em que vivemos. Trata-se do ressentimento contra os estranhos – pessoas que, precisamente porque são pouco conhecidas e, portanto, imprevisíveis e suspeitas, tornam-se incorporações vívidas e tangíveis da fluidez ressentida e temida do mundo. Elas servem como efígies naturais, disponíveis, em cuja forma o espectro do mundo em decadência pode ser queimado; como amuletos naturais para ritos de exorcismo contra os maus espíritos que ameaçam as vidas ordenadas dos piedosos.

Entre os estranhos que são objeto de ressentimento, o posto de maior destaque é outorgado hoje aos refugiados, aos que pedem asilo e aos pobres exilados das partes empobrecidas do planeta. São, como já disse Bertolt Brecht, "os precursores de más notícias". Eles nos lembram, sejam quais forem as portas em que baterem, como é insegura nossa segurança, quanto é fraco e vulnerável nosso conforto, quão malguardados são nossa paz e nosso sossego.

Guerras tribais e massacres, a proliferação de grupos guerrilheiros (muitas vezes pouco mais que gangues de bandidos maldisfarçados) que se ocupam em dizimar fileiras uns dos outros enquanto absorvem e/ou aniquilam o "excedente populacional" (em sua maioria os não empregáveis e a juventude sem perspectivas). Eis alguns dos resultados mais espetaculares e aterrorizantes da "globalização negativa" que ameaça as condições de vida em todo o mundo, mas afeta de maneira mais direta os chamados retardatários da modernidade. Centenas de milhares de pessoas são expulsas de suas casas, assassinadas ou forçadas a correr, a fim de salvar suas vidas, para além das fronteiras de seus próprios países. Parece que a única indústria próspera na terra desses atrasados (tortuosa e enganosamente apelidados de "países em desenvolvimento") é a produção em massa de refugiados.

Refugiados não têm país, mas não têm num novo sentido: essa falta de país é elevada a um nível totalmente novo pela não existência de um Estado ao qual a condição de ter um país pudesse se referenciar. Eles são, como Michel Agier registrou naquele que é o mais inspirado estudo sobre os refugiados na era da globalização, *hors du nomos* (fora da lei); não desta ou daquela lei deste ou daquele país, mas da lei em si.³ Eles são os desterrados e os fora da lei de um novo tipo, os produtos da globalização, o epítome e a encarnação de seu espírito de fronteira. Para citar Agier mais uma vez, eles foram lançados numa condição de "deriva liminar", situação que pode ser transitória ou permanente; e mesmo que fiquem estacionados por um tempo, estão num estado de movimento que jamais se completará, porque seu destino (de chegada ou retorno) permanece obscuro, e algum lugar que pudessem chamar de "final" é algo inacessível. Jamais conseguirão se livrar de um corrosivo senso de transitoriedade, a natureza indeterminada e imprevisível de qualquer assentamento. Eles representam cada premonição e cada medo que assombram nossas noites de insônia, mesmo quando os abafamos e reprimimos com os assuntos de nossos dias de trabalho.

Refugos humanos da fronteira global, os refugiados são os outsiders encarnados, os outsiders absolutos, outsiders que se tornam objeto de ressentimento e são recebidos em todos os lugares com rancor e despeito. Eles estão fora do lugar em todo lugar, menos nos lugares que são eles próprios desterritorializados – os "lugares de lugar nenhum", que não aparecem em nenhum mapa usado pelos turistas comuns em suas viagens. Uma vez de fora, sempre de fora: uma cerca de segurança com torres de observação é tudo que é necessário para fazer a "indeterminação" dos sem-lugar durar para sempre.

Emmanuel Lévinas, aclamado por muitos como o maior filósofo moral do século XX, era discípulo de Edmund Husserl. Seus primeiros estudos e publicações, a começar com o premiado ensaio de 1930 sobre o papel da intuição no trabalho de Husserl, dedicavam-se à exegese e à interpretação dos ensinamentos do fundador da fenomenologia moderna; essas obras são testemunhos explícitos dessa dívida intelectual. Tal ponto de partida determinou em grande medida a trajetória da própria obra de Lévinas – embora seu modo de argumentação e seus métodos, mais que seus objetivos cognitivos ou seus achados e proposições substantivas, fossem, em algumas poucas questões cruciais, o absoluto oposto dos de Husserl.

O que Lévinas deve a Husserl, antes de mais nada, é o audacioso feito da redução fenomenológica – nas palavras do próprio Lévinas, aquele "ato de violência que o homem impinge a si mesmo ... a fim de se reencontrar consigo como puro pensamento" – e o estímulo, o encorajamento e o endosso compulsório para uma coragem ainda maior de permitir que a intuição de uma filosofia precedesse (e pré-formasse) a filosofia da intuição.[4] Foi na autoridade da redução fenomenológica – o procedimento concebido, praticado e legitimado por Husserl – que a ideia de pôr a ética antes da ontologia, o ato fundador do sistema filosófico próprio de Lévinas, foi atingido e endossado.

Seguindo o itinerário esboçado e testado pela redução fenomenológica de Husserl e mobilizando as ferramentas de "colocar entre parênteses" a *epoché* (separação, eliminação, suspensão), Lévinas embarcou no empreendimento de desvendar o mistério da "lei moral dentro de mim", de Kant. Ele iniciou uma exploração da "ética pura" – absoluta, primitiva, extemporânea e a-territorial, intocada pelos produtos da reciclagem societal* e não adulterado por misturas ilegítimas, heterogêneas, aciden-

---

* Aqui empregamos os termos "social" e "societal" com sentidos distintos; o primeiro, como adjetivo ou substantivo referidos em sentido amplo ao viver junto, em especial em "sociedade"; o segundo, para designar a faculdade de determinação que a vida social (ou a sociedade como ente discreto), para vários autores, apresenta sobre as ações e as pessoas. (N.T.)

tais e dispensáveis – e do puro significado da ética (intencional, como para Husserl devem ser todos os puros significados) que tornam todos os outros significados atribuídos e imputados concebíveis, ao mesmo tempo que também os colocam em questão e sob avaliação.

Essa viagem de exploração conduziu Lévinas, em total oposição a Husserl, não a uma *subjetividade* transcendental, mas à indômita e impenetrável *outridade* transcendental do Outro. A última estação da redução fenomenológica no estilo de Lévinas é a *alteridade*, essa irredutível *outridade* do Outro que desperta o self para suas próprias e singulares responsabilidades, e, assim, contribui, ainda que obliquamente, para o nascimento da subjetividade. Na distante extremidade dos esforços de redução de Lévinas sobressaem o encontro com o Outro, o choque desse encontro e o desafio silencioso da face do Outro – e não aquela subjetividade "sempre já lá", dada, introvertida, solitária, sozinha e inalterada, que tece significados, como se fosse uma aranha, a partir de seu próprio abdome. Na magistral interpretação de Harvie Ferguson para os resultados de Lévinas,

> o Outro não é um fragmento diferenciado ou uma projeção daquilo que é em primeiro lugar interno à consciência, nem pode ser assimilado à consciência de qualquer forma; em vez disso, permanece "fora do sujeito". ... O que surge com a redução do ativamente constituído mundo objetivo da vida cotidiana não é nem o transcendental ego, nem a pura transição da temporalidade, mas o dado misterioso, brutal, da exterioridade.[5]

Não que (como afirmaria Husserl) o mundo objetivo seja segregado diariamente pelo ego transcendental e, assim, possa ser devolvido a suas raízes e sua pureza primeva, original, por ação dos altamente determinados esforços da redução fenomenológica. O ego – o self e sua consciência de si – é levado a existir na confrontação simultânea dos limites à sua potência criativa e do desafio superador de limites a suas intenções e intuições; isso pela absoluta alteridade do Outro como uma entidade escondida e selada, para sempre externa, que com obstinação se recusa a ser absorvida e assimilada e, com isso, simultaneamente, a ativar e refutar o incessante esforço do ego para cruzar o abismo que os separa.

Em total oposição a seu professor de filosofia, Lévinas usa a metodologia do mestre para reafirmar a autonomia do mundo sobre o sujeito: *não* sendo enfaticamente um projetista e criador, como um Deus, o sujeito é conclamado a existir pelo ato de assumir a responsabilidade pela indomável e inflexível alteridade do mundo. Se, para Heidegger, o *Sein* (o Ser) era *"ursprünglich" Mitsein* – "desde o princípio" ser-com –, para Lévinas, ele é (da mesma forma *ursprünglich*) *Fürsein*, ou ser-para. O self nasce no ato de reconhecimento de seu *ser-para-o-Outro* e, com isso, na revelação de sua insuficiência como mero *Mitsein*.

O mundo em que o ego se encontra imerso, o mundo socialmente construído, interfere na confrontação de um self que pensa e sente com a Face do Outro. E faz isso reduzindo a modalidade do ser-para, por natureza sem fronteiras e sempre subdefinido, a um conjunto finito de ordens e proibições. Seguindo Husserl, Lévinas embarcou numa viagem exploratória em busca das *Sachen selbst* (as coisas em si), em sua interpretação, a essência da ética; e ele a encontrou na extremidade distante da redução fenomenológica, uma vez tendo "posto entre parênteses" tudo que fosse acidental, contingente, derivado e supérfluo, sobreposto à ética no curso do estar-no-mundo do homem. E, como Husserl, ele trouxe de sua viagem de descobrimentos ricos troféus dificilmente acessíveis de qualquer outro modo menos tortuoso: o inventário das constantes da existência moral e das relações éticas – traços da ancestral condição de que parte toda existência moral e para a qual ela retorna a cada gesto moral.

"O Outro" e "a Face" são nomes genéricos, mas, em todo encontro moral localizado no coração do mistério da "lei moral dentro de mim", cada nome representa apenas um ser – apenas um, nunca mais que um: *um* Outro, *uma* Face. Nenhum nome pode ser colocado no plural, no outro extremo da redução fenomenológica. A *outridade* do Outro é equivalente a sua unicidade; cada Face é uma e única, e sua singularidade desafia a impessoalidade endêmica da norma.

É sua inflexível singularidade o que torna redundante e irrelevante a maioria, ou talvez tudo, que preenche a vida cotidiana de todo ser humano de carne e osso: a busca de sobrevivência, autoestima ou autoengrandecimento, a convergência racional de fins e meios, o cálculo de ganhos e perdas, a busca de prazer, o desejo de paz ou poder. Ingressar no espaço moral de Lévinas requer afastar-se por um tempo dos negócios cotidianos do viver e deixar de lado suas normas e convenções mundanas. No "partido moral de dois", tanto eu quanto o Outro chegamos despidos, sem nossos ornamentos sociais, despojados de status, distinções sociais e identidades, posições ou papéis socialmente preparados ou socialmente impostos. Não somos ricos ou pobres, nobres ou plebeus, poderosos ou impotentes – nem "merecedores" ou "não merecedores". Nenhuma dessas qualificações se aplica, para não falar em fazer diferença, para os integrantes de um par moral. O que quer que ainda possamos nos tornar, isso só emergirá em (e a partir de) nossa par-idade.

Num espaço como esse, e apenas nele, o self moral só pode se sentir desconfortável – confuso, perdido – no momento em que o partido moral de dois é rompido por um terceiro. Aliás, não é apenas o self moral que se sente incomodado, mas também Lévinas, seu explorador e porta-voz. Não há melhor prova desse desconforto que a urgência obsessiva, quase compulsiva, com que ele retorna, em seus escritos e entrevistas mais tardios, ao "problema do terceiro", à possibilidade de salvaguardar a relação ética nascida, crescida e preparada na estufa do par, no quadro da vida normal, mundana, em que intervenções, intrusões e "arrombamentos" por incontáveis "terceiros" são a regra habitual.

Como apontou Georg Simmel em sua revolucionária comparação entre relações diádicas e triádicas, "a característica decisiva da díade é que cada um dos dois (partícipes) tem, na verdade, de realizar algo; e que, no caso de fracasso, só o outro permanece –

e não uma força supraindividual, como prevalece num grupo, até mesmo de três".[6] Isso, acrescenta Simmel, "alcança uma coloração próxima e altamente específica de uma relação diádica", "uma vez que o participante de uma díade é muito mais frequentemente confrontado com o 'tudo ou nada' que o membro de um grupo maior".

Pode-se ver por que a relação diádica tende a se transformar muito naturalmente no (ou mesmo ficar idêntico ao) "partido moral de dois", e por que ela tende a ser um hábitat (ou até um berçário) para aquela incondicionalidade de responsabilidades improvável de emergir e se enraizar se as coisas fossem diferentes; e por que seria quase inconcebível para essa incondicional responsabilidade emergir de forma espontânea no meio de grupos maiores, nos quais as relações mediadas prevalecem sobre as não mediadas, cara a cara, provendo uma matriz para muitas alianças e divisões alternativas. Pode-se ver também por que uma entidade que pensa e sente trazida à tona no seguro confinamento da díade está despreparada e se sente fora de seu meio quando lançada num cenário de trio. Pode-se ver por que as ferramentas e os hábitos desenvolvidos numa relação diádica precisam ser reformulados e complementados para tornar uma tríade viável.

Há uma semelhança notável entre o tardio e agudo – embora, afinal, inconclusivo e frustrante – esforço de Lévinas para trazer o primitivo self moral, que ele descobriu no final da estrada da redução fenomenológica, de volta ao mesmíssimo mundo de cujos traços deformados ele lutou toda sua vida para se livrar e a empreitada exorbitante, hercúlea, mas do mesmo modo frustrada e frustrante, da fase idosa de Husserl, para retornar à intersubjetividade, saído da "subjetividade transcendental" que passou a vida livrando de todas as adulterações "inter"-laços. A pergunta é "A capacidade e a aptidão morais, feitas à medida da responsabilidade pelo Outro como a Face, podem ser espaçosas e potentes o bastante, além de suficientemente determinadas e vigorosas, para carregar um fardo em tudo diferente da responsabilidade pelo "Outro em si", um Outro indefinido e anônimo, um Outro sem rosto (porque dissolvido na multidão de "outros Outros")? As éticas nascidas e cultivadas no interior do partido moral de dois seriam adequadas para se transplantar na comunidade imaginada da sociedade humana? Mais que isso, na imaginada comunidade global da humanidade?

Ou, sem meias palavras: a iniciação, a criação e a educação morais que recebemos no partido moral de dois nos preparam para a vida no mundo?

Antes que o mundo teimosa e vexatoriamente não hospitaleiro à ética tenha se tornado sua preocupação principal, Lévinas visitou a questão em poucas ocasiões, e apenas de modo breve e cauteloso – e raras vezes por sua própria iniciativa, mas estimulado por inquisitivos entrevistadores. No capítulo "A moralidade começa em casa, ou o íngreme caminho para a justiça", de *O mal-estar da pós-modernidade*, rastreei essas visitações do artigo "Le moi et la totalité", de 1954, até "De l'unicité", publicado em 1986.[7] Curiosamente, à medida que o tempo passou, o espaço e a atenção dedicados por Lévinas às oportunidades com que o impulso moral depararia no estágio amplo societal, "cuja bondade lhe deu à luz e o manteve vivo", cresceram visivelmente; e, embora tenha sido gradual, aquela foi uma viagem sem volta.[8] A principal mensagem trazida por Lévinas para o fim de sua vida foi que o impulso moral, embora soberano e autossuficiente no partido moral de dois, é um guia fraco quando se aventura para além dos limites do partido.

As bestificantes infinitude e incondicionalidade da responsabilidade moral (ou, como diria o grande filósofo moral dinamarquês Knud Logstrup, o pernicioso silêncio do clamor ético que insiste que algo precisa ser feito, mas teimosamente se recusa a especificar o quê) não podem ser sustentadas quando o "Outro" surge no meio de uma pluralidade, como ocorre quando ele ou ela estão em sociedade. No mundo densamente povoado da vida humana cotidiana, impulsos morais necessitam de códigos, leis, jurisdições e instituições que os instalem e os monitorem a todos: no caminho de ser lançado na tela grande da sociedade, o senso *moral* reencarna como – ou é reprocessado na forma de – *justiça social*.

Na presença de um terceiro, diz Lévinas, numa conversa com François Poirié,

> deixamos o que chamo de a ordem da ética ou a ordem da santidade ou a ordem da misericórdia ou a ordem do amor ou a ordem da caridade – nas quais os outros seres humanos me interessam independentemente do lugar que ocupam na multidão dos homens, e mesmo apesar de nossa qualidade compartilhada de indivíduos da espécie humana. Eles me interessam como alguém próximo de mim, como o mais próximo. Ele é sem igual.[9]

Simmel, sem dúvida, acrescentaria que "a questão essencial é que, numa díade, não pode haver maioria alguma que vença o indivíduo numa votação. Essa maioria, entretanto, é tornada possível pela simples adição de um terceiro participante. Mas as relações que permitem que o indivíduo seja vencido por uma maioria desvalorizam a individualidade."[10] E desvalorizam, então, a singularidade, a proximidade privilegiada, as prioridades incontestadas e as responsabilidades incondicionais – tudo isso, pedras fundamentais de uma relação moral.

A sempre repetida garantia "este é um país livre" (que significa que o tipo de vida que você deseja viver, como você decide viver e que tipo de escolhas você faz para tomar essa decisão dizem respeito a você; culpe a si mesmo, e a mais ninguém, no caso de tudo isso não resultar nas alegrias que você esperava) sugere a alegria da emancipação intimamente entrelaçada com o horror da frustração. "Um homem livre", diria Joseph Brodsky, "quando falha, não culpa ninguém" (ninguém mais, exceto a si mesmo).[11] Por mais aglomerado que seja aquele mundo lá fora, ele não contém ninguém em quem se possa colocar a culpa por meu fracasso. Como diria Lévinas, citando Dostoiévski, "somos todos culpados por tudo e de todos perante todos, e eu mais que os outros". E ele comentaria: "A responsabilidade é assunto *meu*. A reciprocidade é assunto *dele*. O eu sempre tem uma responsabilidade *maior* que todos os outros."[12]

O advento da liberdade é visto como uma inspiradora emancipação – seja das horríveis obrigações e das irritantes proibições, seja das rotinas monótonas e bestificantes. Mas tão logo a liberdade se instale e se torne nosso pão de cada dia, um novo tipo de horror, o horror da *responsabilidade*, nem um pouco menos amedrontador que os terrores afugentados pelo advento da liberdade, tornam pálidas as recordações de sofrimentos passados. Noites que seguem dias de rotina obrigatória estão lotadas de sonhos de *libertação dos constrangimentos*. Noites que seguem dias de escolhas obrigatórias estão cheias de sonhos de *libertação das responsabilidades*.

É notável, mas em quase nada surpreendente, que os dois mais poderosos e persuasivos argumentos em favor da necessidade da sociedade (de um sistema de coerções e regras inclusivo, solidamente fundamentado e protegido de modo eficaz), promovidos pelos filósofos desde o princípio da transformação do mundo em modernidade, tenham sido estimulados pelo reconhecimento de ameaças físicas e fardos espirituais característicos da condição de *liberdade*.

O primeiro argumento, articulado por Hobbes, avançado em grande extensão por Durkheim e Freud, e, em meados do século XX, transformado na *doxa* dos filósofos e cientistas sociais, apresenta a coerção societal e os constrangimentos impostos à liberdade individual por regulações normativas como meios necessários, inevitáveis, saudáveis e benéficos de se proteger a integração humana contra uma "guerra de todos contra todos"; e de se vigiar os indivíduos humanos contra uma "vida sórdida, brutal e curta". Os defensores dessa tese argumentam que, se o cessar da coerção social fosse de alguma maneira possível ou mesmo concebível, ele não liberaria os indivíduos. Pelo contrário, apenas os tornaria incapazes de resistir às mórbidas pressões de seus próprios instintos antissociais. Iria torná-los vítimas de uma escravidão possivelmente mais aterrorizante que aquela produzida por todas as pressões das árduas realidades sociais.

Freud apresentaria a coerção social e a consequente limitação da liberdade individual como a própria essência da civilização: como o "princípio do prazer" (a pulsão da busca de imediata satisfação sexual, por exemplo, ou a inclinação inata para o ócio) orienta, ou, antes, desorienta, a conduta individual rumo ao improdutivo território da antissociabilidade ou da sociopatia, caso ele não fosse constrangido, podado e contrabalançado pelo "princípio de realidade", apoiado pelo poder e operado pela autoridade; seria inconcebível a civilização sem coerção.

O segundo argumento para a necessidade (de fato, para a inevitabilidade) de regulações normativas socialmente operadas – e também para a coerção social coatora da liberdade individual – está fundado na premissa oposta, a do desafio ético ao qual os homens estão expostos pela própria presença dos outros, pelo "apelo silencioso da Face" – um desafio que precede todas as configurações ontológicas socialmente criadas e administradas, configurações que, no mínimo, tentam neutralizar, aparar e limitar esse desafio que de outra maneira seria infinito, a fim de torná-lo tolerável.

Nessa abordagem, em maior medida elaborada por Emmanuel Lévinas e Knud Logstrup, a sociedade é sobretudo um dispositivo montado para reduzir a essencialmente incondicional e ilimitada responsabilidade pelo Outro, ou a infinidade de "clamor ético", a um conjunto de prescrições e proscrições do mesmo nível que as habilidades humanas para enfrentá-las e administrá-las. A principal função da regulação normativa, e também a fonte suprema de sua inevitabilidade, é tornar o exercício da responsabilidade (Lévinas) ou a obediência ao clamor ético (Logstrup) uma tarefa realizável para as "pessoas comuns", que tendem a ficar bem distantes dos padrões de santidade – e que devem ficar afastadas deles –, para que a sociedade seja concebível. Como dizia o próprio Lévinas,

> é extremamente importante saber se a sociedade, no sentido atual do termo, é o resultado da limitação do princípio de que os homens são predadores uns dos outros, ou se, pelo contrário, é o produto da limitação do princípio segundo o qual os homens estão lá um *para* o outro. O social, com suas instituições, formas universais

e leis, resulta da limitação das consequências da guerra entre os homens, ou da limitação da infinidade que se abre na relação ética de homem para homem?[13]

Ou de forma ainda mais simples: a "sociedade" é o produto da contenção das inclinações egoístas e agressivas de seus integrantes, levada a efeito pelo dever de solidariedade; ou, pelo contrário, é o resultado da mistura de seu altruísmo intrínseco e ilimitado com a "ordem do egoísmo"?

Para usar novamente o vocabulário de Emmanuel Lévinas, podemos dizer que a principal função da sociedade, com suas instituições, formas universais e leis, é tornar a essencialmente *incondicional* e *ilimitada* responsabilidade pelo Outro ao mesmo tempo *condicional* (em circunstâncias selecionadas, devidamente enumeradas e definidas com clareza) e *limitada* (a um seleto grupo de "Outros", bem menor que a totalidade da humanidade e, mais importante ainda, mais restrito e mais facilmente manejável que a indefinida soma total de "Outros" que podem despertar nos sujeitos sentimentos de uma inalienável e ilimitada responsabilidade). Para usar os termos de Knud Logstrup (pensador muito próximo do ponto de vista de Lévinas, que, como ele, insiste na primazia da ética sobre as realidades da "vida em sociedade", e convoca o mundo a prestar contas por não conseguir se elevar aos padrões da responsabilidade ética), diríamos que a sociedade é um arranjo para tornar audível o clamor ético, que de outra forma se manteria insistente e vexatoriamente em silêncio (por não ser específico). "Audível", nesse caso, quer dizer delimitado e codificado. Com essa operação, ainda segundo Logstrup, a infinita multiplicidade de opções que esse clamor pode implicar seria reduzida a uma gama muito mais estrita e manejável de obrigações.

Ocorreu, no entanto, que o advento da sociedade líquida moderna de consumidores solapou a credibilidade e o poder persuasivo de ambas as teses sustentadoras da inevitabilidade da imposição societal. Cada qual foi rebaixado de modo diferente, todavia pela mesma razão: para que tivesse lugar o cada vez mais evidente desmantelamento do sistema de regulação normativa; e, por conseguinte, pela libertação de partes cada vez maiores de conduta humana padronizada da supervisão e do policiamento coercitivos, e pelo relegar de um número cada vez maior de funções previamente socializadas para a esfera das "políticas de vida" individuais.

No cenário desregulamentado e privatizado, centrado em preocupações e buscas consumistas, a responsabilidade sumária pelas escolhas – pela ação que segue a escolha e pelas consequências dessas ações – é lançada em cheio nos ombros dos atores individuais. Como Pierre Bourdieu já assinalou duas décadas atrás, a coerção vem sendo substituída pela estimulação; pela forte imposição de padrões de comportamento promovidos por sedução; pelo policiamento de conduta operado pelas relações públicas e a publicidade; e pela regulação normativa em si, com a criação de novas necessidades e novos desejos. Aparentemente, o advento do consumismo despiu o argumento hobbesiano de muito de sua credibilidade, uma vez que as consequências catastróficas que ele previu para qualquer recuo ou emancipação da regulação normativa socialmente administrada acabaram não se materializando.

A nova profusão e a intensidade sem precedentes de antagonismos interindividuais e conflitos abertos que seguiram as progressivas desregulamentação e privatização das funções previamente atribuídas à sociedade são bem conhecidas e oferecem tema para um contínuo debate. Mas a sociedade desregulamentada e privatizada dos consumidores ainda está longe da aterradora visão de Hobbes da *bellum omnium contra omnes* [a guerra de todos contra todos]. Por sua vez, o argumento de Freud para a natureza necessariamente coercitiva da civilização não foi mais bem-sucedido. Parece provável (ainda que o debate ainda esteja em andamento) que, uma vez expostos à lógica dos mercados de bens de consumo e deixados a suas próprias escolhas, os consumidores deparem com uma inversão na relação de poder entre os princípios do prazer e da realidade.

Agora é o "princípio da realidade" que é forçado a ficar na defensiva; ele é compelido diariamente a recuar, a se autolimitar e a se comprometer diante dos renovados assaltos do "princípio do prazer". O que os poderes da sociedade consumista parecem ter descoberto – e convertido em vantagem – é que há pouco a ser ganho em servir aos "fatos sociais" inertes, inflexíveis, considerados indomáveis e irresistíveis do tempo de Émile Durkheim, ao passo que atender às promessas infinitamente expansíveis do princípio do prazer prometem lucros comerciais infinitamente prolongáveis. As já gritantes e ainda crescentes "suavidade", flexibilidade e baixa expectativa de vida dos "fatos sociais" líquidos modernos contribuem para emancipar a busca do prazer de suas antigas limitações e abri-la completamente à exploração lucrativa por parte dos mercados.

No que diz respeito ao argumento composto e promovido por Lévinas e Logstrup, a tarefa de reduzir a falta de limites supra-humana da responsabilidade ética pela capacidade de uma sensibilidade humana comum, um poder humano de julgamento e habilidade de agir comuns, tende agora (menos em algumas áreas seletas) a ser "subsidiarizada" individualmente a homens e mulheres. Na ausência de uma tradução oficial da "demanda não dita" num inventário finito de prescrições e proscrições, depende agora de cada indivíduo fixar os limites de sua própria responsabilidade com os outros, e traçar a linha divisória entre plausível e improvável, dentre as intervenções morais; e também decidir quão distante ele ou ela estão dispostos a ir, ao sacrificar seu bem-estar pessoal para cumprir a responsabilidade moral pelos outros.

Como sugere Alain Ehrenberg de modo convincente, a maioria dos sofrimentos humanos normais tende a brotar, hoje, da superabundância de *possibilidades*, mais que da profusão de *proibições*, como costumava ocorrer no passado.[14] Se a oposição entre o possível e o impossível suplantou a antinomia do permitido e do proibido como quadro cognitivo e critério essencial para avaliar escolhas e estratégias da vida, só se pode esperar que as depressões surgidas do terror da *inadequação* substituam as neuroses causadas pelo horror da *culpa* (da carga de *não conformidade* que se segue à violação de regras), como as aflições psíquicas mais características e difundidas entre os cidadãos da sociedade de consumidores.

Uma vez transferida para (ou abandonada a) os indivíduos, a tarefa de tomada de decisões éticas se torna esmagadora; assim como deixa de ser uma opção viável ou segura o estratagema de se esconder atrás de uma autoridade reconhecida e aparentemente indomável, uma autoridade que garanta a remoção da responsabilidade (ou ao menos parte significativa dela) de seus ombros. Debater-se com tarefa tão amedrontadora lança os atores num estado de incerteza permanente. De maneira frequente demais, isso leva a uma angustiante e humilhante operação de autorreprovação.

O resultado geral da privatização e da subsidiarização da responsabilidade comprova-se um pouco menos incapacitante para o self moral e para os atores morais do que Lévinas, Logstrup e seus discípulos – eu inclusive – poderiam esperar. De alguma maneira, encontrou-se uma forma de mitigar o impacto potencialmente devastador desses fenômenos sobre os indivíduos e de limitar os danos. Parece que agora há uma profusão de agências comerciais ansiosas para assumir as tarefas abandonadas pela "grande sociedade" e vender seus serviços aos abandonados, ignorantes e perplexos consumidores.

Sob o regime desregulamentado/privatizado, a fórmula para a "liberação da responsabilidade" permaneceu, em grande medida, como era nas fases anteriores da história moderna: uma pitada de clareza genuína ou suposta é injetada numa situação desesperançosamente opaca, substituindo (ou, de forma mais correta, encobrindo) a aterradora complexidade da tarefa por um jogo de regras de dever e não dever. Agora, como antes, os atores individuais são pressionados, empurrados e persuadidos a depositar sua confiança em autoridades as quais se espera que decidam e decifrem exatamente o que as demandas não ditas ordenam que façam em uma ou outra situação; e quão distante (e nem um centímetro a mais) sua incondicional responsabilidade a obriga a ir sob tais circunstâncias. No entanto, ao se seguir o mesmo estratagema, diferentes ferramentas tendem a ser agora mobilizadas.

Os conceitos de responsabilidade e escolha responsável, que costumavam residir no campo semântico do dever ético e da preocupação moral com o Outro, se moveram ou foram deslocados para a esfera da autossatisfação e do cálculo de riscos. Nesse processo, o Outro, como gatilho, alvo e medida de uma responsabilidade aceita, assumida e cumprida, quase desapareceu do horizonte, expulso a cotoveladas ou simplesmente ofuscado pelo self do próprio ator. "Responsabilidade" agora significa, do começo ao fim, *responsabilidade para consigo mesmo* ("Você se deve isso", como repetem infatigavelmente os comerciantes da liberação da responsabilidade), ao passo que "escolhas responsáveis" são, também de ponta a ponta, ações com um feitio tal que servem bem aos interesses e satisfazem os desejos do ator, além de evitar a necessidade de compromisso.

O resultado não é muito diferente dos efeitos "adiaforizadores" do estratagema posto em prática pela burocracia sólida moderna.[15] Esse estratagema consistia na substituição da "responsabilidade para" (para uma pessoa superior, para uma autoridade, para uma causa e os porta-vozes que originam uma ação) pela "responsabilidade por" (pelo bem-estar, a autonomia e a dignidade de outro homem do lado receptor da ação). Entretanto, os efeitos adiaforizadores (os de tornar as ações eticamente neutras e eximi-las de avaliação ética e de censura) tendem a ser alcançados hoje sobretudo pela substituição da responsabilidade pelos outros por uma responsabilidade *para* si mesmo e *por* si mesmo, embaladas num só pacote. A vítima colateral do salto para a versão consumista da liberdade é o Outro como objeto de responsabilidade ética e preocupação moral.

Seguindo fielmente o labiríntico itinerário do "estado de espírito público", em seu livro vastamente lido e muito influente intitulado *Complexo de Cinderela*, Colette Dowling declarou que o desejo de estar seguro, aquecido e de ser cuidado é um "sentimento perigoso".[16] Ela advertiu as cinderelas da era que se aproximava a se precaverem para não cair na armadilha: do impulso de cuidar dos outros e do desejo de ser cuidado pelos outros ergue-se o temerário perigo da dependência, de perder a habilidade de selecionar a maré mais confortável para surfar e de se mover rapidamente de uma onda para outra no momento em que a maré volta. Como comenta Arlie Russell Hochschild, "o medo de ser dependente de outra pessoa evoca a imagem do caubói americano: sozinho, isolado, vagando livremente com seu cavalo. ... Das cinzas da Cinderela, então, surge uma vaqueira pós-moderna".[17]

O mais popular dos empáticos best-sellers de autoajuda da vez "sussurra[ou] ao leitor: 'Permita que o investidor emocional tome cuidado.' ... Dowling aconselha as mulheres a investirem no self como numa empresa individual", escreve Hochschild.

> O espírito comercial da vida íntima é composto por imagens que preparam o caminho para um paradigma de desconfiança, ... oferecendo como ideal um self bem-defendido contra ferimentos. ... Os atos heroicos que um self pode executar ... são separar-se, deixar de depender e necessitar menos dos outros. ... Em muitos livros modernos badalados, o autor nos prepara para as pessoas lá fora que não precisam de nossos cuidados e para pessoas que não cuidam ou não podem cuidar de nós.

A possibilidade de povoar o mundo com pessoas mais carinhosas e a induzi-las a dar mais carinho não figura nos panoramas pintados na utopia consumista. As utopias privatizadas dos caubóis e vaqueiras da era consumista demonstram, em vez disso, um expandido "espaço livre" (livre para *mim* mesmo, claro), uma espécie de espaço vazio do qual o consumidor líquido moderno, inclinado a apresentações solo, e apenas a elas, nunca tem o suficiente. O espaço de que os consumidores líquidos modernos necessitam e pelo qual ouvem recomendações de todos os lados para lutar só pode ser conquistado pela expulsão de outros seres humanos – em particular os tipos de homem que se importam com os outros ou podem precisar que alguém se importe com eles.

O mercado consumidor tomou da burocracia sólida moderna a tarefa de adiaforização: a empreitada de espremer o veneno do "ser para" e mandá-lo para bem longe da dose de reforço chamada "estar com". Foi isso que Emmanuel Lévinas esboçou quando pensou que, em vez de ser um dispositivo para tornar a integração humana pacífica e amigável para (como Hobbes sugerira) os egoístas inatos, a sociedade pode ser um estratagema para tornar uma vida autocentrada, autorreferenciada e egoísta algo atingível para seres morais inatos, por meio do corte das responsabilidades pelos outros, algo que caminha com a presença da Face do Outro; de fato, com a integração humana.

De acordo com Frank Mort, que pesquisou relatórios trimestrais do Henley Centre for Forecasting, no topo da lista de prazeres preferidos e mais cobiçado pelos ingleses nas duas últimas décadas estavam os tipos de passatempo

> sobretudo disponibilizados em ofertas baseadas no mercado: compras pessoais, comer fora, FVM [projetos do tipo faça-você-mesmo] e assistir a vídeos. Cravada na posição inferior da lista veio a política. Ir a uma reunião política ficou na mesma colocação que uma ida ao circo, como uma das coisas menos susceptíveis de ser feitas pelo público britânico.[18]

Em *A exigência ética*, Knud Logstrup expôs uma visão otimista da inclinação natural humana. "É característico da vida humana que costumemos encontrar um ao outro pejados de uma confiança natural", escreveu ele.

> Apenas por alguma circunstância especial chegamos a desconfiar de um estranho antecipadamente. ... Sob circunstâncias normais, porém, aceitamos a palavra do desconhecido e não desconfiamos dele até que tenhamos alguma razão especial para fazê-lo. Nunca suspeitamos da falsidade de uma pessoa até o dia em que a pegamos mentindo.[19]

Permitam-me enfatizar que as avaliações do autor não são projetadas como declarações fenomenológicas, mas como generalizações empíricas. Se a maioria das teses éticas de Lévinas se beneficia da imunidade do estatuto fenomenológico, esse não é o caso de Logstrup, que induz sua generalização a partir de interações cotidianas com seus coparoquianos.

A exigência ética foi concebido por Logstrup durante os oito anos que se seguiram a seu casamento com Rosalie Maria Pauly, quando eles viviam na pequena e pacata cidadezinha dinamarquesa da ilha Funen. Com o devido respeito aos amigáveis e sociáveis moradores de Aarhus, onde Logstrup iria depois passar o resto de sua vida ensinando teologia na universidade, questiono se as ideias que aqui apresentamos poderiam ter surgido na mente do pensador depois que se instalou naquela cidade e teve de enfrentar, sem filtros, a realidade do mundo em guerra, vivendo sob ocupação alemã como membro ativo da resistência dinamarquesa.

As pessoas tendem a tecer suas imagens do mundo com os fios de suas experiências. A atual geração pode achar um tanto forçada a ensolarada e alegre imagem de Logstrup de um mundo confiante e confiável, ou considerá-la mesmo em conflito agudo com o que se aprende hoje e com o que é insinuado pelas narrativas comuns da experiência humana ouvidas todos os dias. Os integrantes dessa geração se reconheceriam mais nas ações e confissões dos personagens da recente onda de programas de televisão muito populares como *Big Brother*, *Survivor* e *O elo mais fraco*, que (por vezes de modo explícito, mas sempre implicitamente) têm uma mensagem bastante diferente: estranhos *não* são confiáveis. *Survivor*, por exemplo, traz um bordão que mostra a que veio, "Não confie em ninguém", e a cada edição do *Big Brother* também se adicionam exemplos amplos e vívidos. Fãs e viciados desses "reality" shows (que consistem, em grande parte, possivelmente na substantiva maioria de nossos contemporâneos) inverteriam o veredicto de Logstrup sobre a sociedade e decidiriam que um traço característico da vida humana é encontrar um ao outro com uma *suspeita natural*.

Esses programas de TV que seduzem milhões de espectadores como uma tempestade e capturaram de imediato suas imaginações são ensaios públicos do conceito de *descartabilidade* dos homens. Eles carregam, atadas à história, uma carga de indulgência e uma advertência, cuja mensagem é que ninguém é indispensável, ninguém tem o direito a uma parte própria nos frutos do esforço comum apenas porque ele ou ela foi adicionado ao grupo em algum ponto de sua história – muito menos por simplesmente ser membro do time. A vida é um jogo duro para pessoas duras, eis a mensagem. Cada jogo começa do zero, méritos passados não contam, cada um vale apenas o correspondente aos resultados do último duelo. Cada jogador, em cada momento, joga por ele próprio (ou ela própria), mas, a fim de avançar, para não dizer a fim de alcançar o topo, as pessoas devem (ai delas!) cooperar. Em primeiro lugar, excluindo os muitos outros ansiosos por sobreviver e ter sucesso que bloqueiam o seu caminho; em seguida, superando também, pela astúcia, um a um, todos aqueles com quem cooperou – depois de ter extraído deles até a última gota de utilidade –, deixando-os para trás. Os outros são antes de tudo competidores; estão sempre tramando, como fazem todos os competidores, cavando buracos, pondo armadilhas, maquinando para nos fazer tropeçar e cair.

Os recursos que ajudam os vencedores a sobreviver a seus competidores e a emergir vitoriosos da violenta batalha são de muitos tipos, oscilando da descarada autoafirmação até a dócil autossupressão. Qualquer que seja o estratagema mobilizado, porém, sejam quais forem os recursos dos sobreviventes, as susceptibilidades e deficiências do derrotado, a história da sobrevivência está fadada a se desenrolar de um modo monótono: *no jogo da sobrevivência, a confiança, a compaixão e a misericórdia* (atributos supremos da "expressão soberana da vida" de Logstrup) *são opções suicidas*. Se você não for mais duro e menos escrupuloso que todos os outros, eles acabarão com você, com ou sem remorso. Estamos de volta à sombria verdade do mundo darwinista: é o mais bem-adaptado que invariavelmente sobrevive – ou melhor, sobreviver por mais tempo que os outros é a prova definitiva de adaptação.

Fossem os jovens de nosso tempo também leitores de livros, e em especial de velhos livros ausentes da lista de best-sellers, eles talvez concordassem com o quadro amargo, nada solar, do mundo pintado pelo filósofo da Sorbonne e exilado russo Leon Shestov: "O *homo homini lupus* [o homem é o lobo do homem] é uma das máximas mais firmes da moralidade eterna. Em cada um de nossos próximos tememos um lobo. ... Somos tão pobres, tão fracos, tão facilmente arruinados e destruídos! Como podemos evitar o medo?... Enxergamos perigo, apenas perigo."[20] Eles insistiriam, como Shestov sugeriu e como o *Big Brother* promoveu à categoria de verdade de senso comum, que este é um mundo duro, destinado a pessoas duronas. É um Universo de indivíduos abandonados, contando apenas com as próprias habilidades, tentando ultrapassar e sobrepujar o outro. Ao encontrar um estranho, primeiro você precisa ter cautela; depois, cautela; e, em terceiro lugar, cautela. Reunir-se, ficar ombro a ombro e trabalhar em equipe faz muito sentido desde que os outros o ajudem a fazer sua parte; mas não há razão alguma para esse trabalho de equipe continuar se ele não trouxer mais nenhum benefício, ou trouxer menos benefício que o obtido se esses compromissos forem deixados de lado, se as obrigações forem canceladas.

Hoje, os patrões tendem a não gostar dos empregados onerados de compromissos pessoais com os outros – em especial aqueles com compromissos firmes, sobretudo os de longo prazo. As severas exigências da sobrevivência profissional muitas vezes confrontam homens e mulheres com escolhas moralmente devastadoras entre as demandas de suas carreiras e o gostar dos outros. Chefes preferem empregar indivíduos desonerados, livres para a errância, prontos para romper todos os laços diante de uma exigência de momento, que nunca pensem duas vezes quando devem se sacrificar "exigências éticas" em nome de "exigências do trabalho".

Vivemos hoje numa sociedade global de consumidores, e os padrões de comportamento de consumo só podem afetar todos os outros aspectos de nossa vida, inclusive a vida de trabalhado e de família. Somos todos pressionados a consumir mais, e, nesse percurso, nós mesmos nos tornamos produtos nos mercados de consumo e de trabalho.

Nas palavras de J. Livingstone, "a forma mercadoria penetra e reordena as dimensões da vida social até então isentadas de sua lógica, a tal ponto que a própria subjetividade se torna uma mercadoria a ser comprada e vendida, sob a forma de beleza, limpeza, sinceridade e autonomia".[21] Como diz Colin Campbell, a atividade de consumir

> se tornou um tipo de gabarito ou modelo para a maneira como os cidadãos de sociedades ocidentais contemporâneas passaram a ver todas as suas atividades. Como, ... cada vez mais, novas áreas da sociedade atual foram assimiladas por um "modelo de consumidor", pode surpreender pouco o fato de que as metafísicas basilares do consumismo tenham, nesse processo, se tornado um tipo de filosofia-padrão para toda a vida moderna.[22]

Arlie Hochschild sintetiza o "dano colateral" mais importante perpetrado na trilha da invasão consumista numa expressão sucinta e pungente, "materializar o amor":

> Atos consumistas para manter a reversão emocional entre trabalho e família. Expostos a um bombardeio ininterrupto de publicidade por uma média diária de três horas de televisão (a metade de todo seu tempo ocioso), os trabalhadores são persuadidos a "necessitar" de mais coisas. E para comprar aquilo de que agora necessitam, eles precisam de dinheiro. Para ganhar dinheiro, trabalham mais horas. Estando longe de casa tantas horas, compensam sua ausência com presentes que custam dinheiro. Eles materializam amor. E assim o ciclo se perpetua.[23]

Podemos acrescentar que a nova separação espiritual e a nova ausência física desses trabalhadores em suas cenas domésticas tornam, tanto os do sexo masculino quanto os do feminino, do mesmo modo impacientes com os conflitos grandes, os pequenos ou até com os minúsculos e insignificantes conflitos inevitáveis implicados no ato de conviver diariamente sob um mesmo teto.

Como as habilidades necessárias para conversar e buscar entendimento mútuo se reduziram, o que costumava ser um desafio para se encarar e negociar com paciência se torna cada vez mais um pretexto para os indivíduos romperem a comunicação, fugirem e queimarem as pontes deixadas para trás. Ocupados em ganhar mais para comprar novas coisas de que creem necessitar para ficar felizes, homens e mulheres têm menos tempo para a empatia e as negociações intensas, por vezes tortuosas e amarguradas, mas sempre prolongadas e cansativas, para não falar em tempo para resolver seus mal-entendidos e desacordos mútuos.

Isso põe em ação outro ciclo vicioso: quanto mais eles forem bem-sucedidos em "materializar" suas relações de amor (como o fluxo contínuo de publicidade os incita a fazer), menos oportunidades deixam para alcançar a compreensão mutuamente simpática invocada pela notória ambiguidade poder/cuidado do amor. Parentes são tentados a evitar confrontos e a buscar um descanso (ou melhor, um abrigo permanente) do corpo a corpo doméstico; então, o ímpeto por "materializar" amor e carinho adquire um motor adicional porque as discussões sobre o relacionamento, que tanto tempo e energia consomem, tornaram-se menos alcançáveis – justamente quando esse trabalho é cada vez mais necessário, pelo número sempre crescente de rancores a serem suavizados e discordâncias a clamar por solução.

Os profissionais altamente qualificados – as meninas dos olhos dos diretores de empresa – com frequência são contemplados com áreas de trabalho projetadas para servir como um agradável substituto à aconchegante familiaridade deixada em casa (como observa Hochschild, para esses empregados, a tradicional divisão de papéis entre lugar de trabalho e domicílio familiar tende a se inverter). Mas nada é oferecido aos empregados de nível hierárquico inferior, os menos qualificados e facilmente substituíveis. Se algumas empresas, sobretudo a Amerco, analisada em detalhe por este pensador, "oferecem a velha *utopia socialista* a uma *elite* de trabalhadores dotados de conhecimento na camada do topo de um mercado de trabalho cada vez mais dividido, outras podem oferecer cada vez mais *o pior do capitalismo primitivo* a *trabalhadores semi e não habilitados*". Para estes últimos, "nem uma rede de parentesco nem colegas de trabalho oferecem as âncoras emocionais para o indivíduo; quem faz isso é um grupo de amigos, colegas do bar da esquina ou outros grupos do mesmo tipo".[24]

A busca de prazeres individuais articulada pelas mercadorias em oferta, uma busca guiada, sempre redirecionada e reformulada por sucessivas campanhas publicitárias, provê o único substituto aceitável (na verdade, mal-necessitado e acolhido) para a enaltecedora solidariedade de colegas de trabalho e para o calor radiante do cuidar e ser cuidado pelos chegados e queridos em casa e na vizinhança mais próxima.

Quem tentar reviver os "valores familiares" seriamente avariados – e leve a sério o que tal tentativa implica – deveria começar por refletir com seriedade sobre as raízes consumistas simultâneas ao fenecimento da solidariedade social no local de trabalho e ao desvanecimento do impulso de cuidar/partilhar do lar da família.

Tendo passado vários anos a observar de perto os padrões de emprego em transformação nos setores mais avançados da economia americana, Hochschild notou e documentou tendências semelhantes àquelas encontradas na França e por toda a Europa, descritas com riqueza de detalhes por Luc Boltanski e Ève Chiapello como "o novo espírito do capitalismo".[25] A forte preferência dos empregadores por funcionários desatrelados, flexíveis, em última análise, disponíveis e generalistas (do tipo "pau para toda obra", e não especialistas com treinamento concentrado) foi o mais seminal entre seus resultados.

Em nossa sociedade supostamente viciada em reflexão, é improvável que a confiança receba muitos reforços empíricos. Uma análise de evidências da vida sóbria aponta na direção oposta, revelando repetidas vezes a perpétua inconstância das regras e a fragilidade dos laços. Mas isso significa que a decisão de Logstrup, de investir sua esperança de moralidade na *tendência espontânea e endêmica* de confiar, foi invalidada pela *endêmica incerteza* que satura o mundo de nosso tempo?

Estaríamos autorizados a dizer que sim – não fosse pelo fato de que, afinal, nunca foi opinião de Logstrup que impulsos morais surjam da reflexão. Pelo contrário, na visão dele, a esperança da moralidade está precisamente investida em sua *espontaneidade pré-reflexiva*: "A clemência é espontânea porque a menor interrupção, o menor cálculo, a menor diluição dela para servir a qualquer outra coisa a destrói completamente, de fato a converte no oposto do que é, em inclemência."[26]

Emmanuel Lévinas é conhecido por insistir que a pergunta "Por que eu deveria ser moral?" (ou seja, argumentos e protestos como "O que isso me dará?", "O que ela fez por mim para justificar meu cuidado, meu carinho?", "Por que eu deveria ligar, se muitos outros não ligam?" e "Outra pessoa não pode fazer isso em meu lugar?") não é o *ponto de partida* da conduta moral, mas um sinal de sua morte iminente – assim como toda a amoralidade teve começo com a pergunta de Caim: "Acaso sou guarda de meu irmão?" Logstrup, com sua confiança na espontaneidade, no impulso e no ímpeto por confiar, e não na reflexão calculada, parece concordar com isso.

Ambos os filósofos também parecem concordar que "a *necessidade* de moralidade" (expressão que é um oximoro, posto que qualquer resposta a uma "necessidade" é tudo, menos moralidade), ou a "desejabilidade da moralidade", não pode ser estabelecida do ponto de vista discursivo, e muito menos comprovada. A moralidade não seria mais que uma manifestação naturalmente incitada da humanidade – ela não serve a nenhum "propósito" e sem dúvida não é guiada pela expectativa de lucro, bem-estar, glória ou autodesenvolvimento. É verdade que atos bons da perspectiva objetiva – prestativos e úteis – são quase sempre executados a partir do cálculo de ganho do ator, seja esse ganho uma graça divina, a estima pública ou a absolvição pela falta de compaixão mostrada em outras ocasiões; essas ações, porém, não podem ser classificadas como *atos* genuinamente *morais* só por terem sido assim *motivadas*.

Nos atos morais, "um motivo posterior está excluído", insiste Logstrup.[27] Essas expressões espontâneas são *radicais* exatamente pela ausência de outros motivos – *tanto* morais *quanto* amorais. Eis mais uma razão pela qual a exigência ética, aquela pressão "objetiva" para ser moral que emana do mero fato de se estar vivo e compartilhar o planeta com os outros, está e tem de permanecer em silêncio. Uma vez que a obediência à demanda ética pode facilmente ser transformada (deformada e torcida) numa motivação de conduta, essa demanda está em sua melhor forma quando é esquecida, não se pensa nela: seu radicalismo consiste no fato de sua exigência ser supérflua. O caráter imediato dos contatos humanos é sustentado pelas expressões imediatas da vida; ele não precisa de, e de fato não tolera, nenhuma outra sustentação. Nisso Lévinas concordaria de todo o coração com Logstrup. Como resumiu Richard Cohen, o tradutor das conversações de Lévinas com Philippe Nemo, "a exigência ética não é uma necessidade ontológica. A proibição de matar não torna o assassinato impossível. Torna-o mau." O "ser" da ética consiste apenas no "perturbar a complacência do ser".[28]

Em termos práticos, significa que, por mais que um ser humano possa se ressentir de ser abandonado à sua própria deliberação e à sua própria responsabilidade, é precisamente essa solidão que contém a esperança de uma integração impregnada de moralidade. Esperança – não certeza, em especial, não uma certeza garantida.

A espontaneidade e a soberania das expressões da vida não asseguram que a conduta resultante será a mais adequada do ponto de vista ético, a mais louvável escolha entre o bem e o mal. A questão, entretanto, é que *tanto* os disparates *quanto* as escolhas corretas nascem das mesmas condições – assim como nascem das mesmas condições *tanto* os impulsos acovardados para correr até o abrigo obsequiosamente fornecido pelas ordens oficiais *quanto* o arrojo para aceitar as próprias responsabilidades. Sem se confrontar com a possibilidade de escolhas erradas, pouco pode ser feito para se perseverar na busca da certa. Longe de ser uma das principais ameaças à moralidade (e, assim, uma abominação para os filósofos morais), *a incerteza é o quintal de casa da pessoa moral e o único solo em que a moralidade pode brotar e florescer.*

Mas, como Logstrup corretamente aponta, a imediaticidade do contato humano é sustentada pelas expressões imediatas da vida. Presumo que essa conexão e as condições mútuas sigam os dois caminhos. "Imediação" parece desempenhar no pensamento de Logstrup papel semelhante ao da "proximidade" nos escritos de Lévinas. A "expressão imediata de vida" é ativada pela proximidade ou pela presença imediata de outro ser humano – que é fraco, vulnerável, sofredor e carente de ajuda. Somos desafiados pelo que vemos e somos desafiados a *agir* – a ajudar, defender, trazer consolo, curar ou salvar.

Permitam-me repetir: o mundo atual parece estar conspirando contra a confiança. Esta pode permanecer, como sugere Knud Logstrup, uma efusão natural da "expressão soberana da vida" – porém, uma vez lançada, é em vão que busca um lugar para se ancorar. Ela foi condenada a uma vida de frustração. Pessoas (individual, coletiva ou conjuntamente), companhias, partidos, comunidades, grandes causas e os padrões e rotinas que investimos de autoridade para guiar nossas vidas com frequência não recompensam pela devoção à confiança. No mínimo, raras vezes eles são parâmetros de perfeição em termos de consistência e continuidade a longo prazo. Dificilmente há um ponto de referência único, no qual a atenção poderia ser fixada de forma segura e confiável, absolvendo aqueles que buscam a orientação do irritante dever de vigilância constante e a incessante retração de passos já dados ou até então só pretendidos. Nenhuma orientação disponível parece ter expectativa de vida mais longa que as próprias pessoas em busca de orientação, por mais abominavelmente curtas que suas próprias vidas corpóreas possam ser. A experiência individual aponta com teimosia para o self como o mais provável foco da maior duração e da continuidade que buscamos com avidez.

Essas tendências são evidentes hoje, em particular nas grandes cidades, essas conurbações cada vez maiores e nas quais, em poucos anos, viverá mais da metade da população do planeta, e onde a alta densidade de interação humana, combinada com os medos oriundos da insegurança, fornecem solos especialmente férteis para o *ressentimento* e para a busca de objetos aos quais ele se direcionar.

Como observou Nan Ellin, a mais arguta pesquisadora e analista das tendências urbanas contemporâneas, a proteção contra os perigos foi "um dos principais incentivos para se construírem cidades cujos limites eram várias vezes definidos por vastas muralhas ou cercas, das antigas aldeias da Mesopotâmia, passando pelas cidades medievais, até os assentamentos de índios norte-americanos".[29] Muros, fossos ou estacadas marcavam o limite entre "nós" e "eles", ordem e selvageria, guerra e paz: os inimigos eram deixados do outro lado da cerca e sem permissão para atravessar. "Em vez de ser um lugar relativamente seguro", escreve Nan, nos últimos cem anos a cidade passou a estar mais associada "ao perigo que à segurança."

Hoje, numa curiosa inversão de seu papel histórico e em desafio às intenções originais dos construtores de cidades e às expectativas de seus moradores, nossas urbes se convertem, depressa, de abrigos contra os perigos em fonte principal de periculosidade. Diken e Laustsen vão longe a ponto de sugerir que a milenar "relação entre civilização e barbárie se inverteu. A vida urbana transformou-se num estado de natureza caracterizado pelo reinado do terror, acompanhado por um medo onipresente."[30]

Parece que as fontes de perigo se deslocaram agora quase completamente para as áreas urbanas, e nelas se estabeleceram. Amigos – também os inimigos e, acima de tudo, os vagos e misteriosos *estranhos* que mudam de direção, de forma ameaçadora, entre os dois extremos – se misturam e ficam ombro a ombro nas ruas da cidade. A guerra contra a falta de segurança, e em particular contra perigos e riscos à segurança pessoal, é agora empreendida *dentro* da cidade, em seu interior são estabelecidos os campos de batalha e são traçadas as linhas de frente. Trincheiras fortemente armadas (acessos intransitáveis) e bunkers (edificações ou complexos de edificações fortificados e guardados com cuidado) projetados para separar, mantendo os estranhos afastados e barrando sua entrada, logo se tornaram um dos aspectos mais evidentes das cidades contemporâneas, embora tenham assumido várias formas e seus projetistas tentem, com empenho, integrar essas criações à paisagem urbana para "normalizar" o estado de emergência no qual se mantêm diariamente os habitantes da cidade, viciados em segurança, mas sempre inseguros quanto à sua integridade física.

"Quanto mais nos separamos de nossos ambientes imediatos, mais dependemos da vigilância daquele ambiente. ... Lares em muitas áreas urbanas ao redor do mundo hoje existem para proteger seus habitantes, não para integrar as pessoas em suas comunidades", observam Gumpert e Drucker.[31] A separação e a manutenção da distância tornaram-se a estratégia mais comum na luta urbana pela sobrevivência. O continuum ao longo do qual os resultados da luta são interpolados se estende entre os polos de guetos urbanos voluntários e involuntários. Moradores sem recursos e, por isso, vistos pelos outros residentes como potenciais ameaças à sua segurança, tendem a ser empurrados para longe das partes mais benignas e agradáveis da cidade, instalados em distritos separados, quase em forma de gueto. Já os moradores com recursos compram imóveis em áreas também separadas, também como guetos, mas de sua escolha, e barram qualquer outro que lá possa querer se estabelecer; além disso, eles fazem o possível para desconectar seus mundos cotidianos dos mundos dos demais habitantes da cidade. Cada vez mais, seus guetos voluntários se transformam em postos avançados ou guarnições de extraterritorialidade.

Os produtos residuais da nova extraterritorialidade física desses privilegiados espaços urbanos habitados e usados pela elite global, cujo "exílio interno" é manifestado em e mantido pela "conectividade virtual", são os espaços desconectados e abandonados, as "alas fantasmas", como foram chamados por Michael Schwarzer; locais em que "sonhos foram substituídos por pesadelos, e o perigo e a violência são mais comuns que em outros lugares".[32]

Se as áreas circundantes dos espaços privilegiados devem ser mantidas intransitáveis, para repelir o perigo de vazamento e contaminação da pureza regional, lança-se mão de uma política de tolerância zero para os sem-teto. Eles são banidos dos espaços em que podem ganhar a vida, mas onde também são intrusa e incomodamente visíveis, são confinados a esses espaços abandonados, para além dos limites, onde não podem fazer nem uma coisa nem outra. "Vagabundos", "espias", "ociosos", "mendigos", "viajantes" e outros tipos de invasores se tornam personagens sinistros nos pesadelos da elite. Eles também são os avatares ambulantes dos perigos de vida ocultos num planeta densamente povoado – e os alvos privilegiados do *ressentimento*.

Parece que a "espontânea expressão da vida", em sua encarnação atual, é mais passível de levar à desconfiança e à "mixofobia" que à confiança e ao carinho. A "mixofobia" é uma reação altamente previsível e difundida à variedade esmagadora, arrepiante e estressante de tipos humanos e estilos de vida que se encontram e se acotovelam pelos espaços das ruas das cidades contemporâneas – não apenas nos oficialmente proclamados (e com isso evitados) bairros barra-pesada ou nas "ruas perigosas", mas também nas áreas de convivência normais (leia-se: desprotegidas de "espaços de interdição"). Como estabelecem a multivocidade e a diversidade cultural de ambientes urbanos na era da globalização – condição passível de se intensificar ao longo do tempo –, é provável que as tensões surgidas da vexatória, confusa e irritante falta de familiaridade do cenário deem vazão a ímpetos segregacionistas.

Os fatores que precipitam a mixofobia são banais – nada difíceis de localizar, fáceis de entender, embora não necessariamente de perdoar. Como sugere Richard Sennett, "o sentimento de 'nós' que expressa um desejo de ser semelhante é um caminho para os homens" e as mulheres "evitarem a necessidade de olhar mais profundamente para o interior do outro". Poderíamos dizer que esse sentimento promete certo conforto espiritual: a perspectiva de tornar a integração mais fácil de sustentar cortando o esforço de entendimento, negociação e comprometimento exigidos pelo viver *em meio a* e *com* a diferença.

> Um traço inato do processo de formação de uma imagem coerente de comunidade é o desejo de evitar uma real coparticipação. Ter o sentimento de haver laços comuns sem uma experiência comum ocorre, antes de mais nada, porque os homens têm medo da coparticipação, temerosos de seus perigos e desafios, amedrontados com sua dor.[33]

O movimento rumo a uma "comunidade de semelhança" é um sinal de recuo, não apenas em relação à *alteridade externa*, mas também ao comprometimento com a interação *interna*, viva, porém turbulenta, revigorante, porém embaraçosa. A atração da comunidade de uniformidade é aquela de uma apólice de seguros contra os riscos de que está carregada a vida cotidiana num mundo polivocal. A imersão na igualdade não diminui ou repele os riscos que a incitaram. Como todo paliativo, ela pode prometer abrigo apenas contra alguns dos efeitos mais imediatos e temidos dos riscos.

Escolher a opção de fuga como cura para a mixofobia tem uma consequência insidiosa e daninha em si: quando adotado, o regime supostamente terapêutico se torna autoimpulsionado, autoperpetuador e autorreforçador, quanto mais ineficaz for – Sennett explica por que isso acontece (e deve acontecer):

> Nos Estados Unidos, durante as últimas duas décadas, as cidades cresceram de tal modo que as áreas étnicas se tornam relativamente homogêneas; não parece acidental que o medo do outsider tenha crescido na mesma proporção em que essas comunidades étnicas foram sendo removidas.[34]

Uma vez que a separação territorial se estabeleça, e quanto mais as pessoas permaneçam em seus ambientes uniformes – na companhia de outras "como elas", com quem podem "socializar" mecânica e praticamente, sem o risco de mal-entendidos e sem ter de lutar contra a irritante necessidade de (sempre arriscadas) traduções de parte a parte, entre universos de sentido distintos –, mais provável é que se "desaprenda" a arte de negociar sentidos comuns e um agradável *modus covivendi*.

As guerras territoriais empreendidas de ambos os lados da barricada que separa as boas das más condições só podem aprofundar o colapso da comunicação. À medida que os soldados dispostos e indispostos às guerras territoriais permanentes não consigam adquirir as habilidades necessárias para viver uma vida agradável em meio à diferença, não surpreende que aqueles que praticam "terapia de resgate" vejam com crescente horror a perspectiva de enfrentar os estranhos face a face. Os "estranhos" (as pessoas do outro lado da barreira) tendem a parecer tão mais amedrontadores quanto mais se tornam estrangeiros, pouco familiares e incompreensíveis, à medida que o diálogo e a interação que poderiam assimilar sua "alteridade" em relação aos mundos dos outros desabem, ou nem sequer cheguem a decolar. O impulso para se encontrar um ambiente homogêneo, territorialmente isolado, pode ser deflagrado pela mixofobia. Mas a *prática* da separação territorial é a linha da vida e a fonte de alimento dessa aversão à mistura; então, aos poucos, ela se torna seu principal agente de reforço.

Com as "expressões soberanas da vida", abertas, amigáveis, confiáveis, Logstrup aponta suas adversárias – as expressões "forçadas", induzidas de fora e de maneira heterônoma, ao invés de autônoma; ou, melhor (numa interpretação provavelmente mais bem-afinada com as intenções de Logstrup), expressões cujos motivos (antes apresentados, ou, melhor dizendo, subapresentados, como *causas*) se projetam nos agentes externos.

Como exemplos das expressões forçadas são aduzidos ofensas, ciúme e inveja – todos os sentimentos que vimos antes à espreita, por trás do fenômeno do *ressentimento*. Mas, como sugere Logstrup, em cada caso, a característica notável da conduta é a autodecepção projetada para disfarçar as fontes genuínas da ação. Por exemplo, o indivíduo tem uma elevada opinião de si mesmo e não tolera a ideia de que agiu de forma errada; assim, um erro cometido pelo Outro é convocado para desviar a atenção de um mau passo dado por ele próprio. Extraímos satisfação de ser a parte prejudicada, diz Logstrup, e por isso temos de inventar a vitimização por afrontas para alimentar essa autoindulgência. A natureza autônoma da ação, dessa forma, é dissimulada; a *outra parte*, acusada do mau comportamento original, com a felonia que dá início a tudo isso, é apresentada como o verdadeiro ator do drama. O self permanece, assim, completamente no lado receptor; ele é um *sofredor da ação do outro*, mais que um ator por si próprio.

Uma vez adotada, essa visão parece propulsionar e reforçar a si mesma. Para manter a credibilidade, o erro atribuído ao outro lado deve ser cada vez mais terrível e, acima de tudo, cada vez menos curável ou redimível; e devem-se declarar os sofrimentos da vítima cada vez mais abomináveis e dolorosos, de forma que se possam justificar medidas mais severas por parte da autodeclarada vítima, como "respostas justas" às ofensas cometidas, ou como defesa contra males potencialmente perpetráveis (ou até, como há pouco tempo se incluiu na nova doutrina militar do Pentágono, como ações "preventivas", ações para repelir ofensas que ainda podem ser cometidas, mesmo que não haja evidência da intenção de cometê-las).

Ações recalcadas sempre precisam negar sua autonomia. É por essa razão que elas constituem o obstáculo mais radical à admissão da soberania do self e à ação do self consonante essa admissão. Podemos imaginar que sejam também obstáculos de primeira grandeza à mitigação desse ressentimento; em vez disso, são instrumentais na criação do ressentimento – o que, na terminologia de Robert K. Merton, constitui uma "profecia autorrealizável". O rancor inicial é "justificado" e "confirmado" pelas ações daqueles que o alimentam.

Com isso, a superação dos constrangimentos impostos a si mesmo com o desmascaramento e o descrédito da autoilusão em que eles repousam emerge como a condição preliminar indispensável para se dar carta branca à "expressão soberana da vida" – expressão que se manifesta, antes de mais nada, sob a forma de confiança, compaixão e misericórdia.

Sabemos, em linhas gerais, o que deve ser feito para neutralizar, desmontar e até desarmar a tentação de ressentimento, e assim defender a integração humana contra as práticas que ela incita. Mas isso não significa que saibamos como fazê-lo. Mesmo se soubéssemos, ainda teríamos de enfrentar a assustadora tarefa de descobrir (ou inventar) os recursos e meios que a empreitada requerer.

O ressentimento é uma descarga, um subproduto das configurações sociais que põem os interesses em conflito e seus portadores em luta. Rastreamos três tipos de relações particularmente propensas a produzir esse efeito: a humilhação (a negação da dignidade), a rivalidade (o estado de competição) e a ambivalência temerosa. Os três são produtos sociais, não individuais; todos podem ser abordados e atacados apenas pelo rearranjo das configurações sociais que servem como suas fontes. Combater o ressentimento e prevenir sua germinação e proliferação é um projeto que só pode ser pensado a longo prazo.

E, então, finalmente: o desafio ético da "globalização", ou, mais precisamente, a globalização como um desafio ético.

Seja qual for o sentido de "globalização", ela significa que somos todos dependentes uns dos outros. Distâncias importam pouco, agora. Qualquer coisa que ocorra localmente pode ter consequências globais. Com os recursos, as ferramentas técnicas e o know-how que os seres humanos adquiriram, suas ações podem alcançar enormes distâncias de espaço e tempo. Por mais locais que suas intenções possam ser, os atores seriam mal-aconselhados a deixar de levar em conta fatores globais, uma vez que estes podem ser decisivos para o sucesso ou o fracasso de suas ações. O que fazemos (ou nos abstemos de fazer) pode influenciar as condições de vida (ou morte) de pessoas em lugares que nunca visitaremos e de gerações que jamais conheceremos. Esta é a situação na qual, de forma consciente ou não, hoje produzimos nossa história comum. E embora muito – talvez tudo ou quase tudo – dessa reveladora história dependa de escolhas humanas, as condições sob as quais essas escolhas são feitas não são elas próprias uma questão de escolha. Tendo desmontado a maioria dos limites espaço-temporais que costumavam limitar o potencial de nossas ações ao território passível de exame, monitoramento e controle, não podemos mais proteger da teia global de dependência mútua nem a nós nem aqueles que se encontram na extremidade receptora de nossas ações. Nada pode ser feito para conter – para não falar reverter – a globalização. Pode-se até ser "a favor" ou "contra" a nova interdependência de dimensões planetárias, mas o efeito será similar ao de apoiar ou lamentar o próximo eclipse solar ou lunar. Entretanto, muita coisa depende de nosso consentimento ou de nossa resistência à forma enviesada até agora assumida pela globalização do compromisso humano.

Meio século atrás, Karl Jaspers ainda conseguia separar com nitidez a "culpa moral" (o remorso que sentimos ao causar dano a outros homens – seja por conta do que fizemos, seja pelo que não tenhamos feito) da "culpa metafísica". Com o progresso da globalização, essa diferença foi despida de seu significado. Como nunca antes na história, as palavras de John Donne, "nunca perguntes por quem os sinos dobram; eles dobram por ti", representam a genuína solidarização de nossos *destinos*; a questão, porém, é que essa nova solidarização de destinos até agora não está em nenhum lugar capaz de ser ombreado pela solidarização de nossos sentimentos, para não falar no de nossas ações.

No interior da densa rede mundial de interdependência global, não podemos estar seguros de nossa inocência moral sempre que outros seres humanos sofrem por falta de dignidade, miséria ou sofrimento. Não podemos declarar que não sabemos, nem ter certeza de que não haja nada que possamos mudar em nossa conduta para evitar ou, pelo menos, aliviar a sorte dos sofredores. Talvez sejamos impotentes individualmente, mas poderíamos fazer algo juntos, e a "integração" é formada de e por indivíduos. O problema é que – como criticou outro grande filósofo do século XX, Hans Jonas –, embora espaço e tempo já não limitem os efeitos de nossas ações, nossa imaginação moral não progrediu muito além da esfera adquirida nos tempos de Adão e Eva. As responsabilidades que estamos prontos a assumir não se aventuram a ir tão longe quanto a influência de nossa conduta diária na vida de pessoas cada vez mais distantes.

O processo de globalização até agora produziu uma rede de interdependência que penetra cada recanto e fresta do globo, mas pouquíssimo além disso. Seria grotescamente prematuro falar até de uma sociedade global ou de uma cultura global, para não dizer de uma ordem política global ou uma lei global. Existirá um sistema social global a emergir no final da estrada do processo de globalização? Se houver, ele até agora ainda não se parece com os sistemas sociais que aprendemos a considerar uma regra.

Costumávamos pensar em sistemas sociais como totalidades que coordenavam e ajustavam ou adaptavam todos os aspectos da existência humana – mecanismos econômicos, poderes políticos e padrões culturais. Hoje, entretanto, o que costumava ser coordenado no mesmo nível e dentro de uma mesma totalidade foi separado e recolocado em planos radicalmente díspares. O alcance planetário do capital, das finanças e do comércio – as forças que decidem a gama de escolhas e a efetividade da ação humana, o modo como os seres humanos vivem e os limites de seus sonhos e esperanças – não foi acompanhado, em dimensões similares, pelos recursos que a humanidade desenvolveu para controlar essas forças que determinam as vidas humanas.

Mais importante ainda: essa dimensão planetária não foi acompanhada pelo controle democrático em escala também global. Podemos dizer que o poder "bateu asas" das instituições historicamente desenvolvidas que costumavam exercer o controle democrático sobre usos e abusos de poder nos Estados-nação modernos. A globalização, em sua forma atual, representa um progressivo desempoderamento do Estado-nação moderno e (até agora) a inexistência de qualquer substituto efetivo. Uma vez, semelhante ato *à la* Houdini foi executado por agentes econômicos, embora em escala mais modesta. Max Weber, um dos analistas mais argutos da lógica (ou falta de lógica) da história moderna, notou que o ato de nascimento do capitalismo moderno foi a separação entre os negócios e o espaço doméstico; a vida "doméstica" representava a densa teia de direitos e obrigações mútuos sustentada por aldeias, povoados, paróquias ou corporações de ofício nos quais as famílias e a vizinhança viram-se firmemente envolvidas. Com essa separação (mais bem-nomeada, com referência à famosa alegoria antiga de Menênio Agripa, como "secessão"), os negócios se aventuraram numa fronteira genuína, quase uma terra de ninguém, livre de todas as preocupações morais e de constrangimentos legais, e prontos a se subordinar a um código de comportamento próprio dos negócios.

Como sabemos, a extraterritorialidade moral sem precedentes das atividades econômicas levou, nesse período, a um avanço espetacular do potencial da indústria e a um crescimento da riqueza. Mas sabemos também que, por quase todo o século XIX, essa extraterritorialidade redundou em muita pobreza e miséria humana, numa desconcertante polarização de padrões de vida e oportunidades. Enfim, também sabemos que os emergentes Estados modernos reclamaram as terras de ninguém que os negócios haviam demarcado como sua propriedade exclusiva. As agências de Estado criadoras de regras e normas invadiram aquelas áreas e, embora apenas depois de superar uma feroz resistência, as anexaram e colonizaram, preenchendo, assim, o vazio ético e mitigando as consequências menos atraentes para a vida de seus súditos/cidadãos.

A globalização pode ser descrita como a "secessão versão 2". Mais uma vez, os negócios escapam do confinamento doméstico, mas agora esse espaço deixado para trás é o "espaço doméstico imaginado" moderno, circunscrito e protegido pelos poderes econômico, militar e cultural dos Estados-nação, sob o comando da soberania política. Mais uma vez, os negócios ocuparam um "território extraterritorial", um espaço próprio em que podem vagar livremente, varrendo para o lado barreiras secundárias erguidas pelos fracos poderes locais e seguindo sem esbarrar nos obstáculos construídos pelos poderes mais fortes. Eles podem perseguir seus próprios fins e ignorar ou evitar todos os outros como elementos economicamente irrelevantes, e por isso ilegítimos. Mais uma vez, observamos efeitos sociais semelhantes àqueles com que deparamos como afrontas morais nos tempos da primeira secessão, só que, dessa vez (como a própria segunda secessão), numa escala imensamente maior, global.

Mais de um século e meio atrás, em plena primeira secessão, Karl Marx acusou de erro de "utopismo" os defensores de uma sociedade mais igualitária, equitativa e justa que esperavam alcançar seu propósito barrando o avanço do capitalismo e voltando ao ponto de partida, ao mundo pré-moderno de lares ampliados e oficinas de família. Não há caminho de volta, insistia Marx. Nesse ponto, pelo menos, a história provou que ele estava certo. Qualquer tipo de justiça e equidade que mantenha alguma chance de fincar raízes na realidade social deve agora, como antes, começar no ponto ao qual as irreversíveis transformações já trouxeram a condição humana. Isso deve ser lembrado quando as opções próprias à segunda secessão forem contempladas.

Um recuo da globalização da dependência humana, do alcance global da tecnologia do homem e das atividades econômicas é algo que muito provavelmente não aparece mais nas cartas. Respostas como "Formar um círculo de carroças" ou "De volta para as tendas da tribo (da nação, da comunidade)" não funcionarão. A questão não é como fazer o rio da história retroceder, mas como lutar contra sua poluição pela miséria humana, como canalizar seu fluxo para conquistar uma distribuição mais equitativa dos benefícios por ele carregados.

Outro aspecto para se ter em mente: seja qual for a forma que o postulado controle global sobre as forças globais possa assumir, ele não pode ser uma réplica ampliada das instituições democráticas desenvolvidas nos dois primeiros séculos da história moderna. Essas instituições foram talhadas à medida do Estado-nação, na época, a maior "totalização social" capaz de envolver a todos; elas não são nada próprias para inflar até as dimensões globais.

Para falar a verdade, o Estado-nação também não era uma extensão de mecanismos comunais. Pelo contrário, era o produto final de modos radicalmente originais de integração humana e de novas formas de solidariedade social. Também não era o resultado de uma negociação e de um consenso alcançados por intensos debates entre comunidades locais. O Estado nacional que enfim ofereceu a procurada resposta aos desafios da "primeira secessão" implementou-a apesar dos teimosos defensores das tradições comunais, por meio do aprofundamento da erosão das soberanias locais já bastante fragilizadas e em processo de enfraquecimento.

Uma resposta efetiva à globalização só pode ser global. A sorte de uma resposta global depende da emergência e do assentamento de uma arena política global (distinta de um foro internacional ou inter-Estados). É essa arena que hoje falta do modo mais flagrante. Os atores globais existentes estão individualmente pouco dispostos a montá-la. E seus adversários públicos, treinados na antiga, mas cada vez menos eficiente, arte da diplomacia inter-Estados, demonstram carência da habilidade e dos recursos exigidos. São necessárias novas forças para restabelecer e revigorar um foro global adequado à era da globalização – e elas só podem se afirmar evitando *ambos* os tipos de atores.

Essa parece ser a única certeza – todo o resto é uma questão de nossa inventividade comum e das práticas políticas de tentativa e erro. Afinal, quase nenhum pensador poderia antever, em meio à primeira secessão, a forma que a operação reparadora iria adquirir. Aquilo de que eles tinham certeza era que alguma operação daquele tipo era o imperativo supremo de seu tempo. Temos uma grande dívida com eles por essa intuição.

Uma vez que faltam os recursos e as instituições necessárias para implementar uma empreitada coletiva, pegamo-nos desconcertados pela pergunta: "Quem pode fazê-lo?" – mesmo que adivinhássemos o que há para ser feito. Mas aqui estamos, e não há nenhum outro lugar disponível no momento. Como diziam os antigos, *Hic Rhodus, hic salta!* [Aqui é Rodes, que aqui seja o salto!].*

Ninguém poderia reivindicar melhor registro dos dilemas que enfrentamos ao subir essa escadaria que as falas postas na boca de Marco Polo pelo grande Italo Calvino no livro *As cidades invisíveis*:

> O inferno dos vivos não é algo que ainda virá: se houver um, é aquele que já está aqui, o inferno em que vivemos a cada dia, aquele que formamos vivendo juntos. Há dois modos de escapar a esse sofrimento. O primeiro é fácil para muitos: aceitar o inferno e se tornar uma parte dele de tal forma que não se possa mais vê-lo. O segundo é arriscado e exige vigilância e apreensão constantes: pesquisar e aprender a reconhecer quem e o que, no meio do inferno, não é inferno, então fazê-los durar, dar-lhes espaço.[35]

Suspeito que nem Lévinas nem Logstrup se recusariam a pôr suas assinaturas nesse conselho.

---

* Alusão à fábula de Esopo intitulada "O fanfarrão", na qual um homem afirma que dera um salto prodigioso na ilha de Rodes, e convoca testemunhas para comprovar. Seus interlocutores lhe dizem: "Para que testemunhas, Rodes é aqui mesmo; que aqui seja o salto." A versão latina correta da frase diria *"Hic Rhodus, hic saltus!"*. A versão usada aqui por Bauman é uma alusão a Karl Marx, que atribui a Hegel, na *Filosofia do direito*, numa observação sobre Lutero, uma manipulação do dito, transformando Rodes em rosa, na frase *"Hier ist die Rose, hier tanze"* (Aqui está a rosa, dance aqui mesmo). (N.T.)

· 2 ·

Assassinatos categóricos, ou o legado do século XX e como relembrá-lo

No limiar da Era Moderna, a natureza era vista como a principal fonte de incerteza a assombrar a vida humana. Inundações, secas, grandes fomes que atacavam sem aviso prévio, doenças contagiosas que chegavam sem anúncio, perigos inenarráveis que espreitavam do "mundo selvagem" – espaços ainda intocados pelo fervor humano de ordenação, muitas vezes começando poucos quilômetros além da cerca da fazenda –, os grandes repositórios de coisas desconhecidas e aterradoras. Até os perigos atribuídos a ameaças vindas dos outros eram encarados como efeitos colaterais dos inconvenientes de se tentar domesticar a natureza.

A má vontade, a malícia e a conduta rude dos vizinhos de porta, da rua seguinte ou da outra margem do rio, que faziam as pessoas temerem e tremerem mesmo antes do desastre iminente, eram classificadas do lado da natureza, algo distinto da parte do mundo feita pelo homem. Elas eram vistas como lamentáveis produtos de instintos belicosos, "agressões naturais" e uma consequente inclinação ao *bellum omnium contra omnes*, visto como o "estado de natureza" da humanidade, como o legado e os restos mortais da "natureza" em estado cru, que precisava ser, e de fato foi, devidamente erradicado, reformado ou reprimido pelo paciente, laborioso e esmerado esforço do "processo civilizador".

O mito construtor de confiança da Era Moderna foi a história dos homens que se erguiam graças à sua própria inteligência, perspicácia, determinação e diligência, essas versões refinadas dos cadarços das botas do barão de Münchhausen,* fora da mira da condição "natural", "pré-civilizada". Os corolários desse mito eram a confiança inabalável na habilidade humana para melhorar a natureza e a convicção na superioridade da razão sobre as "cegas forças naturais" – que os seres humanos, com a ajuda da razão, poderiam subordinar a tarefas mais úteis, ou conter, caso se provassem estrondosas demais. De longe a característica mais repulsiva e intolerável de todas as coisas naturais – objetos e estados não processados por um trabalho humano propositado e racional – era que sua conduta casual, aleatória, desafiava as expectativas, escapava ao controle do homem, e, assim, explodia os projetos da humanidade.

A ideia de "ordem civilizada" era uma perspectiva da condição humana na qual tudo que não se permitisse fazer parte desta ordem fosse proibido e eliminado. Uma vez completado o trabalho do processo civilizador, não restaria mais nenhum canto escuro, nenhum buraco negro de ignorância, nenhuma zona cinzenta de ambivalência, nenhum antro torpe de incerteza viciosa. Hobbes esperava (de forma memorável, graças às gerações de leais discípulos) que a sociedade (identificada com o Estado, como portador do poder soberano) afinal prouvesse a necessária e universalmente desejada proteção contra a incerteza, na defesa de seus cidadãos contra os espantosos poderes da natureza; e contra a própria maldade inata e os instintos básicos de seus integrantes, eles mesmos muito fracos para serem subjugados por si próprios.

Muitos anos depois, já em meados do século XX, Carl Schmitt resumiu, se não a realidade, pelo menos a intenção do Estado moderno, definindo "o soberano" como aquele que decide no estado de exceção. Ao comentar a definição de Schmitt, Giorgio Agamben sugeriu, mais recentemente, que a característica cons-

---

* Nas famosas *Aventuras do barão de Münchhausen*, o protagonista salva-se de afundar num pântano puxando-se pelos cadarços das botas. (N.T.)

titutiva do Estado soberano é a "relação de exceção" segundo a qual "algo é incluído apenas por sua exclusão", e em que a regra se afirma definindo os limites de sua aplicação.[1] De fato, o Estado moderno consistiu no gerenciamento dos assuntos humanos pela exclusão de tudo aquilo considerado intratável e, por isso, indesejável. Poderíamos acrescentar que a incerteza e tudo aquilo que a causa e que para ela contribui (tudo que resistia à administração, fugia da categorização, era indefinido, transcategorial, ambíguo e ambivalente) eram o maior e mais tóxico poluente da ordem pretensamente instaurada pelo homem, algo que devia ser excluído. O Estado moderno consistiu na atividade de limpeza e no propósito da pureza.

Sugiro que essa tendência do Estado moderno chegou a seu ápice em meados do século XX – depois disso, boa parte desse século se passou sob a égide do iminente fim da história tal como era conhecida até aquele momento, como um livre jogo de forças sem freio nem coordenação.

Nos anos 1940, quando rumores de assassinatos em massa de judeus por toda a Europa ocupada pelos nazistas vazaram pela linha de frente, o termo bíblico "holocausto" foi ressuscitado e remobilizado para dar nome a esse movimento. Aquilo não tinha precedente na história registrada, por isso não possuía um nome estabelecido em dicionário. Uma nova palavra teve de ser cunhada para identificar o ato de "assassinato categórico" – a aniquilação física de homens, mulheres e crianças pelo seu pertencimento (ou atribuição) a uma categoria de pessoas imprópria para a ordem planejada, e sobre a qual, por isso, uma sentença de morte foi sumariamente proferida. Por volta da década de 1950, o antigo/novo termo "holocausto" chegou a ser amplamente aceito como adequado para designar a eliminação (que devia ser total) dos judeus europeus perpetrada nos anos 1940 a 1945 por iniciativa da liderança nazista.

Nos anos seguintes, no entanto, o uso do termo foi ampliado para abarcar numerosos casos de assassinato em massa praticados contra grupos étnicos, raciais ou religiosos, e para os casos em que o desempoderamento ou a expulsão do grupo visado, em lugar de sua aniquilação total, fossem o objetivo proclamado ou tácito. Pela enorme carga emocional da palavra e uma condenação ética quase universal das ações às quais ela se refere, chamar uma agressão sofrida de um caso de "holocausto" passou a ser recorrente. O tipo de dano infligido por um grupo humano a outro que mereça ser marcado como mais um holocausto se estendeu, ao longo dos anos, muito além de seu campo original. A palavra "holocausto" se tornou um conceito "essencialmente disputado", usado em inúmeros conflitos étnicos e de outros grupos violentos como acusação lançada contra a conduta ou as intenções do adversário para justificar a hostilidade de seu próprio grupo.

Usando a linguagem popular, o termo "holocausto" tende a ser, hoje, intercambiável com "genocídio" – mais uma novidade linguística do século XX. Em 1993, Helen Fein chamou a atenção para o fato de que, entre 1960 e 1979, "ocorreu provavelmente cerca de uma dúzia de genocídios e massacres genocidas – casos que incluem os curdos no Iraque, os sulistas no Sudão, os tútsis em Ruanda, os hutus em Burundi, chineses... na Indonésia, hindus e outros bengalis no leste do Paquistão, os aché no Paraguai, muitos povos em Uganda".[2] Desde que estas palavras foram escritas, a lista viu-se consideravelmente alterada, mas sem dúvida ampliada; no momento em que escrevo, esse processo não mostra sinal algum de se aproximar do fim.

O genocídio, na definição de Frank Chalk e Kurt Jonassohn, "é uma forma unilateral de morticínio em massa na qual um Estado ou outra autoridade pretende eliminar um grupo, conforme esse grupo e o pertencimento a ele sejam definidos pelos próprios perpetradores".[3] Num genocídio, o poder sobre a vida se entrelaça com o de definir (ou, mais precisamente, com o de isentar). Sempre antes do extermínio de um grupo por atacado entram em cena sua classificação em categorias e a definição da atribuição de certa categoria a um crime capital. Em muitas guerras ortodoxas, o número de vítimas excedeu em muitas vezes o número de vítimas de muitos genocídios. No entanto, o que torna o genocídio diferente, até dos conflitos mais violentos e sangrentos, não é o número de atingidos, mas sua *natureza monologuista*. No genocídio, os possíveis alvos de violência são *unilateralmente* definidos e não têm direito de resposta. A conduta das vítimas ou as qualidades dos integrantes individuais da categoria condenada são irrelevantes para seu destino predeterminado. A prova suficiente de ofensa capital, da acusação para a qual não há apelação possível, é simplesmente o fato de ter sido acusado.

Se essa é a verdadeira natureza dos atos de genocídio, o significado atual da palavra "holocausto" – de forma geral, seu sinônimo e intercambiável com o genocídio – comporta apenas uma relação oblíqua com o sentido portado pelo termo surgido no Levítico, na tradução grega do Antigo Testamento, do qual foi derivado. O vocábulo antigo foi recuperado e invocado como metáfora para o extermínio dos judeus pelos nazistas provavelmente pela sua capacidade de sugerir a *profundidade do extermínio*. A palavra grega ὁλόκαυστος era uma tradução literal do termo hebraico para "inteiramente queimado", a exigência de que as oferendas levadas ao templo fossem consumidas pelo fogo *em sua totalidade*.

O que afasta muito a palavra original de seus significados metafóricos, porém, é o fato de que o "inteiramente queimado" referido pela palavra antiga estava carregado de significação religiosa: servia para simbolizar a profundidade da submissão humana a Deus e a incondicionalidade dessa devoção. Os objetos do sacrifício deviam ser os mais valiosos, os bens mais dignos de orgulho daquele que crê: novilhos ou cordeiros machos especialmente selecionados, animais sem máculas, algo perfeito em cada detalhe, como eram a reverência humana ao Altíssimo e a dedicação dos homens ao cumprimento dos mandamentos divinos. Seguindo o rastro da extensão metafórica, o termo "sacrifício" veio a significar, em inglês, de acordo com o Dicionário Oxford, a "entrega de alguma coisa valiosa ou desejada em nome de algo que apresente um clamor mais elevado ou mais urgente".

Se é nisso que consiste o sacrifício, o Holocausto foi qualquer coisa menos um caso desse tipo de procedimento. Suas vítimas e outras pessoas atingidas, em geral, por todos os genocídios não são "sacrificadas" em nome de um valor superior. O objeto do genocídio que segue o padrão introduzido pelo Holocausto nazista é, nos termos de Giorgio Agamben, o *Homo sacer* – alguém "que pode ser morto, mas não ser sacrificado". A morte do *Homo sacer* é destituída de significado religioso; ela não é apenas uma pessoa de valor menor, mas uma entidade destituída de qualquer valor, seja ele sagrado ou profano, divino ou secular. Aquilo que se aniquila é uma "vida nua", despida de todo valor. "No caso do *Homo sacer*, uma pessoa é simplesmente colocada do lado de fora da jurisdição humana sem ser levada à esfera da lei divina." É objeto "de uma dupla exceção, ao mesmo tempo do *ius humanum* [direito humano] e do *ius divinum* [direito divino]".[4]

Podemos dizer que antes de eles serem arrebanhados, deportados para os campos de concentração, fuzilados, ou asfixiados, os judeus (com os roma e os sinti, povos ciganos) da Alemanha e de outros países da Europa ocupada pelos nazistas foram declarados, por assim dizer, um *Homo sacer* – a categoria cuja vida foi destituída de todo valor positivo, cujo assassinato não tinha nenhum significado moral e não levava a nenhum castigo – coletivo. As suas eram *unwertes Leben*, vidas não merecedoras do viver, assim como as vidas de homossexuais, doentes e deficientes mentais, de acordo com a visão nazista da Neue Ordnung [Nova Ordem]; ou, nas palavras de um informe do governo sueco de 1929, eles eram as pessoas "cujo número, no interesse da sociedade, deve ser o menor possível".[5] O que todas essas categorias tinham em comum era o desajuste em relação à nova e melhorada ordem planejada para substituir as então confusas realidades – a ordem social purificada de todas as indesejáveis misturas, máculas e imperfeições que os governantes soberanos tiveram a intenção de construir.

Aquela era a imagem de uma ordem perfeita que fornecia os critérios para separar os "aptos" dos "inaptos" – apartar os sujeitos cujas vidas mereciam ser defendidas e evoluídas daqueles que não prestariam serviço algum concebível à força da nova ordem; e que, em vez disso, estavam fadados a prejudicar sua harmonia.

O poder soberano (um poder exercido sobre seres humanos reduzidos a "corpos nus") permitiu aos construtores da nova ordem admitir os seus cidadãos na ordem ou isentá-los dela à vontade. A reivindicação do direito de incluir ou excluir da esfera dos direitos legais e das obrigações éticas era a essência da soberania do Estado moderno – e o Holocausto (com os vastos expurgos de "párias", "alienados de classe", na Rússia stalinista) era, por consenso, a manifestação mais extrema e radical dessa reivindicação.

Assassinatos em massa acompanharam a humanidade por toda sua história. Mas a variedade peculiar de morticínios maciços e categóricos chamada Holocausto seria inconcebível fora da moldura da sociedade moderna. O assassinato sistemático, administrado por um longo período de tempo, exige enormes recursos e frequentes ajustes de procedimento. Ele quase não seria possível sem invenções tipicamente modernas: a tecnologia industrial; a burocracia, com sua meticulosa divisão do trabalho; a hierarquia rígida de comando e disciplina, combinada com a neutralização das convicções pessoais (e éticas); e a ambição administrativa de subordinar a realidade social a um modelo racionalmente projetado de ordem – todas elas inovações que vieram a ser, além disso, as principais causas dos espetaculares triunfos da Era Moderna. "Avalie os números", observaram John P. Sabini e Mary Silver:

> O Estado alemão aniquilou seis milhões de judeus, aproximadamente. À taxa de cem por dia [este era o número de vítimas da abominável *Kristallnacht*, o pogrom de judeus alemães organizado pelos nazistas], isso teria exigido quase duzentos anos. A violência da multidão repousa nas bases psicológicas erradas, nas emoções violentas. As pessoas podem ser manipuladas para a fúria, mas a fúria não pode ser mantida por duzentos anos. As emoções e suas bases biológicas possuem um curso natural de tempo; a lascívia, mesmo a de sangue, um dia é saciada. Além disso, as emoções são notoriamente inconstantes, podem ser invertidas. Uma turba linchadora é instável, não se pode confiar nela, por vezes é possível

movê-la por compaixão – digamos, pelo sofrimento de uma criança. E, para se erradicar uma "raça", é essencial matar as crianças.[6]

Para se erradicar uma "raça" ou uma "classe" que transmita seu potencial destrutivo pelas gerações é necessário suprimir as emoções e outras manifestações de individualidade humana e submeter a conduta dos homens ao incontestável governo da razão instrumental. *A modernidade tornou o Holocausto possível, ao passo que foi o reinado do totalitarismo* (quer dizer, uma soberania total e absoluta) *que implementou essa possibilidade.*

A fim de proclamar essa conquista para muito além dos limites da terra que ele governou, Hitler anunciou a chegada de um Reich de Mil Anos, que teria início com a eliminação das últimas *unwertes Leben* [vidas inúteis]. Para alegria de seus fãs no mundo todo, Stalin proclamou que o término da injustiça, da opressão e das lutas de classes estava logo ali na esquina – só aguardando o desmascaramento e a execução do último inimigo da sociedade; e o fim das classes se daria com fuzilamento ou matando de fome todos os que se destacassem e não se ajustassem.

Usando o conceito de Schmitt na forma como foi popularizado por Agamben, podemos dizer que ambas as formas de totalitarismo do século XX exploraram os limites (ou a falta de limites?) do poder soberano de exclusão. Auschwitz e Kolyma foram laboratórios nos quais se testaram os limites da flexibilidade humana, e, mais importante, também se experimentaram e puseram à prova prática os meios mais efetivos de limpar a sociedade de suas contaminações desordenadas, geradoras de incerteza.

Em regimes totalitários, a tendência à soberania do Estado moderno (descrita no limiar do século XX por Max Weber, e depois por Norbert Elias, como um "monopólio dos meios de coerção") ganhou carta branca e pôde seguir freneticamente, com a esperança de que encontraria seus próprios limites (ou, antes, que demonstraria sua capacidade de transcender todos os limites já existentes e futuros). A aventura totalitária não foi uma aberração, um "acidente da história" que pode ser explicado e dispensado como uma deformação cancerosa do saudável corpo político moderno, mas um esforço sustentado para tensionar a boa forma desse corpo até o potencial supremo.

Ao longo do século passado, aproximadamente seis milhões de judeus e, segundo algumas estimativas, perto de um milhão de ciganos, seguidos por muitos milhares de homossexuais e pessoas mentalmente incapazes, foram executados, envenenados e queimados pelos arquitetos da nova ordem mundial projetada pelos nazistas – porque eles não se encaixavam na ordem que estava para ser construída.

Eles não foram as únicas vítimas das inúmeras áreas de construção espalhadas pelo globo – não foram nem um pouco –, ainda que se tenham tornado as mais conhecidas e amplamente comentadas vítimas desse ardor construtivo. Antes deles, um milhão e meio de armênios haviam sido mortos por serem as pessoas erradas no lugar errado, seguidos por dez milhões de genuínos ou supostos *kulaks*, fazendeiros ricos da Ucrânia, levados a morrer de fome por pertencerem ao tipo errado de gente a ser admitida no valente mundo novo sem classes. Depois deles, milhões de muçulmanos seriam aniquilados por constituírem um borrão numa paisagem uniformemente hindu, e milhões de hindus perderiam a vida por macularem a paisagem dos muçulmanos. Massacraram-se milhões por ficarem no caminho do grande salto chinês sobre a harmonia tranquila, imperturbada e simples, de cemitério, com a qual o Khmer Vermelho resolveu substituir o mundo confuso, ruidoso e sujo da humanidade crua. Todos os continentes do globo tiveram seus próprios hútus locais a chacinar os vizinhos tútsis, ao mesmo tempo que os tútsis nativos de todo lugar sempre pagaram aos seus perseguidores na mesma moeda. Todos os continentes tiveram sua cota de Darfur, Serra Leoa, Timor-Leste e Bósnia.

Permitam-me repetir: todas essas matanças e outras semelhantes podem ser destacadas em relação a inúmeras explosões passadas de crueldade humana, não apenas (ou pelo menos não necessariamente) pelo número de vítimas, mas por serem *assassinatos categóricos*. Nesses casos, homens, mulheres e crianças foram exterminados por terem se associado a uma categoria de seres fadada ao extermínio.

O que faz desses casos assassinatos categóricos é, em primeiro lugar, o fato de que bastaram os atos de escolha e condenação, ambos executados unilateralmente por seus futuros assassinos, para selar o destino das vítimas – não se exigiu nenhuma outra prova da "culpa" dos atingidos. A escolha ignorava a diversificação de qualidades pessoais dos selecionados, assim como o grau de perigo que os integrantes da categoria condenada poderiam apresentar individualmente. Foi irrelevante, do ponto de vista da lógica *categórica* assassina, independentemente de quão velhas ou jovens, fortes ou fracas, afáveis ou malévolas eram as vítimas. Possíveis vítimas não precisavam ter cometido um crime punível para o veredicto ser anunciado, e a execução, cumprida. Nem era relevante para esse veredicto que a transgressão fosse comprovada, para não dizer avaliada, a fim de que se pudesse equilibrar a punição com a gravidade do suposto mal praticado.

Inversamente, nada do que as vítimas fizessem ou não fizessem poderia lhes oferecer salvação – nada poderia isentá-las do destino comum da categoria a que pertenciam. Como Raul Hilberg observou, o destino dos judeus europeus havia sido decidido e selado no momento em que os oficiais nazistas preencheram seus registros de judeus separadamente das listas de cidadãos alemães "comuns" e estamparam a letra "j" em seus passaportes.

Em segundo lugar, o que torna aquele empilhamento de corpos um exemplo de assassinato categórico é sua unidirecionalidade. O assassinato categórico é o absoluto oposto do combate, da confrontação entre duas forças, *ambas* inclinadas a destruir o adversário, ainda que uma delas fosse incitada apenas por autodefesa, tendo sido provocada, atacada e levada ao conflito pela hostilidade do outro lado. O assassinato categórico, do começo ao fim, é uma *questão unilateral*. São tomadas precauções para garantir que as vítimas estejam e permaneçam no lado receptor da operação, que é completamente projetada e administrada pelos perpetradores. No curso do assassinato categórico, as linhas que separam sujeitos e objetos das ações, direito à iniciativa e arcar com as consequências, "fazer" e "sofrer", são traçadas com clareza, cuidadosamente protegidas e tornadas inexpugnáveis. O assassinato categórico é destinado a privar da vida seus definidos alvos humanos – mas, também, e a priori, para expropriar sua humanidade, da qual o direito à subjetividade e à ação autodeterminada é ingrediente indispensável, constitutivo.

Por ter sido cometido no coração da Europa, que se estabeleceu, naquele momento, como pináculo do progresso histórico e estrela-guia do restante das espécies humanas menos civilizadas ou menos propensas à civilização; por ter sido conduzido com extraordinária determinação, de forma metódica e consistente, ao longo de um grande período; por convocar a contribuição e ordenar toda cooperação "do melhor" em termos de ciência e tecnologia, essa consagradora realização e grande orgulho da civilização moderna; por gerar um número esmagador de cadáveres, enquanto espalhava por toda parte uma devastação moral sem precedentes, ao transformar a maioria dos europeus em testemunhas silenciosas de um horror que assombraria suas consciências por muitos anos; por ter deixado para trás um volume extraordinariamente grande de evidências escritas e gravadas de crueldade, depravação, degradação e humilhação; por ter conquistado e recebido mais publicidade mundial e se insinuado na consciência planetária de maneira mais profunda que qualquer outro caso de assassinato categórico; por tudo isso, e provavelmente por outras razões, o Holocausto judeu adquiriu, na consciência de sua era, um lugar icônico, absolutamente próprio. Pode-se dizer que ele se mantém como o protótipo do assassinato categórico em si, seu arquétipo ou sua transcrição taquigráfica. É possível ir além e dizer que ele se tornou um *nome genérico* para as tendências homicidas ubiquamente presentes e que ocorrem com impressionante regularidade ao longo da história moderna.

Cinquenta ou sessenta anos atrás, esperava-se que o horrendo saber da existência do Holocausto sacudiria a humanidade para fora de sua sonolência ética e tornaria impossíveis novos genocídios. Mas isso não aconteceu. O legado daquele fenômeno histórico revelou-se uma tentação para que se experimentassem outras "soluções finais", na mesma proporção em que inspirou repulsa por essas soluções. Mais de meio século depois, o problema de tornar a sociedade imune a tentações genocidas permanece em aberto.

Isso posto, fica-se tentado a acrescentar que, pelo indizível horror e repulsa que se seguiram à sua revelação, o Holocausto judeu daria início a uma era mais civilizada e humanitária na história humana, nos levaria a um mundo mais seguro e eticamente atento; que, embora a tendência homicida não tenha secado de todo, o estoque de espoletas necessárias para detoná-la seria menor que nunca, que talvez até tivessem suspendido sua produção. Mas não, não se pode dizer nada disso. O legado do Holocausto tem se mostrado complicado demais para permitir qualquer dessas afirmações com algum grau de certeza. A lógica de coabitação humana não segue os preceitos da lógica da consciência moral, e ambas geram racionalidades muito diferentes.

Não resta dúvida de que o Holocausto mudou as condições do mundo, embora não necessariamente do modo que se esperava ou se poderia esperar. Ele ampliou bastante nosso conhecimento coletivo do espaço que habitamos coletivamente, e esse novo conhecimento não teria como não alterar o modo como nele vivemos, pensamos, narramos as experiências passadas e as perspectivas de habitação partilhada. Antes de praticado, o Holocausto era inconcebível. Para a maioria das pessoas, ele ainda permanecia inconcebível quando já estava em andamento. Hoje, é difícil pensar um mundo que não tenha a possibilidade de um Holocausto, ou mesmo um mundo sem fortificações – e muito menos proteções – contra essa possibilidade. Todos fomos alertados, e o alerta jamais foi revogado.

O que significa, entretanto, viver num mundo para sempre fértil dos tipos de horror que o termo Holocausto passou a significar? A memória do Holocausto torna o mundo um lugar melhor e mais seguro, ou pior e mais perigoso?

Martin Heidegger afirmou que o Ser (*Sein*) é praticamente equivalente a um processo de contínua *Wiederholung* – recapitulação – do passado. Não há nenhum outro modo para o Ser ser, e isso se aplica a *grupos* humanos tanto quanto a *indivíduos* humanos. Os dois aspectos da identidade (individual e/ou coletiva) distinguidos por Paul Ricœur, *l'ipséité* (ipseidade, a diferença beirando a singularidade) e *la mêmeté* (mesmidade, a continuidade do self, a identidade consigo mesmo, com o passar do tempo), se entrelaçam a ponto de se tornarem inseparáveis, nenhum dos dois é capaz de sobreviver por si próprio. Quando as observações de Heidegger e Ricœur são postas lado a lado, é evidente o papel seminal desempenhado pela fixação do passado na conformação do presente individual (ou coletivo). Tornou-se já uma trivialidade propor que grupos que perdem a memória perdem com ela a identidade; que perder o passado leva infalivelmente a perder o presente e o futuro. Se a preservação de um grupo estiver em risco, sendo um valor que se precisa defender para ser querido e cuidado, então o sucesso ou o fracasso da luta repousa no esforço para manter a memória viva.

Pode ser verdade – mas, sem dúvida, não toda a verdade, porque a memória é uma bênção *confusa*. Mais exatamente, é uma bênção e uma maldição embaladas num só pacote. Ela pode "manter vivas" muitas coisas de valores sensivelmente desiguais para o grupo e seus vizinhos. O passado é uma bolsa cheia de ocorrências, e a memória nunca retém todas elas; o que quer que ela conserve ou recupere do esquecimento, nunca será reproduzido em sua forma "prístina" e "original" (o que quer que isso signifique). O "passado integral", o passado *wie es ist eigentlich gewesen*, "como realmente se deu" (como deveria ser recontado pelos historiadores, sugere Ranke), nunca será recapturado pela memória. Se fosse, a memória seria uma deficiência, e não um recurso para a vida. A memória *seleciona* e *interpreta* – e *o que* será selecionado e a maneira *como* precisa ser interpretado são discutíveis e tema de contínua disputa. A ressurreição do passado, que o mantém vivo, só pode ser atingida por um esforço de memória ativo, composto de escolha, reprocessamento e reciclagem. Relembrar é *interpretar* o passado – ou, de forma mais correta, contar uma história com a intenção de *representar* o percurso de eventos passados. O estado das "histórias do passado" é ambíguo e está destinado a assim permanecer.

Por um lado, histórias são *contadas*. Não há e não pode haver histórias sem *contadores*, e eles, como todos os seres humanos, são reconhecidamente dados à errância e a voos de fantasia. Ser humano significa ser errante. Por outro lado, no entanto, a ideia de "passado" se refere a uma "coisa" inflexível, definitiva, inalterável, irreversível e sólida, o próprio epítome da "realidade" que não pode ser revogada – nem se desejar que o seja. Contadores de história ocultam sua fragilidade humana por trás da majestosa grandiosidade do passado – o que, ao contrário do inconstante presente e do ainda disforme futuro, pode ser (à diferença dos fatos, por assim dizer) consagrado por não admitir qualquer disputa.

O passado tende a ser postulado (ainda que de modo contrafactual) como a única pedra sólida num vendaval de opiniões frágeis, transitórias, evasivas, ilusórias, cuja relação com a verdade é de mera suposição. Ao invocar a autoridade do tema em questão, os contadores de história do passado podem desviar a atenção do trabalho de reprocessamento que teve de ser executado antes que o passado pudesse se transformar numa história. Essa invocação da autoridade do passado garante o desempenho diante de inquirições não solicitadas, ressentidas como intrometidas e vergonhosas. A verdade não traz necessariamente benefícios, mas o "sentir-se bem" – o conforto da convicção de estar certo –, pelo menos durante um tempo, está garantido.

Os mortos não têm poder algum para guiar – muito menos monitorar e corrigir – a conduta dos vivos. Em estado natural, *wie es ist eigentlich gewesen*, suas próprias vidas dificilmente poderiam produzir algum ensinamento; para se tornarem lições, elas teriam antes de ser convertidas em histórias. (Shakespeare, ao contrário de muitos outros contadores de história e de forma radicalmente diferente de seus ouvintes, compreendeu-o quando fez o príncipe Hamlet, antes de morrer, instruir seu amigo Horácio: "Conte minha história.") O passado não interfere diretamente no presente: toda interferência é mediada por uma história. Que caminho essa interferência tomará no final, isso é algo decidido no campo de batalha da memória, no qual as histórias são as tropas e os contadores de história são os astutos ou desafortunados comandantes das forças em luta. As lições a serem extraídas do passado representam o espólio principal da batalha.

A competição de interpretações em que o passado é reforjado sob a forma de contornos visíveis e em termos da importância que – ao sobreviver – se atribui ao presente, e depois é reciclado em desígnios para o futuro, é conduzida, como apontou recentemente Tzvetan Todorov, na estreita passagem entre as duas armadilhas da *sacralização* e da *banalização*.[7] O grau de perigo contido em cada uma dessas armadilhas depende do que está em jogo: a memória do indivíduo ou a do grupo.

Todorov admite que é necessário certo grau de sacralização (operação que transforme um evento passado em evento sem igual, considerado "distinto de qualquer outro experimentado pelos demais", incomparável com os vividos por outras pessoas e em outros tempos; e que, depois disso, condene todas essas comparações como sacrilégios), que ele é até inevitável, se a memória cumprir seu papel na autoafirmação da identidade *individual*. Algumas áreas de natureza íntima, resistentes à comunicação, certas experiências subjetivas impróprias para a transmissão interpessoal, experiências de cerne irredutível, insolúvel e inefável, são indispensáveis para sustentar a ipseidade do self. Sem esse cerne, não haveria chance alguma de individualidade genuína. Ao contrário da insinuação de inúmeros talk shows da TV e das confissões públicas que eles inspiram, a experiência pessoal é de fato *pessoal* – e, como tal, "intransferível". A recusa da comunicação, ou pelo menos certo grau de reticência comunicacional, pode ser uma condição sine qua non para a autonomia individual.

Grupos, no entanto, não são "iguais a indivíduos; são simplesmente maiores". Racionalizar por analogia seria ignorar a distinção crucial: ao contrário dos indivíduos que se autoafirmam, os grupos vivem por meio de comunicação, diálogo, troca de experiências. Grupos são constituídos por *partilha* de recordações, não pela retenção e limitação do acesso a estranhos. A verdadeira natureza da experiência de assassinato categórico (e, a partir disso, de vitimização categórica) consiste em ela ter sido partilhada, em sua memória ter sido destinada a ser partilhada e tornada propriedade comum; em outras palavras, em ela ter sido protegida contra a tentação de sacralização.

No caso da memória partilhada de uma experiência partilhada, e em particular da memória de vitimização partilhada, a sacralização anula as possibilidades de comunicação, e, com isso, de acréscimo ao conhecimento coletivo dos vivos. Como formulou Todorov, "a sacralização obstrui a prospecção, a partir de casos particulares, de lições válidas em termos genéricos, e, com isso, a comunicação entre o passado e o presente".[8]

Ao recusar a outros grupos o benefício que eles poderiam tirar do aprendizado e da memorização da experiência dos outros, em face disso, a sacralização protege os interesses dos sacralizadores. Mas as aparências enganam: o ostensivo egoísmo da sacralização é *malcompreendido*, e, enfim, acaba contraproducente e prejudicial aos próprios interesses dos sacralizadores. Se lições comuns contidas na experiência do grupo e encontráveis apenas no curso da troca comunicativa são ignoradas ou não observadas da maneira adequada, as condições de futuro do grupo estarão pobremente protegidas. Afinal, a sobrevivência e o bem-estar do grupo dependem mais dos princípios que os regem (ou não regem, como pode ser o caso) e da rede de dependências onde o grupo está embutido do que de qualquer coisa feita pelo grupo para si mesmo, do que o restante da rede possa fazer por conta própria.

A banalização segue de forma ostensiva uma rota diametralmente oposta àquela buscada pela sacralização, mas ela termina em grande medida com os mesmos resultados: refuta, ainda que apenas de forma oblíqua, toda a originalidade da experiência de grupo; e com isso priva, a priori, sua mensagem do valor sem igual que pode justificar a necessidade de um diálogo intergrupal. Como no caso da sacralização, apesar da força de uma razão supostamente oposta, essa banalização não oferece nenhum desejo ou encorajamento para convocar, ou se juntar a, uma conversação.

Se o fenômeno conhecido por um grupo, graças a sua experiência, se repete com enfadonha monotonia na experiência de quase todo mundo, há pouco ou nada que esse grupo possa aprender com outro. Os casos perdem aquela potência esclarecedora que repousa em suas particularidades. Em meio à multiplicidade de casos semelhantes ou idênticos, perde-se a peculiaridade a partir da qual algo de fato geral e universalmente importante pode ser entendido, justo por causa de sua singularidade. Pior ainda: nada há que os grupos possam aprender ao partilhar suas experiências de coabitação, uma vez que a ubiquidade e a repetição das experiências sugerem, de forma errada, que as causas do destino de cada grupo (causas suficientes do destino ou causas o suficiente para explicar seu percurso) poderiam ser exploradas e reveladas se a procura tivesse como ênfase apenas suas próprias ações ou negligências. De modo paradoxal, a banalização tem lugar nas mãos dos sacralizadores. Ela impulsiona a sacralização, corrobora sua sabedoria e sua lógica, inspira mais furor sacralizante.

Tanto a sacralização quanto a banalização mantêm os grupos afastados e em conflito. Ambas os comprometem com a interioridade, uma vez que desvalorizam ou negam o valor, para a sobrevivência, de um diálogo intergrupos e da partilha de experiências grupais, que tendem a ser vividas de forma isolada, embora os membros do grupo permaneçam irreparavelmente entrelaçados. Ambas constroem o caminho para essa integração à medida que possam tornar a garantia de sobrevivência do grupo – e, com isso, o assassinato categórico é, em todas as suas variedades, algo redundante – algo mais acidentado e proibitivo, talvez impraticável.

A sacralização segue de mãos dadas com a banalização. Todorov debate o caso de Richard Holbrooke, representante do Departamento de Estado norte-americano, na antiga Iugoslávia, que concordou em dialogar com as autoridades de Belgrado acusadas de perpetrar um "novo Holocausto" na Bósnia, e citou o precedente de Raul Wallenberg, o homem que, sob o domínio nazista, deixou de lado seu próprio bem-estar a fim de salvar vidas. Todorov chama a atenção para o fato de que, enquanto Wallenberg arriscou a vida, quando resolveu se pôr a serviço das vítimas e, a fim de alcançar seu propósito, resistir aos todo-poderosos perpetradores do crime, Holbrooke, em nome e sob as ordens da mais intimidadora hiperpotência do mundo, subjugou e exigiu satisfações de pessoas diariamente regadas por essa hiperpotência com mísseis e bombas inteligentes. Bill Clinton justificou a intervenção militar na Bósnia citando a exortação de Churchill a não ser brando com Hitler. Mas qual o mérito dessa comparação? – questiona Todorov. Milosevic era uma ameaça para a Europa comparável a Hitler?

A banalização se torna útil quando a coerção de um adversário mais fraco é considerada uma possibilidade e precisa ser vendida ao público mais como um gesto nobre de abnegação do que como um ato de poder político. Dispersar aqui e ali o horror e a repulsa impede as pessoas de localizar na peculiaridade perdida do crime banalizado os princípios de justiça, as regras éticas e os ideais políticos que seriam externados caso relembrados de forma adequada. Sem a banalização, seria possível achar que a especificidade do crime era eticamente fértil. A oportunidade de se prospectarem princípios éticos universalmente válidos se perderia se Moshe Landau – que em 1961 dirigiu o julgamento de Adolf Eichmann – pudesse, 26 anos depois, presidir a comissão que legalizou o uso de tortura contra inimigos "similares" aos judeus, os palestinos dos territórios ocupados.

A banalização anda de par com uma ilusória equalização entre as deslealdades dos inimigos (ou uma equalização de inimizades, o fato de que todos os inimigos tendem a "parecer uns com os outros" e a agir traiçoeiramente uns em relação aos outros, uma vez que sejam caracterizados simplesmente como inimigos); e a substitui por uma semelhança que faz a diferença, caso se busque uma lição a partir das experiências passadas: a semelhança entre as relações de poder e a moralidade (ou imoralidade) dos atos. Sempre e onde quer que uma força onipotente abafe as vozes dos fracos e dos infelizes, ao invés de lhes dar ouvidos, essa força se posiciona do lado incorreto da divisa ética entre bem e mal; a banalização é uma tentativa desesperada (mas bem-sucedida por um tempo, enquanto o forte se mantiver mais forte e o fraco, mais fraco) de negar essa verdade.

É apenas no terreno da universalidade ética que se pode condenar o general francês Paul Aussaresses pelas atrocidades que autorizou e encorajou contra os rebeldes argelinos; ou condenar Bob Kerrey (ex-senador americano e na época reitor universitário), que, depois de muitos anos, foi acusado por um antigo companheiro do exército de perpetrar horrendas execuções em massa no Vietnã quando integrou a força expedicionária dos Estados Unidos.[9] "Uma justiça que não é igual para todos não merece seu nome", nos lembra Tzvetan Todorov.[10] Enquanto não houver perspectiva de castigar os assassinos na Chechênia; ou os inspiradores, patrocinadores e financiadores americanos das violações de direitos humanos em El Salvador, Guatemala, Haiti, Chile ou Iraque; ou os culpados dos maus-tratos aos palestinos; e aqueles em posição de autoridade, responsáveis por "um expansivo endosso das técnicas mais severas de interrogação jamais usadas pela Agência Central de Inteligência" – o direito de o Estado perseguir seus próprios cidadãos ou residentes de territórios dependentes será ratificado (e visto como tal), depois de transferir às vítimas, para as quais nenhuma apelação é permitida, as más intenções que justificam e absolvem o Estado por quaisquer más ações cometidas, acima de tudo aquelas a serem ainda praticadas.[11] Trata-se do mesmo direito que, quando expandido até o limite e espremido até a última gota pelos governantes nazistas, resultou na catástrofe do Holocausto.

Ora, o direito do forte de fazer o que quer ao fraco também é uma lição da Era dos Genocídios. Sem dúvida é uma lição horrenda, amedrontadora, mas nem por isso menos avidamente aprendida, apropriada e aplicada. A fim de estar pronta para adoção, ela deve ser despida de toda conotação ética, até os ossos, de um jogo de soma zero de sobrevivência. "O mais forte vive." "Quem ataca primeiro sobrevive." "Enquanto você for forte, pode escapar impune, seja o que for que faça ao fraco" – pelo menos enquanto eles permanecerem fracos. O fato de que a desumanização das vítimas desumaniza – devasta moralmente – aqueles que as vitimam é posto de lado como uma fonte secundária de irritação, se é que chega a ser reconhecido. O que faz diferença é chegar ao topo e lá permanecer. Sobreviver, manter-se vivo, é um valor imaculado pela desumanidade da vida e vale a pena ser buscado em si, por mais altos que sejam os custos para os derrotados, por mais profundamente que isso possa depreciar e degradar os vencedores.

Essa aterradora lição de genocídio (e genocida), a mais desumana de todas, é completada pelo inventário de dores que se pode infligir aos fracos para afirmar a própria força. Arrebanhar, deportar, trancafiar em campos de concentração ou forçar populações inteiras a se submeter a condições próximas do modelo dos campos, demonstrando-se a futilidade da lei ao se executarem os suspeitos no local das ocorrências, encarcerar sem julgamento e sem mandado de prisão, espalhar o terror sobre essas ninhadas aleatórias e não cadastradas para punições – tudo isso já se comprovou amplamente efetivo, e, como tal, "racional".

A lista pode ser, e é, ampliada com o passar do tempo. Experimentam-se recursos "novos e aprimorados", e eles se somam ao inventário se forem bem-sucedidos nos testes – como arrasar habitações isoladas ou mesmo distritos residenciais, arrancar olivais pela raiz, jogar fora safras inteiras, atear fogo a locais de trabalho, isolar a casa de fazenda do restante da propriedade, construindo um muro e destruindo fontes do já miserável sustento do fazendeiro. Todas essas medidas exibem a tendência autopropulsionada e exacerbada de infligir danos a outras pessoas e vitimá-las. E, à medida que cresce a lista de atrocidades cometidas, cresce também a necessidade de aplicá-las de forma cada vez resoluta, para impedir que as vozes das vítimas não apenas sejam escutadas como também ouvidas. À medida que velhos estratagemas vão se tornando rotina, e o horror que eles semearam entre seus alvos vai aos poucos desaparecendo, novas, mais dolorosas e horripilantes invenções precisam ser buscadas com ardor.

Lições do genocídio inspirado pela sacralização e pela banalização incitam e perpetuam maior separação, suspeita, ódio e hostilidade. Com isso, tornam a probabilidade de uma nova catástrofe ainda mais presente. De maneira alguma elas diminuem o somatório de violência. E em nada aproximam o momento de reflexão ética sobre as faltas e a forma preferida de coabitação humana. Pior, elas desviam a atenção de qualquer coisa que não as preocupações imediatas, correntes, de sobrevivência do grupo, em particular das fontes profundas do assassinato categórico que poderiam se revelar, compreender e contra-atacar simplesmente se fosse atravessado o estreito horizonte delimitado pelo grupo.

O Holocausto foi um evento de tremendo relevo para a forma posterior adotada pelo mundo – mas sua importância repousa em seu papel como um laboratório no qual foram condensados, trazidos à tona e lançados à vista certos potenciais de modo de coabitação modernos e amplamente compartilhados da humanidade, potenciais que de outra forma seriam diluídos e dispersados. Se essa importância não for reconhecida, a lição mais importante do Holocausto, reveladora do potencial genocida endêmico a nossas formas de vida, e das condições sob as quais esse potencial pode sustentar seus frutos letais, estará destinada, para expor a todos ao perigo, a não ser aprendida.

As leituras sacralizadas/banalizadas da mensagem do Holocausto são incorretas e perigosas por dois motivos: dirigem nossas preocupações para longe de estratégias que diminuam de fato o perigo; e, ao mesmo tempo, tornam a estratégia selecionada contraproducente para o suposto propósito ao qual se espera que ela sirva. Essas leituras ativam "cadeias cismogenéticas" (como "a força precisa ser respondida com a violência e combatida com uma força ainda maior") que multiplicam e aumentam os riscos de genocídio que as puseram em ação.

Gregory Bateson, um dos mais perspicazes e inspirados antropólogos do século passado, analisou a natureza da cadeia cismogenética, tecida num sinistro círculo de animosidade humana. Uma vez embaraçados e encerrados nesse ciclo vicioso de desafio e resposta, os antagonistas se provocam, cutucam e esporeiam uns aos outros em atos de frenética combatividade, cada vez mais combatividade; e, de forma ainda mais persistente, de apaixonada e, em última análise, inescrupulosa combatividade. A combatividade extrai seu impulso e se alimenta de sua própria fúria, e cada ato sucessivo de hostilidade fornece toda a razão de que necessita o ato seguinte; com o passar do tempo, a causa original do antagonismo conta cada vez menos e pode ser esquecida – o conflito se desenvolve porque sim.

Há dois tipos de cadeias cismogenéticas. Uma é a "complementar". Em primeiro lugar, uma pessoa ou grupo força outra pessoa ou grupo a fazer algo que os repugna e que eles não praticariam, a menos que fossem coagidos. Então, tendo aprendido a dura lição das intenções hostis de seus algozes, e também de seu poder superior, as amedrontadas vítimas manifestam sua mansidão e declaram obediência, esperando evitar outro golpe. No entanto, a imagem dessa docilidade apenas reforça a arrogância do opressor – e o golpe seguinte será mais doloroso que o primeiro. Isso torna as vítimas ainda mais submissas e encoraja seus supliciadores a irem mais fundo. Vocês podem imaginar o resto da história. Golpes e sofrimento se sucederão com velocidade crescente, ganhando mais força a cada rodada. A menos que a cadeia seja rompida, apenas o extermínio total das vítimas levará o processo ao fim.

O outro tipo de cadeia cismogenética é a "simétrica". Nela, os dois lados jogam o mesmo jogo. Olho por olho, dente por dente, golpe por golpe. A ofensa só pode ser devolvida ofendendo-se o ofensor; só se pode causar prejuízo prejudicando aquele que prejudica. O que quer que você faça, farei tanto ou mais, e com maior paixão e severidade. A troca de golpes se torna uma competição de desumanidade, impiedade, crueldade. Ambos os lados acreditam que, quanto mais desumanos e sanguinários forem seus atos, maior será a chance de o adversário pensar duas vezes antes de arriscar outro golpe, e de jogar a toalha. Os dois lados acreditam que baixar o tom ou enfraquecer as respostas (para não falar em se abster de responder) apenas encorajará o adversário a lançar golpes ainda mais humilhantes. Vocês podem imaginar o resto da história. Com dois lados que compartilham essa crença, as chances de romper a cadeia são praticamente nulas. Apenas o extermínio mútuo dos adversários ou seu total esgotamento pode levar a competição ao fim.

Não há boas perspectivas para a humanidade enquanto essas duas cadeias viciosas estiverem em operação. É fácil se perguntar, em vez disso, como a espécie humana, equipada com essas inclinações desastrosas, sobreviveu até agora? Pois o fato é que sobreviveu. Então, com os perigos, deve haver esperança. Deve haver um modo de cindir as cadeias cismogenéticas, de modo a abreviá-las, ou não?

Bem no começo da longa, intricada e turbulenta história da Europa, essa pergunta foi feita – na *Oréstia*, de Ésquilo.[*] Em uma das peças, encorajada pelo coro ("que o sangue, uma vez derramado, ... exija sangue novo", "O mal pelo mal ... não é impiedade!"), Electra busca vingança por seu pai, assassinado pelo amante de sua mãe, e conclama o irmão, Orestes, a matar os assassinos: "Quero justiça contra a injustiça! ... Fazei que minha maldição se encontre com a deles, maldade por maldade." O coro fica encantado: "Fazei com que a cada palavra de ódio responda outra palavra igual ... contra cada golpe mortal desfira-se igualmente outro golpe mortal." "Mas se hoje deverá pagar o sangue por outros antes dele derramado e pelos mortos hoje vai morrer

---

[*] As citações a seguir são da *Oréstia* (Rio de Janeiro, Zahar, 9ª ed., 2009), na tradução de Mário da Gama Kury. (N.T.)

acarretando mortes no futuro." Outro massacre se segue – encerrando uma conta de iniquidades não compensadas apenas para abrir outra. No final da peça, confuso e com o coração partido, o coro chora: "Onde se deterá. Ou findará, a Ira precursora da Vingança?" Mas não há mais ninguém para responder. Será apenas na parte seguinte da trilogia que a resposta virá, pela voz de Atena, a deusa da sabedoria: "Tribunal incorruptível, venerável, inflexível. ... sentença ambígua, cujo efeito é pura e simplesmente dar força à verdade, mas sem vos humilhar. Em vez de agir obedecendo aos vossos ímpetos; não insistais em tornar este solo estéril, deixando transbordar de vossos lábios sacros uma espuma raivosa que destruiria todos os germes produtores de alimentos."[12]

Não que o veredicto de Atena tenha sido obedecido por mais de dois milênios de história. Em incontáveis ocasiões ele foi desconsiderado, em muitos foi ruidosamente violado. E ainda pairou sobre a história da Europa como uma dolorosa repreensão de consciência sempre que o conselho da divindade não foi seguido. Lentamente, e não sem divergências e recuos, a trilha do reinado da vingança para o reinado da lei e da justiça, como modo de romper os elos das cadeias cismogenéticas, foi demarcada. O "tribunal incorruptível, venerável, inflexível", que traz "uma sentença ... sem vos humilhar", e que, com isso, permite aos adversários pôr de lado seus rancores e viver juntos em paz, finalmente abreviará a cadeia de retaliação e vingança, que de outra forma seria interminável.

Ryszard Kapuscinski, infatigável explorador das mais conhecidas, menos conhecidas e das omitidas áreas de sangrenta irritação e de miséria humana, além de inquietante inspirado investigador dos conflitos que rasgaram a incipiente humanidade de nosso mundo globalizado, resumiu o desafio que enfrentamos em conjunto e as horrendas consequências de nosso fracasso para respondê-las:

> O reducionismo que consiste em descrever cada caso de genocídio em separado, como se fosse algo destacado de nossa cruel história

e, em particular, das divergências de poder em outras partes de nosso planeta, não seria um meio de se escapar das perguntas mais brutais e básicas para nosso mundo e dos perigos que o ameaçam? Quando são descritos e afixados nas margens da história e da memória compartilhadas, episódios de genocídio não são vividos como uma experiência coletiva, como um teste partilhado que poderia nos unir.[13]

Quando as sucessivas explosões do frenesi de assassinato categórico são sacralizadas como tragédia privada das vítimas, seus descendentes e sua herança exclusiva; enquanto são banalizadas pelo restante do gênero humano como uma manifestação lamentável, embora onipresente, da iniquidade humana ou de loucuras irracionais, a reflexão compartilhada sobre as fontes desse frenesi e a ação conjunta voltada para barrá-lo são algo quase impossível. Seguir o conselho e a advertência de Kapuscinski é tarefa muitíssimo urgente, um imperativo que pode ser dispensado somente à custa do risco comum.

Podemos começar por uma tentativa de compreender os muitos e variados casos de assassinato categórico como manifestações de duas variedades de racionalidade instrumental, essa forma de pensamento e ação que nosso mundo moderno, longe de repudiar, promove ativamente, enquanto oferece amplos meios para mobilizar as emoções humanas a seu serviço; variedades em nada idiossincráticas, muito pelo contrário, comuns e difundidas, de fato típicas. Não obstante suas peculiaridades, pode-se dizer que todos os casos contemporâneos de assassinato categórico seguem dois tipos de lógica que, por falta de nomes melhores, podemos identificar, recorrendo à distinção de Ferdinand Tönnies entre *Gesellschaft* (os agregados contratuais e impessoais) e *Gemeinschaft* (as unidades primordiais), como distinção entre "societal" e "comunal".

Nenhum dos dois tipos de totalidades distinguidas e justapostas por Tönnies mais de um século atrás é hoje "natural" ou simplesmente "indiscutível" (muito embora esse caráter de "indiscutibilidade" fosse, de acordo com Tönnies, a característica distintiva da *Gemeinschaft* em oposição à *Gesellschaft*). Já em nosso mundo de modernidade líquida, de rápida desintegração de laços sociais e suas configurações tradicionais, ambas as totalidades são primeiro *postuladas* e depois precisam ser *construídas*; essa construção é uma tarefa que – a menos que seja enfrentada, abraçada com consciência e levada a cabo com decisão – não chegaria a ter início e muito menos se completaria por seu próprio impulso. No mundo contemporâneo, tanto comunidades quanto sociedades só podem ser realizações, artifícios de um esforço produtivo. O assassinato categórico é hoje um subproduto, um efeito colateral ou um resíduo dessa produção.

A lógica *societal* de assassinato categórico é a da construção da ordem (tentei descrever essa lógica, de maneira pormenorizada, em *Modernidade e Holocausto* e vários estudos posteriores). Ao se projetar a "grande sociedade" destinada a substituir o agregado de ordens locais autorreproduzidas, certas seções da população são inevitavelmente classificadas como "sobras", aquelas para as quais não se pode encontrar nenhum espaço na futura ordem racionalmente construída – assim como, ao se projetar um padrão harmonioso num jardim, certas plantas precisam ser assinaladas na categoria de "ervas daninhas", destinadas à destruição. O assassinato categórico, como a capina (ou, de forma mais genérica, toda e qualquer atividade de "limpeza" e "purificação"), é uma destruição *criativa*. Pela eliminação de tudo de deslocado e inadequado (como "estrangeiros" ou *unwertes Leben*), a ordem é criada ou reproduzida.

A ordem sem classes de uma sociedade comunista exigiu a eliminação dos portadores de desigualdade de classe; a ordem racialmente limpa do Reich de Mil Anos precisou de uma profunda limpeza do canteiro de obras, de substâncias racialmente impuras e poluidoras. O vocabulário a serviço do genocídio pode ter variado de um lugar para outro, mas o padrão básico foi repetido muitas vezes ao longo da história moderna, sempre que houve construção acelerada de uma "nova e aprimorada" ordem empreendida por algum grande poder bem-dotado e esmagador do Estado moderno; e sempre que esse Estado exerceu domínio total, indiviso e desobstruído sobre a população de seu território soberano (por exemplo, no Camboja de Pol Pot, na China de Mao, ou na Indonésia de Suharto).

A lógica *comunal*, como a societal, é um descendente legítimo da condição moderna, ainda que a semelhança possa a princípio ser difícil de reconhecer. Com o estabelecimento de um quadro em que todos os cenários determinados e familiares, usados para dar sustentação à autoconfiança da ação, à estabilidade da posição social e à segurança do corpo e suas extensões derretem depressa e flutuam, uma das reações possíveis e altamente prováveis é a busca febril de um ponto de equilíbrio; um abrigo contra a ansiedade alimentada pelo cenário incerto e irregular da vida. Em meio à cacofonia de sinais e à caleidoscópica mutabilidade de perspectivas, com a alteração de tudo ao nosso redor, que flutua e muda de cara sem aviso prévio ou sem aviso algum, esse abrigo parece residir na uniformidade da semelhança.

Na ausência de uma hierarquia de valores clara, substituída pela cruel concorrência entre objetivos efêmeros, o abrigo parece repousar numa lealdade não repartida, tornando nulos e vazios todos os outros ônus, e confusas todas as outras inúmeras responsabilidades. Uma vez que tudo o mais ficou superartificial, evidentemente "feito pelo homem" (e, por isso, passível de ser "desfeito pelo homem"), o abrigo parece agora habitar numa companhia "que ninguém pode separar", pelo seu aspecto "natural", primordial, imune a todas as escolhas humanas e criada para sobreviver a elas. A Era Moderna, em particular a era líquida moderna, é um período de intensa, mas inconclusa (intensa *porque* inconclusa, e ainda mais desesperada e dedicada por isso mesmo), construção de comunidade. Ela própria inspira assassinatos categóricos. Esses casos proliferaram a olhos vistos, da Bósnia e de Kosovo a Ruanda ou ao Sri Lanka.

Como foi debatido e demonstrado de forma convincente por René Girard, dificilmente se encontrará algo que una e cimente uma "comunidade" recém-costurada de maneira mais sólida que a divisão da cumplicidade por um crime; portanto, o assassinato categórico de variedade comunal difere do societal em várias características dignas de nota.[14] Em forte oposição ao tipo societal de assassinato categórico exemplificado pelo Holocausto, a ênfase de atos de genocídio inspirados pela construção de comunidade está na natureza "pessoal" do crime, na opção por se matar em plena luz do dia; as vítimas conhecem os rostos e os nomes dos assassinos, elas são amigas, parentes, conhecidas ou vizinhas de porta dos assassinos. Quando se trata de um assassinato categórico em nome da construção de comunidade, a "suspensão das emoções" não é exigida nem aprovada; com isso, a desculpa do "agir seguindo ordens" é recusada.

Deve ficar claro para todos que apenas a comunidade postulada em vias de construção ficará entre os homicidas e o tribunal de crimes de guerra, que somente a solidariedade e a lealdade continuadas à causa comunal podem defender os praticantes da acusação de crime. As vítimas escolhidas são apenas ferramentas da construção de comunidade; os inimigos mais genuínos, mais avidamente observados e perseguidos com maior impiedade são os alcaguetes, os vira-casacas ou aqueles simplesmente indiferentes, entre todos os indivíduos classificados (com ou sem seu conhecimento e consentimento) como irmãos de comunidade.

As variedades societal e comunal de assassinato categórico foram apresentadas aqui como "tipos ideais", como se diz. Na prática, a maioria dos casos de assassinato categórico é uma mistura dos dois, em proporções variadas, e precisa ser situada em algum ponto entre extremos "típico-ideais". Recorre-se aqui a esses tipos como dispositivos analíticos, a fim de contribuir para a compreensão das principais fontes de ameaças de genocídio em nossa sociedade líquida moderna. Meu principal argumento neste capítulo é que a necessidade deve prestar atenção cuidadosa a essas fontes e assumir ações combinadas para barrá-las – esta é a lição mais importante a ser extraída dos legados do Holocausto. A urgência dessa tarefa é o cerne desse legado – a obrigação ética legada pelas vítimas dos genocídios a todos nós, os vivos.

De fato, a *todos* nós. Divisão, separação e exclusão foram e são os instrumentos supremos de assassinato categórico, e não há esforço de imaginação que possa propô-los como meios para sua prevenção. Cortar pela raiz os clamores de tendência genocida exige que não se mascare a duplicidade de padrões, o tratamento diferencial e a separação que prepara terreno para a batalha pela sobrevivência como algo empreendido como um jogo de soma zero. Quaisquer que sejam os preceitos de coabitação humana extraídos da longa folha de registros de assassinatos categóricos, eles só podem ser *universais*. Não podem ser aplicados seletivamente, para que não se transformem em outra defesa do direito do mais forte (seja quem for o mais forte no momento em que a defesa for apresentada).

Isso parece um imperativo – embora um imperativo nada confortador. No mundo atual, que passa por um processo acelerado, e também descoordenado, de globalização, a dependência mútua já alcançou uma extensão global que, apesar disso, não foi plenamente alcançada; nem é possível que o seja em breve por uma sociedade, por instituições de controle político, ou por uma lei ou um código ético obrigatório, tudo isso com dimensões igualmente mundiais. A solidarização de destinos não gerou até agora uma solidarização de sentimentos e ações, e o que precisa e pode ser feito para levar a isso ainda não está nada claro.

Com isso, aquele imperativo nos chega sem instruções de uso e sem instrumentos que sua utilização possa requerer. Apesar disso, esse detalhe lamentável não torna o imperativo menos essencial ou urgente; e, para uma pessoa de moral, a incerteza a respeito de um modo de ação realista não é desculpa para nada se fazer nem para se buscar conforto adotando a posição de mero espectador.

Podemos (ou seria melhor dizer "devemos"?) citar Kapuscinski:

> Uma vez que não há nenhum mecanismo, nenhuma barreira legal, institucional ou técnica capaz de rechaçar de fato novos atos genocidas, nossa única defesa contra eles repousa na elevação moral de indivíduos e sociedades, na mesma medida. Numa consciência espiritualmente vívida, numa poderosa determinação para fazer o

bem, num constante e atento cuidado ao mandamento: "Ama teu próximo como a ti mesmo."[15]

A um leitor cético, que duvidasse da eficácia desse mandamento diante de dispositivos modernos como tanques, helicópteros, bombas-relógio e mísseis inteligentes, e da inebriante tentação que eles despertam em seus orgulhosos portadores, podemos dizer que uma lição que a história dos assassinatos categóricos nos ensinou, sem dúvida alguma, é que amar teu próximo e levá-lo a te amar (de forma independente de suas outras virtudes, por exemplo as morais) é o único serviço razoável, efetivo e duradouro que indivíduos e grupos podem prestar a suas autoestimas.

"Tribunal incorruptível, venerável, inflexível" significa o domínio da lei – uma lei igual para todos; uma lei não partidária e não corrupta. As pessoas tendem a viver em paz e a não recorrer à violência quando podem dirigir suas reclamações e seus rancores a um poder em cuja incorruptibilidade e justiça elas possam confiar. Mas no nosso planeta, acelerada e caoticamente em processo de globalização, um poder assim só é notado por sua ausência. Ele está presente no interior dos limites dos Estados politicamente soberanos. Mas os mais dolorosos danos, sejam eles objetivos ou "colaterais", hoje têm lugar naquele "espaço exterior", do lado de fora de todas as fronteiras, naquela terra de ninguém, num verdadeiro faroeste, o território em que não há "direito" nem "poder", onde apenas os fortes julgam e apenas os fracos são castigados por suas ações.

Em nosso mundo em globalização, o poder não reside mais na política. Poderes coercitivos – econômicos e militares – romperam seus grilhões políticos e vagam livres pelo espaço planetário, enquanto a política, que poderia conter suas peripécias (e até tentou contê-las, com certo sucesso, no interior dos limites do Estado nacional), permanece na escala local, como antes.

Num mundo assim, ninguém, em lugar algum, se sente seguro. Mais uma vez, as cadeias cismogenéticas se apossaram do destino humano. Elas agora são *globais*, recobrem todo o planeta e tornam as ferramentas de corte, desenvolvidas ao longo dos séculos, extremamente inadequadas para a tarefa. Agora, mais uma vez, diversas Electra convocam seus irmãos para vingar as maldades que sofreram e reparar as injustiças cometidas contra seus entes queridos porque eles buscaram em vão os poderes que poderiam assegurar tribunais e julgamentos justos. Com esperança, mas em vão, a voz celestial de Atena ainda espera ser ouvida na Terra globalizada.

Uma competição desenfreada em termos de violência (com uma violência cada vez mais exorbitante e ultrajante) alimenta-se da mesma desordem mundial em que prospera uma competição desenfreada por lucros (com lucros cada vez mais exorbitantes e ultrajantes), acrescentando um caos ainda maior ao desordenado planeta. Supostamente engajadas numa guerra de desgaste, essas duas competições são aliadas próximas; ambas partilham um interesse particular na perpetuação da desordem planetária, sem a qual elas não durariam muito; ambas se melindram com a perspectiva de controle político e de uma supremacia do estado de direito, a cujo advento não sobreviveriam.

Num planeta em processo de globalização, nenhuma daquelas duas cadeias cismogenéticas, ambas de dimensões planetárias, pode ser encurtada para dimensões locais. Não há qualquer solução local para problemas de raízes globais. As causas da sobrevivência e da justiça, frequentemente em conflito entre si no passado, apontam agora na mesma direção, demandam estratégias semelhantes e tendem a convergir numa só causa; e essa causa unificada não pode ser perseguida (muito menos satisfeita) localmente e por esforços apenas locais. Problemas globais só têm soluções globais. Num planeta globalizado, problemas humanos podem ser enfrentados e resolvidos apenas por uma humanidade solidária.

· 3 ·

Liberdade na era líquida moderna

O jogo segue em frente, não importa o que façamos, anotou Günther Anders pela primeira vez em 1956, embora tenha continuado a repetir isso até o fim do século, em edições sucessivas de *A antiguidade do homem*: "Quer joguemos ou não, o jogo está sendo jogado conosco. O que quer que façamos ou nos abstenhamos de fazer, nossa retirada não irá mudar nada."[1]

Meio século depois, ouvimos as mesmas preocupações expressadas por grandes pensadores do nosso tempo. Pierre Bourdieu, Claus Offe e Ulrich Beck podem diferir consideravelmente em suas descrições deste mundo que joga conosco, compelindo-nos, do mesmo modo, a participar de um imaginário jogo de "livres" participantes – mas todos eles lutam para alcançar em suas empreitadas descritivas o mesmo paradoxo: quanto maior nossa liberdade individual, menos pertinente ela é para o mundo em que a colocamos em prática. Quanto mais tolerante o mundo se torna em relação às escolhas que fazemos, menos o jogo, o fato de jogarmos e o modo como jogamos estão abertos à nossa escolha.

O mundo não se mostra mais dócil para amassar e moldar; em vez disso, ele parece nos ofuscar – pesado, espesso, inerte, opaco, impenetrável e inexpugnável, inflexível e insensível a qualquer de nossas intenções, resistente a nossas tentativas de torná-lo mais hospitaleiro para a coexistência humana. A face que ele nos apresenta é misteriosa e inescrutável, como o rosto dos mais experimentados jogadores de pôquer. *Não parece haver alternativa alguma* para este mundo. Nenhuma alternativa que nós, os jogadores, por nossos esforços deliberados, isolada, separadamente ou juntos pudéssemos pôr em seu lugar.

Extraordinário. Desconcertante. Quem esperaria por isso? Pode-se apenas dizer que durante os últimos dois ou três séculos, desde o grande salto de autonomia e de autodeterminação humanas identificado de formas variadas como "Iluminismo" ou "advento da Era Moderna", a história seguiu numa direção não planejada, não prevista, indesejável. O que torna esse caminho tão impressionante e desafiador para nossa compreensão é que esses dois a três séculos começaram com a resolução humana de conduzir a história sob administração e controle humanos – mobilizando para esse fim, tido como a mais poderosa das armas humanas (uma habilidade humana sem falhas para conhecer, predizer, calcular e, com isso, elevar o "é" ao plano do "tem que ser"); e esse tempo foi preenchido por um diligente e engenhoso esforço humano para atuar segundo essa resolução.

Na edição de abril de 1992 da *Yale Review*, Richard Rorty relembra a melancólica confissão de Hegel, de que a filosofia é, no limite, "seu próprio tempo apreendido no pensamento". Eu poderia acrescentar: é isso que, de um modo ou de outro, a filosofia se esforça por fazer – apreender seu tempo, conter seus inquietos e caprichosos solavancos num leito esculpido firmemente em pedra com o afiado cinzel da lógica afixado no cabo da razão.

"Com Hegel", sugere Rorty, "os intelectuais começaram a trocar as fantasias de conquistar a eternidade pela de construir um futuro melhor." Eu poderia acrescentar: eles esperavam primeiro aprender por onde o rio do tempo fluía, e chamaram a isso "descoberta das leis da história". E, desapontados e impacientes com a lentidão da corrente e as voltas e voltas, mais tarde decidiriam tomar as decisões para si: endireitar o curso do rio, revestir as margens de concreto para prevenir transbordamento, selecionar o estuário e arranjar a trajetória que o rio do tempo deveria seguir. Eles denominaram isso "projetar e construir uma sociedade perfeita". Até quando fingiam humildade, os filósofos mal podiam esconder sua autoconfiança. De Platão a Marx, sugere Rorty, esses pensadores acreditavam que "*deve* haver extensos caminhos teóricos para se descobrir como dar fim à injustiça, em vez de pequenos caminhos experimentais".[2]

Não acreditamos mais nisso, e poucos de nós estaríamos preparados para jurar que ainda cremos, embora muitos busquem desesperadamente abafar a humilhante descoberta de que nós, os intelectuais, afinal podemos não ser nada melhores que nossos concidadãos para apreender nosso próprio tempo no pensamento. A descoberta de que o tempo se recusa com obstinação a manter obediente o leito esculpido pela razão; de que ele sem dúvida quebraria qualquer receptáculo de pensamento destinado a contê-lo; de que nenhum mapa foi ou poderá ser traçado para mostrar esse leito; e de que não há nenhum lago ou mar chamado "sociedade perfeita" no distante final de seu fluxo – quer dizer, se houver final para esse fluxo.

Rorty, pelo menos uma vez, se alegra com a perda de autoconfiança dos intelectuais e dá boas-vindas à nova modéstia que necessariamente viria a seguir. Ele deseja que os intelectuais admitam – para os outros e para si mesmos – que não há "nada em particular que nós saibamos e todo mundo também não saiba". Ele quer que eles "se libertem da ideia de que sabem, ou deveriam saber, algo sobre forças profundas, sub-reptícias – forças que determinam os destinos das comunidades humanas". Ele quer que eles recordem a observação de Kenneth Burke: "O futuro realmente é descoberto descobrindo-se aquilo sobre o que as pessoas podem cantar." Mas também que se lembrem da sóbria, saudável, advertência de Václav Havel de que em qualquer ano tomado ao acaso provavelmente não se poderá adivinhar que canções serão entoadas no ano seguinte.

Se um dia já houve, como insiste Jürgen Habermas, um "projeto de modernidade", ele foi a intenção de substituir a *heteronomia* humana coletiva e individual por uma *autonomia* também coletiva e individual (da espécie humana em relação aos perigos e contingências da natureza e da história, das pessoas humanas em relação às pressões e aos constrangimentos externos e artificiais). Essa autonomia de duas pontas representou a esperança e a expectativa de que ela produziria e asseguraria uma liberdade de autoafirmação também de dois níveis, individual e com as dimensões da espécie. Esperava-se que as duas linhas de frente na guerra pela autonomia fossem profundamente interdependentes. A autonomia da humanidade servia para assegurar e proteger a dos indivíduos, enquanto os indivíduos, uma vez autônomos e livres para pôr em atividade seus poderes racionais, se encarregariam de que a humanidade ciosamente vigiasse sua recém-adquirida autonomia e a explorasse para promover e proteger a dos indivíduos.

Se um dia já houve projeto de Iluminismo, ele serviu de envoltório para a ideia de *emancipação*. Antes que a liberdade tivesse chance de introduzir a humanidade e todos os seus membros no mundo da autonomia e da autoafirmação, essa humanidade precisava ser libertada da tirania. Para desamarrar suas mãos e permitir que celebrasse o emparelhamento entre razão humana e história humana, a humanidade teve de ser liberada da escravidão física e espiritual – da escravidão *física* que impedia os homens de fazer o que eles fariam caso tivessem permissão a fim de desejar liberdade para seguir seus desejos; e da escravidão *espiritual* que impedia os homens de serem guiados pela razão em seus desejos, e de desejar, assim, o que deveriam ter desejado (desejando o que serviria melhor a seus interesses e à sua natureza humana).

Tenha a coragem de fazer uso de seu próprio entendimento! Este é o lema do Iluminismo, escreveu Kant. A máxima do pensar de forma autônoma – isso é o Iluminismo. Para Denis Diderot, o ser humano ideal era alguém que ousava pensar por si próprio, passando por cima do preconceito, da tradição, da antiguidade, das crendices populares, da autoridade – em suma, por cima de tudo que escraviza o espírito. E Jean-Jacques Rousseau convocou seus leitores a agir de acordo com as máximas de seus próprios julgamentos. Pensava-se que, uma vez que essas convocações à liberdade espiritual fossem escutadas, de fato ouvidas e obedecidas, viria o fim da escravidão física, mas a condição de escuta e obediência às chamadas à autonomia espiritual era justamente a abolição da escravidão física. E, assim, a briga contra a infâmia do preconceito e da superstição tem de seguir de mãos dadas com a luta contra o ultraje do despotismo político.

Nesse segundo front, a cidadania, a República e a democracia são as principais armas. Na síntese de Alexis de Tocqueville para o capítulo político da emancipação inspirada pelo Iluminismo, tentar libertar os indivíduos do domínio arbitrário de um déspota, enquanto os deixa à mercê de seus próprios e privados instrumentos e preocupações (condição descrita por Isaiah Berlin como liberdade *negativa*), simplesmente não funcionará; mais que qualquer outra coisa, é necessário haver liberdade *positiva*: o direito de e a disposição para se associar a seus concidadãos, para tomar parte dos assuntos da arena política comum – em particular, legislar. Autonomia coletiva significa não obedecer a qualquer regra, exceto as decididas e tornadas obrigatórias por aqueles que se espera que as obedeçam. A dupla vitória em ambas as frentes levaria – ou pelo menos era nisso que todos os citados pais espirituais da modernidade acreditavam – a um mundo transparente, previsível, manejável e amistoso ao uso, um mundo hospitaleiro à humanidade dos homens.

Mas não foi isso que aconteceu. Dois a três séculos depois, o mundo que habitamos ainda é tudo, menos transparente e previsível. Nem é um lar seguro para a espécie humana, muito menos para a humanidade. Pode-se concordar com Habermas, que o projeto do Iluminismo está inconcluso. Mas esse estado de incompletude do projeto, sem dúvida, não é uma descoberta nova. Novidade, mesmo, é que hoje já não acreditamos que o projeto possa ser concluído. E mais uma novidade: *muitos de nós*, talvez *a maioria de nós*, não ligamos muito para isso. É por causa dessas duas novidades que *alguns de nós* vivemos uma inquietação com o fato de que a liberdade, compreendida como a autonomia de uma sociedade de indivíduos autônomos, se encontra em tempos difíceis – tempos nada confortáveis e nada convidativos. Meio século atrás, Anders demonstrava preocupação com a ideia de que, muito possivelmente, seus contemporâneos se dedicavam a construir um mundo para o qual eles não encontrariam saída, um mundo que eles não tinham mais o poder de compreender, imaginar e absorver de forma emocional. É possível, hoje, que aquilo que há meio século pôde ser tratado como premonição desordenadamente sombria, talvez sombria demais, tenha desde então adquirido o grau de uma declaração de fé pública e exija um apoio cada vez mais ampliado, quando não universal.

Quando foi pela primeira vez proclamado, em meio ao cativante furor revolucionário na França, o lema *Liberté, Égalité, Fraternité* era a sucinta declaração de uma filosofia de vida, uma carta de intenções e um grito de guerra, tudo isso no mesmo pacote. A felicidade é um direito humano, por isso a busca da felicidade é uma inclinação humana natural e universal; assim, tornou-se um pressuposto tácito, factual, da filosofia – e para alcançar a felicidade, os homens precisavam ser livres, iguais, e realmente fraternos, uma vez que, na irmandade, a mútua simpatia,* o auxílio e a ajuda de irmãos são direitos de nascimento, não privilégios que precisam ser conquistados e demonstrados como conquistas, nem serem considerados concessões.

Como John Locke memoravelmente argumentou,[3] mesmo que "haja apenas um" caminho para a felicidade *eterna* a ser escolhido e perseguido pelos homens (o caminho da devoção e da virtude, levando à eternidade no céu, como séculos de *memento mori* ["lembra-te de tua mortalidade"] ensinaram as pessoas a acreditar), "ainda se duvida qual é o certo, entre a grande variedade de trajetórias que os homens tomaram. Ora, nem o cuidado da

---

* Embora a palavra *sympathy* ("colocar-se no lugar" relativamente ao sofrimento do outro) não corresponda ao sentido mais usual do vocábulo "simpatia" em português (afinidade moral e sentimental entre duas pessoas, em geral a partir da maneira como alguém age), optou-se por mantê-la na tradução. (N.T.)

comunidade nem o direito de decretar leis revelam essa via que conduz ao céu, com certeza maior para o magistrado, que o exame e o estudo de cada homem em particular revela para si mesmo".

A insistência de Locke na busca da felicidade como o propósito principal, simultâneo, das empreitadas de vida individuais e da associação de indivíduos numa comunidade raras vezes foi questionada ao longo da Era Moderna. Na maior parte desse período, a raça humana também não questionou a ideia de que liberdade, igualdade e fraternidade eram tudo de que os homens precisavam para serem capazes de perseguir sua felicidade, desimpedidos e imperturbados. Ou seja, para buscarem a felicidade – embora não necessariamente para atingi-la; a descrição de Locke era em grande parte uma versão terrena, mundana, "deste mundo", da incerteza de Lutero ou Calvino a respeito da resolução final do dilema salvação × danação.

Mas seja em sua versão de outro mundo seja na deste, a busca da felicidade em si, mais que um certo *summum bonum* (bem supremo) a espreitar na outra – e até onde sabemos, teimosamente indeterminada – ponta da estrada, era o que oferecia a verdadeira felicidade. Esta se igualou à *liberdade de experimentação*: a liberdade de dar passos certos e errados, para ter sucesso e falhar, para inventar, experimentar e testar cada vez novas variedades de experiências aprazíveis e agradáveis, para escolher e correr o risco de errar. A infelicidade significava ter barrada essa liberdade; ser privado do direito de escolher livremente; e, em vez disso, por bem ou por mal, à força ou por fraude, se ver "protegido" de escolhas erradas.

Dois pressupostos tácitos (desde então vistos como patentes), axiomáticos, deram suporte a esse projeto tripartite. O programa de liberdade, igualdade e fraternidade implicava, literalmente, que era dever da comunidade prover e salvaguardar as condições favoráveis para a busca da felicidade entendida como tal. A busca da felicidade era um assunto, uma preocupação, um destino e um dever individual, algo a ser conduzido individualmente; cada um e todo indivíduo mobilizavam recursos possuídos ou administrados em termos individuais, mas o chamado para a busca da felicidade foi endereçado da mesma forma a indivíduos *e* a sociedades; se esse chamado seria respondido adequadamente, isso é algo que depende da forma daquilo que chamamos "*commonwealth*" ou "comunidade"* – a sociedade entendida como o lar compartilhado e uma conjunta preocupação e produção de *les hommes et les citoyens*, os homens/os cidadãos.

A outra suposição axiomática não dita, mas amplamente aceita, era a necessidade de se conduzir a batalha pela felicidade em duas frentes. Enquanto os indivíduos precisaram conquistar e desenvolver a arte de levar uma vida feliz, os poderes que davam forma às condições sob as quais essa arte poderia ser praticada tiveram eles próprios de rever suas formas na direção de algo mais "amigável ao uso dos praticantes". A busca da felicidade não tinha nenhuma chance de se elevar ao grau de um direito genuinamente universal, a menos que aqueles poderes tomassem conta de maneira adequada dos parâmetros da "boa sociedade" – e a igualdade e a fraternidade eram os mais preeminentes e decisivos.

Foi esse pressuposto de ligação íntima e inquebrável entre a qualidade da *commonwealth* e as possibilidades de felicidade individual que perdeu, ou vem perdendo, depressa seu domínio axiomático sobre o pensamento popular, assim como sobre os produtos de sua reciclagem intelectualmente sublimada. Talvez por essa razão, as supostas condições de felicidade individual estão sendo deslocadas para longe da esfera supraindividual da Política com *p* maiúsculo, para o domínio das políticas de vida individuais, postulado como um campo de empreendimentos so-

---

* O termo *commonwealth*, de origem britânica, habitualmente traduzido como "comunidade" – em especial em construções como Comunidade das Nações (Commonwealth of Nations) –, refere-se também ao sentido genérico que atribuímos a "comunidade", um agregado de pessoas que partilham um mesmo interesse ou uma mesma lógica; mas diz respeito, sobretudo, a uma "comunidade política", ou, mais especificamente, ao país (ou grupo de países) em sua dimensão republicana, democrática, liberal (em sentido amplo), aposta moderna de garantia de *common wealth*, riqueza comum, ou seja, o estado de direito baseado no bem comum. Optou-se por usar as formas *comunidade*, *commonwealth* e *estado de direito*, todos com sentidos aproximados nesse contexto. (N.T.)

bretudo individuais, no qual os tipos de recursos mais mobilizados, se não aqueles mobilizados com exclusividade, são aqueles individualmente comandados e administrados.

A mudança reflete as variáveis condições de vida resultantes de processos líquidos modernos de desregulamentação e privatização (ou seja, de "subsidiarização", "terceirização", "subcontratação", ou de alguma forma de renúncia das sucessivas funções antes assumidas e executadas pelas instituições do estado de direito). A fórmula que agora emerge com a (inalterada) finalidade de buscar a felicidade pode ser mais bem expressada passando-se de *Liberté, Égalité, Fraternité* para *Sécurité, Parité, Réseau* (segurança, paridade, rede).

O verdadeiro *trade-off** chamado "civilização" voltou ao ponto inicial, encerrando um ciclo completo, em 1929, quando Sigmund Freud, em *O mal-estar na civilização*, apontou pela primeira vez o cabo de guerra e o quiprocó entre os dois valores que lhe são mais indispensáveis e caros, mas que incomodamente resistiam a se conciliar. Em menos de um século, o contínuo progresso em direção à liberdade individual de expressão e escolha alcançou um ponto no qual o preço pago por esse progresso, a perda de segurança, começou a ser visto por um número cada vez maior de indivíduos liberados (ou indivíduos deixados soltos, sem que lhes perguntassem se queriam isso) como algo exorbitante, insustentável e inaceitável. Os riscos envolvidos na individualização e na privatização da busca pela felicidade, unidos ao gradual mas regular desmantelamento das redes de segurança societalmente projetadas, construídas e mantidas, e das garantias societalmente endossadas contra o infortúnio, provaram-se algo enorme; e a aterrorizante incerteza daí resultante, um verdadeiro fantasma. O valor chamado "segurança" é aquele que empurra

---

* Preferimos manter a expressão *trade-off* no original, dada sua recorrência nessa forma, sobretudo no discurso econômico. Trata-se de um balanço entre perdas e ganhos, equilibrando perdas num valor com ganhos em outro. Nesse trecho, o autor refere-se ao jogo de compensação descrito por Freud, de se perder parte da liberdade individual e ganhar, em compensação, um quinhão maior de segurança (na civilização). (N.T.)

a liberdade para fora. Uma vida imbuída de um pouco mais de certeza e segurança, ainda que compensada por uma liberdade de alguma maneira menos pessoal, de repente ganhou em poder de atração e sedução.

"Os tempos modernos", como disse Albert Camus, "desabrocham em meio ao estrondo de muralhas."[4] Como sugere Ivan Karamázov, de Dostoiévski (seguindo e conduzindo a integralização do legado de uma longa cadeia de pensadores, iniciada pelo menos com Pico della Mirandola, o arauto renascentista da onipotência divina do homem), como a criação divina era declarada falha, e a imortalidade, uma noção nebulosa, o "novo homem" tem permissão para e é exortado e empurrado a "tornar-se Deus". No entanto, ensaios desse novo papel demonstraram-se inconclusivos e sobretudo muito menos agradáveis que o esperado. Tatear no escuro sem uma bússola confiável ou um mapa oficialmente endossado parecia carregado de agudos desconfortos, dificilmente compensados pelas esporádicas, breves e frágeis alegrias da autoafirmação. E, assim, o Grande Inquisidor descobriu que os homens preferem a libertação da responsabilidade à liberdade de indicar e manter separados o bem e o mal.

Quanto mais avança o progresso dessa liberdade humana, com seus requisitos de risco e responsabilidade, mais intensamente aumenta o desagrado humano com a crescente insegurança e indeterminação; e como a segurança levou vantagem na atração percebida e no valor atribuído, os privilégios da liberdade perderam muito de seu esplendor. Freud provavelmente inverteria seu já secular veredicto e atribuiria os males e doenças psicológicas atuais às consequências de trocar uma medida muito grande de segurança em prol de maior liberdade.

Na constelação de condições (e também de perspectivas esperadas) para uma vida decente e agradável, hoje a estrela da paridade brilha cada vez mais luminosa, enquanto a da igualdade fenece. De modo enfático, "paridade" não é "igualdade"; ou melhor, é uma igualdade reduzida à habilitação para o reconhecimento, ao direito de estar e de ser deixado em paz. A ideia de nivelar por cima riqueza, bem-estar, comodidades e perspectivas da vida e, ainda mais, a ideia de partilhar parcelas iguais na corrida da vida comum e nos benefícios que ela tem a oferecer estão desaparecendo das agendas políticas, agora cheias de postulados realistas e objetivos. Todas as variedades de sociedade líquida moderna estão cada vez mais reconciliadas com a permanência da desigualdade econômica e social. A imagem de condições de vida uniformes, universalmente compartilhadas, é substituída pela da diversificação acima de tudo ilimitada; e o direito de se tornar igual é substituído pelo de ser e permanecer diferente, sem ter por isso negados a dignidade e o respeito.

As disparidades *verticais* no acesso aos valores universalmente aprovados e cobiçados tendem a crescer em marcha cada vez mais acelerada, encontrando pouca resistência e ativando, na melhor das hipóteses, apenas medidas corretivas esporádicas, estreitamente localizadas e marginais; enquanto isso, as diferenças *horizontais* se multiplicam, superlouvadas, celebradas e várias vezes promovidas de forma ativa pelos poderes político e comercial, assim como pelos produtores de ideias. Guerras por reconhecimento ocupam agora o lugar que era das revoluções; o que está em jogo nesses combates não é mais a forma do mundo que virá, mas como ter um lugar tolerável e tolerado neste mundo; já não são mais as regras do jogo o que está em questão, mas a simples admissão à mesa. É nisso que afinal consiste a "paridade", o avatar emergente da ideia de justiça: o reconhecimento do direito de participar do jogo, suprimindo um veredicto de exclusão ou repelindo a chance de esse mesmo veredicto ser pronunciado no futuro.

Finalmente, a rede. Se a "fraternidade" sugeria uma estrutura preexistente que predeterminava e predefinia as regras de estabelecimento da conduta, as atitudes e os princípios de interação, as "redes" não têm história prévia: elas nascem no curso da ação e são mantidas vivas (ou, melhor, contínuas, repetitivas, recriadas/ressuscitadas) apenas por sucessivos atos de comunicação.

Ao contrário de um grupo ou qualquer outro tipo de "todo social", uma rede é atribuída ao e centrada no individual – o indivíduo é o foco, o *hub*,* sua única parte permanente e irremovível. Presume-se que cada indivíduo carrega sua própria e singular rede em ou ao redor de seu corpo, como um caracol transportando sua casa. A pessoa A e a pessoa B podem ambas pertencer à rede de C; entretanto, A pode não pertencer à rede de B, e B não pertencer à de A – circunstância não permitida no caso de totalidades, como nações, igrejas ou vizinhanças.

Entretanto, as características mais determinantes das redes são a incomum flexibilidade de seu alcance e a extraordinária facilidade com que sua composição pode ser modificada: itens individuais são adicionados ou removidos sem um esforço maior do que o necessário para se digitar ou apagar um número na agenda de um telefone celular. Os laços que conectam as unidades da rede são gritantemente rompíveis, tão fluidos quanto a identidade do *hub* daquela teia, seu único criador, proprietário e gerente. Nas redes, o "pertencimento" se torna um (leve e inconstante) sedimento de identificação. Ele é transferido do "antes" para o "depois" da identidade e segue com presteza e pouca resistência as sucessivas renegociações e redefinições da identidade.

Pelo mesmo motivo, relações fixadas e sustentadas pela conectividade no estilo da rede se aproximam do ideal de uma "pura relação", baseada em laços unidimensionais e facilmente dissolvíveis, sem duração determinada, liberados de fios que atem e aliviados de compromissos de longo prazo. Em oposição acentuada aos "grupos de pertencimento", sejam estes atribuídos ou de adesão, uma rede oferece a seu proprietário/gerente o sentimento reconfortante (ainda que nada factual) de controle total e seguro sobre suas obrigações e lealdades.

---

* Um *hub*, ou "concentrador", é um ponto de redistribuição ou um ponto central a partir do qual o que está em fluxo na rede é enviado para vários outros pontos ao mesmo tempo. Preferiu-se manter aqui a palavra em inglês por ser este termo consagrado no vocabulário sobre redes, sobretudo na área de informática. (N.T.)

Uma das observadoras e analistas mais precisas e inspiradas da mudança intergeracional, e em particular dos novos estilos de vida dela oriundos, Hanna Swida-Ziemba notou que as "pessoas de gerações passadas se situavam tanto no passado quanto no futuro". Para os novos jovens, os contemporâneos, porém, ela diz que existe apenas o presente: "Os jovens com quem falei durante a pesquisa que realizei entre 1991 e 1993 perguntavam: por que há tanta agressão no mundo? É possível alcançar uma felicidade completa? Essas perguntas não têm mais nenhuma importância."[5]

Hanna falava da mocidade polonesa. Mas, em nosso mundo de acelerada globalização, ela encontraria tendências bastante parecidas qualquer que fosse o país ou continente em que centrasse sua pesquisa. Os dados coletados na Polônia – um país recém-emergido de longos anos de um domínio autoritário que tinha artificialmente conservado modos de vida em outras terras deixados para trás – apenas condensaram e permitiram amplificar e observar as tendências mundiais, tornando-as mais gritantes e, com isso, mais salientes e um pouco mais fáceis de notar.

Quando você pergunta "De onde provém a agressão?", o que provavelmente o impele a indagar é um desejo de fazer algo a respeito; é porque se fica mobilizado por isso, desejando fazer cessar a agressão ou responder que se deseja descobrir onde estão fincadas suas raízes. Deve-se presumir que você esteja disposto a chegar até as regiões em que os impulsos e esquemas de agressão são gerados e se desenvolvem, a fim de incapacitá-los e destruí-los. Se essa suposição estiver correta, então você terá de lamentar o fato de que o mundo é uma infusão de agressões e vê-lo como algo desconfortável ou absolutamente impróprio para a vida humana; e, por isso mesmo, iníquo e indesejável. Mas você também terá de acreditar que esse mundo *pode* se tornar mais hospitaleiro e amigável para o ser humano – e que, se tentar, como deveria, *você* poderia se tornar parte da força destinada a e capaz de produzir esse mundo. Além disso, quando você pergunta se a felicidade completa pode ser atingida, provavelmente acredita que se possa chegar, individual ou coletivamente, a uma forma mais agradável, válida e satisfatória de viver a vida – e está disposto a empreender tal esforço (ou até a aguentar o sacrifício) como demanda qualquer causa digna de seu nome. Em outras palavras, quando você formula essas perguntas, insinua-se que, em lugar de aceitar as coisas de modo humilde – uma vez que elas pareçam em algum momento demonstrar pouco ou nenhum sinal de que mudarão –, você tende a medir sua força e sua habilidade pelos padrões, tarefas e metas que você fixou para sua própria vida, e não o contrário.

Você seguramente deve ter feito e seguido tais suposições. Caso contrário, não seria incomodado por esses questionamentos. Para que questões como essas lhe ocorram, você precisa, antes de mais nada, acreditar que o mundo a seu redor não é "determinado", "indiscutível", de uma vez por todas; precisa crer que ele pode ser mudado, e que você próprio pode ser mudado ao se aplicar nesse trabalho. Você tem de presumir que o estado do mundo pode ser diferente do que é agora; quão diferente ele pode se tornar no fim desse processo dependerá do que você fizer; você precisa acreditar que nada menos que o estado – passado, presente e futuro – do mundo pode depender do que você faça ou deixe de fazer. Em outras palavras, você acredita ser a um só tempo um artista capaz de criar e moldar coisas e o produto dessa criação e moldagem.

Como sugeriu Michel Foucault, só uma conclusão surge da proposição de que a identidade não é determinada: precisamos *criá-la*, da mesma maneira que são criadas as obras de arte. Para todos os efeitos, "Pode a vida de todo indivíduo humano se tornar uma obra de arte?" é uma pergunta retórica; é possível respondê-la sem um argumento elaborado. Considerando a resposta positiva uma conclusão óbvia, Foucault pergunta: "se uma lamparina ou uma casa podem ser obras de arte, por que não uma vida humana?"[6] Suponho que tanto o "novo jovem" quanto as "gerações passadas" que Hanna Swida-Ziemba compara teriam sinceramente concordado com as sugestões de Foucault, mas presumo também que os membros de cada um dos dois grupos etários teriam outra coisa em mente ao pensar em "obras de arte".

Os jovens das gerações passadas provavelmente consideravam a obra de arte algo de valor duradouro e imperecível, resistente ao desgaste do tempo e aos caprichos do destino. Seguindo os hábitos dos antigos mestres, eles prepararia meticulosamente suas telas antes de aplicar a primeira pincelada, e da mesma forma selecionariam com cuidado os solventes – para terem certeza de que as camadas de tinta não se desfariam ao secar e manteriam o frescor colorido por muitos anos, quiçá pela eternidade.

A geração mais jovem, por sua vez, buscaria imitar padrões e práticas dos artistas mais célebres da atualidade – nos populares "happenings" e "instalações" do mundo da arte. Com os happenings, sabe-se apenas que ninguém (nem seus produtores e atores principais) terá certeza do caminho que tomarão; que suas trajetórias são reféns do ("cego", incontrolável) destino; que, de acordo com seu desenrolar, qualquer coisa *pode* acontecer, mas nada é certo. Já com as instalações – reuniões de elementos frágeis e perecíveis, de preferência degradáveis –, todos sabem que as obras não sobreviverão ao fim da exposição; que para a próxima mostra da galeria ela precisará ser esvaziada dos (agora inúteis) pedaços remanescentes da anterior. Os jovens também podem associar obras de arte aos cartazes e outros impressos que eles afixam por cima dos papéis de parede e da pintura de seus quartos. Eles sabem que os cartazes, assim como o papel de parede e a tinta, não são destinados a adornar seus quartos para sempre. Cedo ou tarde, precisarão ser "atualizados" – derrubados para dar espaço a imagens dos próximos ídolos do momento.

Ambas as gerações (a passada e a atual) imaginam obras de arte a partir de seus padrões de mundo peculiares; presume-se que a natureza e o significado deles serão desnudados e julgados. Espera-se que o mundo se torne mais inteligível, talvez até totalmente compreendido, graças à atividade dos artistas. Mas, muito antes de isso acontecer, as gerações que "passam por" este mundo sabem disso por "autópsia", por assim dizer, a partir do exame de suas experiências pessoais e das histórias em geral contadas para narrar suas experiências e a elas dar sentido. Não surpreende, então, que, em total oposição às gerações anteriores, o novo jovem não acredite que se possa navegar pela vida com uma rota projetada antes do começo da viagem; nem que creia que o destino casual e a decisão incidental sejam o caminho.

De alguns dos jovens poloneses que entrevistou, Hanna Swida-Ziemba diz, por exemplo: "Eles notam que um camarada subiu aos altos escalões da empresa, foi promovido várias vezes e alcançou o topo, até que a companhia foi à falência e ele perdeu tudo que havia ganhado. Por isso, eles bem podem abandonar os estudos em que estão indo bem e ir para a Inglaterra, trabalhar em canteiros de obras." Outros não pensam no futuro ("É um desperdício de tempo, não?") nem esperam que a vida revele qualquer lógica; em vez disso, procuram o golpe de sorte ocasional (possivelmente) e as cascas de banana na calçada (de forma também provável) – portanto, "querem que cada momento seja prazeroso". De fato: *cada* momento. Um instante de prazer não ganho é um momento perdido. Uma vez que é impossível calcular que tipo de lucros futuros um sacrifício presente pode trazer, se houver algum lucro, por que se deveria abrir mão do prazer imediato capaz de se tirar do aqui e agora, de se desfrutar ali mesmo?

A "arte da vida" pode significar coisas diferentes para os integrantes de gerações mais velhas e mais novas, mas todos eles a praticam e possivelmente não poderiam deixar de fazê-lo. O percurso da vida e o significado de cada episódio que se segue, assim como o "propósito global" ou o "destino final" da existência, são tidos hoje como atividades do tipo faça-você-mesmo, ainda que consistam apenas em selecionar e montar o tipo certo de kit padronizado em caixas de papelão das lojas de móveis modulados. Espera-se que cada um e todo praticante da vida, assim como se espera dos artistas, assuma toda a responsabilidade pelo resultado do trabalho, e que seja elogiado ou culpado por seus efeitos. Hoje, cada homem e cada mulher é um artista não tanto por *escolha*, mas, por assim dizer, *por decreto do destino universal*.

"Ser artista por decreto" significa que a inação também conta como ação; nadar e navegar, assim como se deixar levar pelas ondas, são a priori considerados atos criativos de arte e serão registrados retroativamente como tal. Mesmo aqueles que se recusam a acreditar na sucessão lógica, na continuidade, na consequência das escolhas, das decisões e dos empreendimentos, e na viabilidade e plausibilidade de se tentar domar a sorte – ou seja, domar a providência ou o destino e manter a vida num curso pré-designado e preferido –, mesmo estes não cruzam os braços, não podem relaxar; eles ainda precisam "ajudar o destino", cuidando das intermináveis tarefazinhas que o fado decretou para eles executarem (como a de seguir os esquemas dos kits de monte você mesmo). Como aqueles que não veem nenhum sentido em postergar a satisfação e decidem viver "para o momento", os que se preocupam com o futuro e desconfiam de estar minando as oportunidades que virão estão convencidos da volatilidade das promessas da vida.

Todos parecem estar reconciliados com a impossibilidade de se tomar decisões à prova de falhas; de se predizer quais dos passos sucessivos se provarão corretos, ou quais das sementes de futuro espalhadas trarão frutos abundantes e saborosos, quais bulbos de flor murcharão e enfraquecerão antes que uma rajada súbita de vento ou uma vespa eventual possam polinizá-los. Assim, no que quer que acreditem mais, todos concordam que é preciso se apressar, que nada fazer, ou fazer qualquer coisa de forma lenta e indiferente, é um grave erro.

Isso é verdade em especial para os jovens: como registrou Hanna Swida-Ziemba, eles colecionam experiências e credenciais "por via das dúvidas". Os jovens poloneses dizem *moze*; britânicos da mesma idade diriam *perhaps*; os franceses, *peut-être*; os alemães, *vielleicht*; os italianos, *forse*; os espanhóis, *tal vez*; em português, diriam "talvez" ou "pode ser" – mas todos gostariam, em grande medida, de dizer a mesma coisa: se não há ciência para isso, quem pode saber se um ou o outro bilhete será o vencedor da próxima extração da loteria da vida?

Eu, de minha parte, pertenço a uma dessas "gerações passadas". Quando eu era jovem, como a maioria de meus contemporâneos, li atentamente as instruções de Jean-Paul Sartre relativas à escolha de um "projeto de vida" – aquela escolha pretendia ser a "escolha das escolhas", a metaescolha que determinaria, de uma vez por todas, do princípio ao fim, todo o resto de nossas (subordinadas, derivadas, executivas) opções. Para cada projeto (assim aprendemos da leitura de Sartre) haveria, atrelados a ele, um mapa de estrada e um conjunto de detalhadas instruções específicas de como seguir o itinerário. Não tivemos dificuldade alguma para entender a mensagem de Sartre, e a julgamos compatível com aquilo que o mundo a nosso redor parecia anunciar ou insinuar.

No mundo de Sartre, assim como no compartilhado por minha geração, os mapas envelheciam devagar, quando chegavam a envelhecer (alguns deles reivindicaram ser até "definitivos"); as estradas eram construídas de uma vez por todas (no entanto, elas podiam ser recapeadas de vez em quando, para permitir maiores velocidades) e prometiam conduzir ao mesmo destino toda vez que fossem iniciadas; os sinais nas encruzilhadas eram várias vezes repintados, mas suas mensagens jamais mudavam.

Eu (embora novamente na companhia de outros jovens de minha idade) também assisti com paciência, sem murmúrio de protesto, muito menos rebelião, às aulas de psicologia social baseadas nas experiências de laboratório com famintos ratos húngaros num labirinto, em busca da primeira e única sucessão correta e adequada de movimentos – ou seja, o primeiro e único itinerário com um desejado pedaço de banha de porco no final –, a fim de aprendê-la e memorizá-la para o resto da vida. Não protestamos contra aquilo porque, no empenho e nas preocupações dos ratos de laboratório, assim como nos conselhos de Sartre, ouvíamos ecos de nossas próprias experiências de vida.

A maioria dos jovens de hoje, porém, pode enxergar a necessidade de memorizar o caminho para fora do labirinto como uma questão para os ratos, não para eles. Dariam de ombros ao serem aconselhados por Sartre a fixar o destino de suas vidas e delinear por antecipação os movimentos seguros para alcançá-lo. De fato, eles chegariam a contestar: como eu saberei o que o próximo mês trará, para não falar no próximo ano? Só posso ter certeza de uma coisa, de que o próximo mês e ano, e certamente os anos que se seguirão, serão diferentes do momento que estou vivendo agora; e, sendo diferentes, invalidarão muito do conhecimento e da experiência que exercito agora (embora não haja suposição alguma de quais de suas muitas partes perderão a validade); muito do que aprendi terei de esquecer, e serei obrigado a me livrar de muitas (embora não haja suposição de quais) coisas e inclinações que agora exibo e ostento; escolhas julgadas hoje as mais razoáveis e louváveis serão amanhã depreciadas como tolas e infames asneiras.

A consequência disso é que a única habilidade que eu preciso adquirir e exercer é a *flexibilidade* – a competência para se livrar depressa das aptidões inúteis, de esquecer logo e se desfazer logo dos recursos do passado, que se transformaram em deficiências, de mudar de conduta e de caminho depressa e sem pesar, e de evitar juramentos de lealdade vitalícia a qualquer coisa ou pessoa. Afinal, momentos favoráveis tendem a aparecer de repente e de lugar nenhum; também desaparecem de forma abrupta; pior para os tolos, que, por desígnio ou descuido, se comportam como se fosse para ficar presos a essas coisas.

Hoje parece que, embora alguém ainda possa sonhar em *escrever um roteiro* para toda a vida com antecedência, e até tente tornar esse sonho realidade, *agarrar-se* a qualquer roteiro, por mais glorioso, sedutor e aparentemente à prova de falhas que ele seja, é algo que se arrisca a considerar uma opção suicida. Os enredos de outrora podem ficar datados antes que a obra entre na fase de ensaios; se eles sobreviverem à primeira sessão, a temporada pode ser abominavelmente curta. Então, comprometer o teatro da vida nessa peça por um tempo considerável é igual a recusar a oportunidade para muitas produções (não se sabe quantas) mais atuais e, por isso, de maior sucesso. As oportunidades, afinal, batem à porta, e não há nada que antecipe em que porta e quando elas baterão.

Tomemos o caso de Tom Anderson. Tendo estudado arte, ele provavelmente não adquiriu muito conhecimento de engenharia e tinha poucas noções sobre como funcionam as maravilhas tecnológicas. Como a maioria de nós, era apenas um usuário dos modernos produtos eletrônicos; como a maioria de nós, deve ter passado pouquíssimo tempo meditando sobre o que há dentro do gabinete de um computador e por que isto em vez daquilo aparece na tela quando ele aperta esta e não aquela tecla. Ainda assim, mais do que de repente, talvez para sua própria e grande surpresa, Tom Anderson foi aclamado no mundo da computação como criador e pioneiro das "redes sociais" e gerador do que logo foi apelidado de "segunda revolução da internet". Seu blog, talvez mais um passatempo privado em suas intenções, em menos de dois anos converteu-se na empresa MySpace, invadida por um verdadeiro enxame de internautas muito jovens (os usuários mais velhos da web, se chegassem a ouvir falar da nova empresa, provavelmente a depreciariam ou zombariam dela como outra moda passageira, ou mais uma ideia tola com a expectativa de vida de uma borboleta, de que a grande rede estava lotada). A "empresa" ainda não gerava qualquer lucro digno de nota, e Anderson não fazia ideia alguma de como (e provavelmente também não tinha intenção firme de) torná-la financeiramente lucrativa.

Mas, em julho de 2005, Rupert Murdoch, por iniciativa própria, ofereceu... 580 milhões de dólares pelo MySpace, que então operava com não muito mais que dois tostões. A decisão de Murdoch de fazer a compra disse "abre-te, sésamo" nesse mundo, sem dúvida mais que a magia dos feitiços mais engenhosos e sofisticados. Não surpreende que os caçadores de fortuna tenham invadido a web à procura de novos diamantes brutos. O Yahoo! comprou outro site da categoria das redes sociais por um bilhão de dólares, e, em outubro de 2006, o Google separou 1,6 bilhão de dólares para obter ainda outro, o YouTube – que fora seu *start-up* apenas um ano e meio antes, também criado nas feições de indústria caseira por um par de entusiastas amadores, Chad Hurley e Steve Chan. Em 8 de fevereiro de 2007, o *New York Times* informou que, por sua bem-sucedida ideia, Hurley foi pago em ações do Google no valor de 345 milhões de dólares, enquanto Chan recebeu ações com um valor de mercado de 326 milhões de dólares.

"Ser descoberto" pelo destino, encarnado na pessoa de um rico e poderoso protetor ou diligente mecenas à procura de talentos até pouco tempo não reconhecidos ou não adequadamente avaliados tem sido, desde o fim da Idade Média e o começo do Renascimento, um tema popular no folclore biográfico sobre pintores, escultores e músicos. (Isso, entretanto, não ocorria no mundo antigo, no qual a arte era vista como o modo de representar de forma obediente e com fervor a magia da criação divina: os gregos "não podiam conciliar a ideia de criação sob os auspícios da inspiração divina com a de recompensa monetária pela obra criada".[7] Ser um artista era algo mais associado à renúncia e à pobreza, a "estar morto para o mundo", do que a qualquer tipo de sucesso mundano, ainda mais o pecuniário.)

O mito etiológico de ser descoberto por um rico e poderoso provavelmente foi inventado no limiar da Era Moderna para explicar os casos (ainda poucos e concentrados) sem precedentes de artistas individuais que de repente alcançaram fama e fortuna numa sociedade que deu à luz sentenças perpétuas e não permitia qualquer espaço para o *self-made man*, o "homem que faz a si mesmo" (e muito menos, claro, para a "mulher que faz a si mesma", a *self-made woman*) – e explicar esses casos extraordinários de um modo que reafirmaria a norma, em vez de arruiná-la –, na ordem mundana de poder, força e direito à glória. De origem humilde, quando não desterrados, os futuros mestres das artes estabeleceram como regra (pelo menos é isso que o mito insinua) que até o maior dos talentos, somado a uma determinação obstinada, como raramente se vê, e a um zelo missionário incrível e incansável, não era o bastante para cumprir seus destinos, a menos que uma mão benevolente e poderosa se estendesse a eles para trazê-los à inalcançável terra da fama, da riqueza e da admiração.

Antes do advento da modernidade, a lenda do "encontro com o destino" praticamente se restringia aos artistas; não surpreende que, como os profissionais das belas-artes, a exemplo de pintores ou compositores, fossem quase as únicas pessoas que conseguiam se elevar além de seu humilde status original e acabar à mesa de príncipes e cardeais, quando não de reis e papas. À medida que a modernidade avançou, porém, as fileiras de rompedores de barreiras de classe se ampliaram. Com o número de novos-ricos multiplicado, as histórias inspiradas por seus encontros com o destino se democratizaram. Essas sagas agora dão forma às expectativas de qualquer um e de todos os "artistas da vida", os profissionais seculares da arte secular da vida secular; e isso quer dizer todos nós ou quase todos. Decretou-se que somos portadores do direito de nos "encontrar com o destino" e, por meio desse "encontro fatal", de saborear o sucesso e desfrutar uma vida de felicidade. Uma vez que esse *direito* foi declarado universal, num instante se transforma em *dever* universal.

É verdade que são principalmente dos artistas (mais precisamente, das pessoas cujas práticas, graças à sua aquisição súbita do status de celebridade, foram, sem necessidade de maiores argumentos, classificadas como belas-artes) aquelas cujas provações e tribulações formam a trama das fábulas de ascensão milagrosa, dos trapos à riqueza; e são sobretudo eles aqueles de pronto lançados à ribalta e publicamente celebrados. (Por exemplo, temos a famosa saga da menina que estava vendendo por duas libras cinzeiros de vidro de cinquenta pence tendo coladas no fundo, sem muito cuidado, fotografias de ídolos pop recortadas de jornais. Ela passava o tempo numa pequena loja de uma ruazinha banal no leste de Londres, até que um dia parou uma limusine que conduzia um grande mecenas, destinado a transformar a cama há muito desfeita da menina num inestimável trabalho da mais elevada arte – como a fada madrinha de Cinderela fez uma carruagem banhada a ouro de uma abóbora.)

Histórias de artistas prósperos (mais precisamente, de meninos e meninas por mágica transformados nisso) têm a vantagem de nos chegar preparadas pelos séculos da antiga tradição de contar histórias; porém, elas também encaixam muito bem no estado de espírito de nossos tempos líquidos modernos, porque, ao contrário das histórias do começo da modernidade – por exemplo, a lenda do pequeno engraxate que se tornou milionário –, omitem as questões espinhosas e desconcertantes sobre paciência, trabalho árduo e o sacrifício que o sucesso na vida em geral requer. Histórias de artistas visuais e performáticos celebrados desvalorizam a questão do tipo de atividade que a pessoa deveria escolher e buscar para se tornar merecedora de atenção e da estima públicas; e de como se deveria fazer essa escolha (de todo modo, num mundo líquido moderno, espera-se, e com razão, que pouquíssimas atividades meritórias sejam capazes de manter os méritos por muito tempo). Trata-se, mais que isso, de um princípio geral no qual estão centradas as histórias líquidas modernas típicas: numa combinação com destino benévolo, qualquer ingrediente pode fazer os brilhantes cristais do sucesso sedimentarem na escura solução chamada vida. *Qualquer* ingrediente: não necessariamente labuta, abnegação e sacrifício sugeridos nas clássicas histórias de sucesso modernas.

Considerando essas condições, a invenção de redes computadorizadas veio bem a calhar. Uma das muitas virtudes da internet (e uma das principais causas de sua desconcertante taxa de crescimento) é que ela liquida a incômoda necessidade de se tomar partido diante da antiga e agora fora de moda e malcompreendida oposição entre trabalho e lazer, esforço e descanso, ação dotada de propósito e frivolidade, ou empenho e indolência. O que são as horas gastas em frente ao computador abrindo caminho em meio à floresta de sites? Obrigação ou diversão, trabalho ou prazer? Não se pode dizer, não se sabe, mas deve-se ser perdoado do pecado da ignorância, uma vez que não há resposta confiável para esse dilema, nem pode haver, antes que o destino apresente suas cartas.

Não surpreende então que, em 31 de julho de 2006, se contassem cinquenta milhões de blogs na world wide web, e que, de acordo com os últimos cálculos, esses números tenham crescido desde então, numa média de 175 mil por dia. Sobre o que informam esses blogs ao "público da internet"? Eles nos dão informações sobre tudo que possa ocorrer a seus proprietários/autores/operadores, seja o que for que possa sair de suas cabeças – pois não há conhecimento estabelecido sobre o que pode (se é que algo pode) chamar a atenção dos Rupert Murdoch ou dos Charles Saatchi deste mundo.

Criar uma "página pessoal", um blog, é apenas outra variedade de loteria: você segue, por assim dizer, comprando bilhetes "por via das dúvidas", com ou sem a ilusão de que haja regras que permitam a você (ou a qualquer outro) predizer quais deles estão premiados – pelo menos o tipo de regra que você poderia aprender e se lembrar de observar, fiel e efetivamente, em suas próprias práticas. Como informou Jon Lanchester, que examinou grande número de blogs, um blogueiro registra em todos os detalhes o que ele consumiu no café da manhã; outro descreve as alegrias obtidas no jogo da noite anterior; uma blogueira reclama das deficiências íntimas de seu namorado na cama; outro traz uma horrível fotografia do cachorro de estimação do autor; outro ainda medita sobre os desgostos da vida de policial; e mais um coleciona deliciosas façanhas sexuais de um americano na China.[8] Ainda assim, um traço comum foi encontrado em todos eles: uma sinceridade, uma franqueza sem pudores para exibir em público as experiências mais particulares e as aventuras mais íntimas – falando sem papas na língua, com um ímpeto ardente e uma evidente falta de inibição para pôr a si mesmo (ou, pelo menos, algumas partes ou aspectos de si próprio) no mercado.

Talvez um pedacinho ou outro possa dar uma picada no interesse e inflamar a imaginação de possíveis "compradores" – talvez até algum rico e poderoso investidor –, ou pelo menos das pessoas comuns, mas em número elevado o bastante para chamar atenção de alguns poderosos, inspirá-los a fazer ao blogueiro uma oferta irrecusável, empurrar aos céus seu valor de mercado. A confissão pública (quanto mais suculenta melhor) dos assuntos mais pessoais e mais apropriados para serem guardados em segredo é um tipo de moeda de substituição, ainda que de valor baixo: é uma moeda à qual podemos recorrer quando não pudermos dispor das habitualmente usadas por investidores mais "sérios" (leia-se, mais ricos).

Muitos críticos de arte eminentes sugerem que as obras de arte conquistaram agora o mundo inteiro dos vivos. Os sonhos supostamente inalcançáveis da vanguarda do último século foram realizados – embora não necessariamente da forma que os vanguardistas desejavam e esperavam. Em particular, e ainda frustrante: hoje parece que, como a vanguarda venceu, é possível que as artes já não precisem mais das obras para manifestar sua existência.

Há não muito tempo, sem dúvida lá pelos dias de alcíone da vanguarda, as artes lutavam para provar seu direito de existir documentando sua utilidade para o mundo e seus habitantes; elas precisaram de provas sólidas, duráveis, tangíveis, irremovíveis, indestrutíveis e eternas dos valiosos serviços que prestavam. Agora elas dão conta disso sem ter de deixar sólidos rastros de sua presença; ainda parecem evitar profundamente as pegadas, e antecipam sua veloz e eficaz eliminação. Os artistas hoje parecem ter se especializado sobretudo em montar e logo desmontar suas criações; pelo menos eles tratam essas duas atividades como variantes igualmente válidas, meritórias e indispensáveis da criatividade artística.

Um grande artista americano, Robert Rauschenberg, pôs à venda uma folha de papel na qual havia antes um desenho de outro grande artista americano, Willem de Kooning, que fora completamente apagado; a contribuição criativa específica de Rauschenberg, pela qual se esperava que os colecionadores pagassem, foram os rastros frouxos, ilegíveis, de sua ação de passar uma borracha. Dessa forma, Rauschenberg alçou a *destruição* ao grau de *criação* artística; era o ato de *aniquilar* os rastros deixados no mundo, não de *imprimi-los*, que seu gesto pretendia representar como o valioso serviço que as artes oferecem a seus contemporâneos. Ao enviar essa mensagem, Rauschenberg não ficou de forma alguma sozinho entre os artistas contemporâneos mais famosos e influentes. O embaçamento de traços que cobrem os rastros foi naquele momento, e continua a ser, algo colocado no plano antes ocupado apenas pela gravação ou pela impressão (para a eternidade, esperava-se); talvez até num plano ainda mais alto, superior, no qual as ferramentas de vida mais urgentemente necessárias são experimentadas, e onde os desafios mais graves da condição existencial humana estão situados, são enfrentados e tratados.

Tudo dito até aqui sobre as recentes transformações nas belas-artes aplica-se ao gênero de arte mais comum, universalmente praticada, a arte da vida. Na realidade, as transformações fatais ocorridas nas belas-artes parecem ter sido o resultado dos esforços dos artistas para emparelhá-las com as mudanças na arte da vida, pelo menos em suas variedades mais ostensivamente exibidas. Como em tantos outros campos, também neste caso a arte replica a vida: na maioria das vezes, mudanças nas belas-artes ficam para trás em relação às transformações nos modos de vida, embora os criadores artísticos façam o melhor possível para se antecipar a essas alterações e (por vezes são bem-sucedidos), inspirando ou facilitando uma mudança e suavizando seu ingresso e seu estabelecimento nas práticas de vida cotidianas. Antes de os artistas a descobrirem, a "destruição criativa" já era amplamente praticada e estava arraigada na vida mundana como um de seus expedientes mais comuns, aplicado de forma rotineira. O gesto de Rauschenberg poderia ser então interpretado como uma tentativa de atualizar o significado de "pintura figurativa". Quem quer que deseje desnudar, pôr à mostra e tornar inteligíveis as experiências humanas (tanto em sua forma de *Erfahrungen* quanto na de *Erlebnisse**), quem quiser que sua obra represente fielmente essas experiências deverá seguir o exemplo de Rauschenberg, desmascarando, tornando salientes e abertas à avaliação as conexões íntimas entre criação e destruição.

Praticar a arte de vida, tornar a vida uma obra de arte, em nosso mundo líquido moderno, equivale a estar em estado de permanente transformação, redefinindo a si mesmo de forma perene, *tornando-se* alguém diferente do que se era até então; "tornar-se outra pessoa" corresponde a *deixar* de ser o que se foi,

---

* *Erfahrunger* se refere à experiência no sentido empírico, do experienciar, das experiências vividas, de "uma experiência" em particular. *Erlebnisse*, em sentido mais abstrato, designa o caráter experimentado do homem, "a experiência" em sentido amplo. (N.T.)

a quebrar e jogar fora a velha forma, como uma cobra faz com sua pele ou alguns moluscos com suas carapaças – rejeitando e esperando varrer para longe, uma a uma, as *personae* usadas, desgastadas, apertadas demais, ou não suficientemente satisfatórias, configurações em que elas são comparadas com as novas e aprimoradas ofertas e oportunidades. Para pôr um novo self em exposição pública e admirá-lo diante de um espelho e aos olhos dos outros, é preciso remover o velho self de seu campo de visão e do dos outros, e possivelmente também das memórias de si e dos outros. Quando se "autodefine" e se "autoafirma", pratica-se a destruição criativa. Cotidianamente.

Para muitas pessoas, em particular para os jovens que deixam para trás apenas poucos rastros, e de forma rasa, fácil de desaparecer, essa nova versão da arte da vida pode parecer atraente e agradável. Reconhecidamente, isso não acontece sem uma boa razão. Esse novo tipo de arte oferece uma longa trilha de alegrias – em aparência, uma trilha longa ao infinito. Além disso, ele promete que os que buscam essa vida jovial, satisfatória, jamais sofrerão uma derrota suprema, definitiva, irrevogável; promete que, após cada retrocesso, haverá uma chance de recuperação; que será permitido reduzir as perdas e recomeçar, "começar do (novo) começo", e, assim, reconquistar ou ser compensado pelo que foi perdido, "nascendo de novo" (ou seja, aderindo a outra – e, espera-se, mais fácil de usar e mais afortunada – "única escolha"); as parcelas destrutivas dos sucessivos atos de destruição criativa podem ser facilmente esquecidas, e o sabor amargo que fica na boca é suprimido pela doçura de novas perspectivas e de suas promessas ainda não experimentadas.

Pressões são mais difíceis de resistir, combater e repelir quando não recorrem à coerção explícita e não ameaçam com a violência. Uma ordem – "Você tem de fazer isto (ou você não pode fazer isto), ou então..." – incita o ressentimento e gera rebelião. Em comparação, uma sugestão – "Se você quer isto, você pode tê-lo, então vá em busca" – favorece um *amour de soi* constantemente faminto por elogios, nutre a autoestima e encoraja a experimentação – de acordo com o desejo e em nome do prazer.

Em nossa sociedade de consumidores, o ímpeto de reproduzir o estilo de vida hoje recomendado pelas últimas ofertas de mercado e elogiado por porta-vozes contratados e voluntários desses mesmos mercados (e, por conseguinte, a compulsão para se revisar de modo perpétuo a identidade e a persona pública) não são mais associados à coerção externa (e, assim, ofensiva e aborrecida); esse ímpeto tende a ser percebido, em vez disso, como mais uma manifestação e mais uma prova da liberdade pessoal. É apenas quando se tenta renunciar e se retirar dessa caçada em busca de uma identidade que se mostra evasiva, sempre incompleta – ou quando se é rejeitado e afugentado da caçada (cenário verdadeiramente horripilante), ou quando se tem a admissão recusada a priori –, que se aprende quão poderosas são as forças que administram a pista de corridas, guardam as entradas e mantêm os maratonistas em ação; apenas aí se entenderá quão severo é o castigo impingido aos desafortunados e insubordinados. Esse caso é muito bem conhecido de todos aqueles que, por falta de conta bancária e cartão de crédito, não podem pagar o preço do ingresso no estádio. Para muitos outros, tudo isso pode ser intuído das premonições sombrias que os assombram à noite, depois de um longo dia de compras – ou das advertências que chegam quando suas contas bancárias entram no vermelho e seu crédito disponível chega a zero.

Placas de estrada que sinalizam a trajetória da vida hoje aparecem e desaparecem com pouco ou nenhum aviso; mapas do território que a trajetória deve cruzar em algum ponto são atualizados quase todo dia (embora de forma irregular e sem qualquer advertência). Esses mapas são impressos e postos à venda por muitos editores e estão disponíveis em qualquer banca de jornal, em grande quantidade, mas nenhum deles é "chancelado" por um departamento que reivindique com credibilidade o controle sobre o futuro; seja qual for o mapa de escolha, fica-se responsável e opta-se sempre por própria conta e risco. Em resumo, a vida dos caçadores/construtores/reformadores da identidade é tudo, menos fácil; sua arte da vida em particular demanda bastante dinheiro, esforço ininterrupto e, em muitas ocasiões, nervos de aço. Não surpreende então que, apesar de todas as alegrias e dos momentos felizes que ela promete e em geral oferece, pouquíssimas pessoas vejam essa vida como um tipo que elas próprias, dada a genuína liberdade de escolha, desejariam pôr em prática.

Diz-se com frequência que essas pessoas são indiferentes à liberdade, quando não completamente hostis a ela, ou que ainda não são crescidas ou não amadureceram o bastante para desfrutá-la. O que sugere que sua não participação no estilo de vida dominante na sociedade líquida moderna de consumidores tende a ser explicada por um ressentimento ideologicamente despertado contra a liberdade ou pela inabilidade de pô-la em prática. Na melhor das hipóteses, contudo, tais explicações são apenas parcialmente verdadeiras. A fragilidade de toda e qualquer identidade (mesmo sua solidez pouco confiável) joga nas costas dos caçadores de identidade o dever de se dedicar diária e intensamente a esse trabalho. O que poderia ter começado como um empreendimento consciente pode se transformar, com o passar do tempo, numa rotina irrefletida, por meio da qual a afirmação eterna e sempre repetida de que "você *pode* se tornar alguém diferente de quem é" é reformulada na frase "você *tem* de se tornar alguém diferente de quem é".

É esse "tem" que para muitas pessoas não soa equivalente à liberdade, e é por isso que elas se melindram com o "tem", se rebelam contra ele. Como a pressão dessa obrigatoriedade permanece firme e dominante, conforme se possuam ou não os recursos requeridos por esse "fazer o que tem de ser feito", o "tem" soará mais como escravidão e opressão do que como algum imaginável avatar da liberdade. Numa carta para um jornal britânico muito considerado e popular, um leitor reclamou que "os quatro itens fundamentais, obrigatórios" para um homem respeitável, na primavera de 2007, indicados na seção de "moda" do jornal (sobretudo cáqui, camisa gola de padre, suéter com gola em v e jaqueta de marinheiro), custariam um total de 1.499 libras esterlinas (cerca de quatro mil reais). Então, alimento para uns, veneno para alguns (muitos? a maioria dos?) outros? Se "ser livre" significa ser capaz de agir pelos próprios desejos e perseguir os objetivos escolhidos, a versão líquida moderna, consumista, da arte da vida pode prometer liberdade para todos, mas a entrega é escassa e seletiva.

"À medida que a necessidade de serviços públicos aumentou, os eleitores americanos se mostraram favoráveis a reduzir o suprimento de segurança fornecido pelo governo, e muitos indicaram justamente as famílias prejudicadas como o principal contribuinte da segurança", escreve Arlie Hochschild.[9] Esses eleitores, no entanto, saem da frigideira para cair no fogo.

As mesmas pressões consumistas que associam a ideia de "segurança" a um inventário de artigos de consumo como suco de laranja, leite, pizza congelada e fornos de micro-ondas despem as famílias de suas habilidades e seus recursos socioéticos; desarmam-na na luta morro acima para lidar com os novos desafios – desafios apoiados e incentivados pelos legisladores, que tentam reduzir os déficits financeiros do Estado motivados pela expansão do "déficit da segurança" (cortando fundos para mães solteiras, deficientes, doentes mentais e idosos).

Um Estado é "social" quando promove o princípio do seguro *comunalmente endossado*, coletivo, contra o infortúnio individual e suas consequências. É sobretudo esse princípio – declarado, posto em operação e objeto da confiança de que funcionará – que recicla a de outra forma abstrata ideia de "sociedade" como uma experiência de comunidade percebida e vivida, substituindo a "ordem do egoísmo" (para usar os termos de John Dunn), fadada a gerar uma atmosfera de mútua desconfiança e suspeita, pela "ordem da solidariedade", inspiradora de confiança e de igualdade. É o mesmo princípio que eleva os membros de uma sociedade ao status de *cidadãos* – ou seja, torna-os partes interessadas, além de acionistas, beneficiários, mas também agentes –, tanto tutores quanto tutelados do sistema de "benefícios sociais", indivíduos com um forte interesse no bem comum, compreendido como a rede de instituições compartilhadas que podem ser objeto de confiança e das quais se pode esperar, de forma realista, a garantia de solidez e confiabilidade da "apólice de seguro coletiva" emitida pelo Estado.

A aplicação desse princípio pode, e muitas vezes consegue, proteger homens e mulheres da pestilência da pobreza; o que é mais importante, porém, é que ele pode se tornar uma profusa *fonte de solidariedade*, capaz de reciclar a "sociedade" num bem comum compartilhado, apropriado de forma comunal e cuidado em conjunto, graças à defesa que provê contra os horrores gêmeos da *miséria* e da *indignidade* – isto é, do terror de ser excluído; de cair ou ser lançado fora do acelerado veículo do progresso; de ser condenado à "redundância social"; de ter negado o respeito devido aos homens e ser classificado como "refugo humano".

De acordo com sua intenção original, um "Estado social" deveria ser um arranjo para servir a esses propósitos. Lord Beveridge, a quem devemos o projeto do Estado de bem-estar britânico do pós-guerra, acreditava que sua perspectiva de um seguro inclusivo, coletivamente endossado, *para todos*, era a consequência inevitável, mais que isso, o complemento indispensável da ideia de *liberdade* individual tal como concebida pelos liberais (no sentido europeu), além de condição necessária para a *democracia*. A declaração de guerra de Franklin Delano Roosevelt contra o medo se baseava na mesma suposição. Aliás, era uma suposição razoável: afinal, liberdade de escolha só pode ser acompanhada de incontados e incontáveis riscos de fracasso, e muitas pessoas estão sujeitas a achar esses riscos insuportáveis, temendo que eles excedam sua habilidade pessoal de combatê-los. Para muitos, a liberdade de escolha permanecerá um evasivo fantasma e um sonho indolente, a menos que o medo de derrota seja mitigado pela apólice de seguro emitida em nome da comunidade, uma política em que eles podem confiar e com que podem contar no caso de fracasso pessoal ou de um golpe grotesco do destino.

Se a liberdade de escolha é concedida em termos teóricos, mas inacessível na prática, a dor da *desesperança*, sem dúvida, será coroada com a infâmia da *infelicidade* – uma vez que o teste diário da habilidade para lidar com os desafios da vida é a própria oficina na qual a autoconfiança dos indivíduos, seu senso de dignidade humana e sua autoestima são fundidos numa liga, ou simplesmente derretidos. Além disso, sem o seguro coletivo dificilmente haveria muito estímulo para o engajamento político – e nenhum para a participação no ritual democrático das eleições, assim como nenhuma salvação vem de um Estado político que não seja, e se recuse a ser, um Estado *social*. Sem direitos sociais *para todos*, um número amplo e muito provavelmente crescente de pessoas acharia seus direitos políticos inúteis e desmerecedores de atenção. Se eles são necessários para colocar os direitos *sociais* no lugar, estes são indispensáveis para manter os direitos *políticos* em operação. Os dois direitos precisam um do outro para sobreviver; essa sobrevivência só pode ser uma conquista comum de ambos.

O Estado social é a suprema incorporação moderna da ideia de comunidade; ou melhor, é uma encarnação institucional da ideia de comunidade em sua forma moderna – uma totalidade abstrata, imaginada, tecida de dependência recíproca, compromisso e solidariedade. Os direitos sociais – o direito ao respeito e à dignidade – atavam a totalidade imaginada às realidades cotidianas de seus membros e baseava aquela perspectiva imaginária no chão sólido das experiências de vida; esses direitos certificam, simultaneamente, a veracidade e a factibilidade da confiança mútua *e* da confiança na rede institucional partilhada que endossa e valida a solidariedade coletiva.

A sensação de "pertencimento" é traduzida como uma confiança nos benefícios da solidariedade humana e nas instituições que dela surgem. Ela promete servi-la e assegurar sua confiabilidade. Há pouco, todas essas verdades foram enunciadas no programa do Partido Social-Democrata Sueco de 2004:

> Todo mundo é frágil em algum momento do tempo. Precisamos um do outro. Vivemos nossas vidas no aqui e no agora, com os outros, apanhados em meio a mudanças. Todos seremos mais ricos se cada um de nós tiver a possibilidade de tomar parte e ninguém for

deixado de fora. Seremos todos mais fortes se houver tranquilidade para todos, não apenas para alguns.

Da mesma maneira que o poder de carga de uma ponte não é medido pela resistência média de seus pilares, mas pela resistência do pilar mais fraco, e este é construído a partir dessa resistência, a confiabilidade e a desenvoltura de uma sociedade são medidas pela segurança, a desenvoltura e a autoconfiança de suas seções mais fracas, e crescem acompanhando as últimas. Ao contrário do que sugere a suposição dos defensores da "terceira via", justiça social e eficiência econômica, lealdade à tradição do Estado social e habilidade para se modernizar depressa (e, de modo mais significativo, com pouco ou nenhum dano para a coesão e a solidariedade sociais) não precisam ficar e não estão às turras uns com os outros. Em vez disso, como a prática social-democrata dos países nórdicos demonstra e confirma, "a busca de uma sociedade mais coesa socialmente é a precondição necessária para a modernização consentida".[10]

Ao contrário do que consta nos grotescos obituários prematuros do que foi promovido e anunciado como a terceira via, o modelo escandinavo é hoje tudo, menos uma relíquia de esperanças passadas e agora frustradas, ou uma planta baixa dispensada por consentimento popular, considerada algo antiquado. Pode-se ver como são atuais e vivos seus princípios de sustentação, e como são fortes suas chances de inflamar a imaginação humana e a inspiração para agir, nos recentes triunfos de Estados sociais emergentes ou ressuscitados na Venezuela, na Bolívia, no Brasil e no Chile, que estão gradual, mas infatigavelmente, transformando a paisagem política e o estado de espírito popular daquela parcela do hemisfério ocidental, e carregando todas as marcas daquele "gancho de esquerda" com que (como mostrou Walter Benjamin) todos os golpes decisivos tendem a ser desferidos na história humana. Por mais duro que seja admitir essa verdade no fluxo cotidiano das rotinas consumistas, esta é a verdade.

Para evitar mal-entendidos, deixemos claro que o Estado social na sociedade de consumo não é nem planejado nem posto em prática como uma alternativa ao princípio de liberdade do consumidor – assim como ele não tencionava ser, nem atuou como, uma alternativa para a ética do trabalho na sociedade de produtores. Os países com princípios e instituições de Estado social firmemente estabelecidos na sociedade de consumidores também têm níveis altíssimos de consumo; da mesma maneira, aqueles com princípios e instituições de Estado social firmemente estabelecidos nas sociedades de produtores eram países de indústria próspera.

O propósito do Estado social na sociedade de consumidores, assim como na sociedade de produtores, é defender a sociedade contra o "dano colateral" que o princípio guia da vida causaria caso não fosse monitorado, controlado e constrangido. Esse Estado foi indicado para proteger a sociedade da multiplicação de fileiras de "vítimas colaterais" do consumismo – os excluídos, os desterrados, as subclasses. Sua tarefa é resguardar a solidariedade humana da erosão e proteger o sentimento de responsabilidade ético do desvanecimento.

· 4 ·

Vida apressada, ou desafios líquidos modernos para a educação

Um guia de moda influente e muito lido oferece para a temporada outono-inverno de 2005 "meia dúzia de looks fundamentais" "para os próximos meses", "que colocam qualquer um à frente do júri do estilo". Essa promessa é apropriada e habilmente calculada para conquistar nossa atenção: com uma frase breve, decidida, é possível atingir todas as ansiedades e os ímpetos criados pela sociedade de consumidores e nascidos da vida de consumo.

Em primeiro lugar, a promessa quer dizer estar e ficar à frente (do "júri do estilo", ou seja, dos "outros significativos", os outros que contam, e cuja aprovação ou rejeição traça a linha entre sucesso e fracasso).[1] *Estar* à frente é a única receita confiável para a aceitação do júri do estilo, enquanto *ficar* à frente é o único modo de ter certeza de que a provisão de respeito é confortavelmente ampla e contínua. Aquela oferta, então, promete uma garantia de segurança que repousa na autoconfiança, uma garantia de certeza ou quase certeza de que se "está do lado certo" – o tipo de sensação que a vida de consumo evidente e dolorosamente não consegue obter, apesar de ser guiada pelo desejo de fazê-lo. A referência a estar e ficar à frente desse júri do estilo promete pertencimento – promete que se será aprovado e incluído. "À frente" sugere a segurança de não cair pelo tombadilho, evitando-se exclusão, abandono, solidão.

Em segundo lugar, a promessa vem com prazo de validade: é-se advertido de que ela se sustenta apenas "pelos próximos meses". A mensagem latente é: "Apresse-se; não há tempo a perder." Também há uma suposição de importância ainda maior: seja qual for o ganho por responder prontamente ao chamado, ele não durará para sempre. Qualquer que seja a apólice para uma navegação segura que se adquira, ela precisará ser *renovada* à medida que se passarem os "meses seguintes". Assim, fique atento. Como Milan Kundera observou no romance *A lentidão*, há um laço entre a aceleração e o esquecer: "O nível de velocidade é diretamente proporcional à intensidade do esquecimento." Por que isso? Porque "subir no palco significa manter outras pessoas fora dele", subir no palco formado pela atenção pública – a atenção dos componentes do público, marcados para serem reciclados na forma de consumidores – exige manter outros objetos passíveis de atenção fora dele. "Palcos", Kundera nos lembra, "estão iluminados apenas nos primeiríssimos minutos."

Em terceiro lugar, uma vez que os looks em oferta não são apenas um, mas "meia dúzia", a pessoa é livre (para *escolher* entre *estes* seis). Você pode ser exigente com seu look. Escolher um look não está em debate (o escolher em si e o assumir a responsabilidade pela escolha não podem ser evitados), nem as opções possíveis (não há nenhuma outra opção; todas as possibilidades já foram descobertas e pré-selecionadas). Mas não importam a pressão de tempo, a necessidade de bajular o júri do estilo e o limitado número de escolhas possíveis (apenas meia dúzia). O que faz diferença é que *agora você é o responsável*. É preciso assumir a responsabilidade: a escolha é sua, mas fazer escolhas é obrigatório, e os limites do que é permitido escolher não são negociáveis.

As três mensagens juntas prenunciam um estado de emergência. Para falar a verdade, a emergência em si não é nada de novo (novidade é que, para tranquilizar os ansiosos, agregam-se garantias de que a vigilância, a constante prontidão para ir aonde se deve ir, o dinheiro gasto e os trabalhos feitos sejam corretos e apropriados). Sinais de alerta (laranja? vermelho?) são ativados e anunciam que novos começos cheios de promessas estão ali adiante, com novos riscos cheios de ameaças. A questão é, agora como antes, jamais perder o momento de agir para não cair para trás – sobretudo, não diante do júri de estilo. E que a entrada em ação confiando-se em implementos e rotinas que operavam no passado já não funcionará. A vida de consumo é uma vida de *aprendizado rápido... e imediato esquecimento.*

Esquecer é tão importante quanto aprender, quando não mais. Há um "não deve" para cada "tem que"; qual dos dois revela o verdadeiro objetivo da eletrizante marcha de renovação/remoção, qual dos dois não passa de uma medida auxiliar para garantir que o objetivo seja atingido, estas são questões no mínimo controversas. O tipo de informação e instrução capaz de brotar de maneira mais profusa desse guia de moda e das avaliações de outros assemelhados é algo como "o destino certo para *este outono* são os anos 1960 da Carnaby Street", ou "a tendência atual para o gótico é perfeita para *este mês*". Este outono, claro, não é o verão passado, e *este* mês não é como os meses *passados*, de modo que o que era perfeito mês passado já não é este mês, assim como o destino certo do último verão não é mais certo para este.

"Escarpins?" "É hora de guardá-los." "Alcinhas?" "Não há lugar para elas nesta estação." "Esferográficas?" "O mundo é um lugar melhor sem elas." O clamor para "abrir o estojo de maquiagem e dar uma olhada dentro" pode ser acompanhado por uma exortação do tipo "*A próxima estação* é das cores vivas", seguida de perto pela advertência de que "o bege e seus tons seguros e tediosos já eram... Jogue-os fora". Obviamente, o "tedioso bege" não pode ser passado no rosto com "cores profundamente vivas", e uma das duas paletas precisa ser abandonada.

O que quer dizer tudo isso? É preciso "jogar no lixo" o bege a fim de preparar o rosto para receber cores profundamente vivas, ou as cores fortes estão invadindo as prateleiras dos supermercados e os balcões de cosmética para se ter certeza de que a carga de produtos bege não usados realmente sejam jogados fora? Os milhões que jogam fora o bege e abastecem a bolsa de cores vivas provavelmente diriam que o tom relegado ao monte de lixo é um triste efeito colateral ou uma "vítima colateral" do progresso da maquiagem. Mas alguns dos milhares que reabastecem as gôndolas do supermercado poderiam admitir, em algum momento de sinceridade, que a inundação das prateleiras com cores muito vivas foi incitada pela necessidade de encurtar a vida útil do bege, e com isso manter a economia em marcha. Ambas as explicações estarão corretas.

O PNB (Produto Nacional Bruto) não é justamente o índice oficial do bem-estar do país, medido pela quantidade de dinheiro que troca de mãos? O crescimento econômico não é impelido pela energia e a atividade dos *consumidores*? Um "consumidor tradicional", aquele que faz compras apenas para satisfazer suas "necessidades" e cessa de consumir quando elas estão satisfeitas, não é o maior perigo para o mercado de consumo? Não é o incremento de *demanda*, e não a satisfação de necessidades, o propósito primeiro e o parâmetro da prosperidade consumista? Numa sociedade de consumidores e na era das políticas de vida que substituem a Política com *p* maiúsculo, o ciclo econômico mais verdadeiro, o único que mantém de fato a economia de pé, é o ciclo de "compre, use e jogue fora".

O fato de que duas respostas tão contraditórias como essas podem estar certas ao mesmo tempo é o maior feito da sociedade de consumidores e a chave de sua espantosa capacidade de se reproduzir e se ampliar.

Uma vida de consumo não consiste em adquirir e possuir. Nem mesmo tem a ver com se livrar do que foi comprado anteontem e exibido com orgulho um dia depois. Ela diz respeito, antes de mais nada, a *estar em movimento*. Se Max Weber tinha razão, e o princípio ético da vida produtora era (e é, sempre que uma vida deseje se tornar produtora) a postergação do prazer, da recompensa, o princípio ético da vida consumidora (se sua ética pudesse ser ainda que mínima e francamente articulada) consistiria na *falácia da satisfação*. A ameaça principal a uma sociedade que promete a "satisfação do cliente" como seu motivo e propósito é o consumidor satisfeito. Mas, para falar a verdade, o "consumidor satisfeito" seria uma catástrofe tão grave e horripilante para ele próprio quanto para a economia de consumo. Nada mais há a desejar? Nada atrás do que correr? Fica-se fadado ao que se tem (e, assim, ao que se é)? Nada mais compete por um lugar no teatro da atenção e, assim, nada há que empurre a memória para fora do palco, deixando-o limpo para "novos começos". Essa condição – espera-se, de curta duração – seria chamada de tédio. Os pesadelos que assombram o *Homo consumens* são as memórias que se mantêm por mais tempo que sua acolhida e que atravancam o palco.

Mais que a criação de *novas necessidades* (alguns as chamariam "necessidades artificiais", embora injustamente, uma vez que certo grau de artificialidade não é uma característica exclusiva das "novas" necessidades; conquanto usem as predisposições naturais como sua matéria-prima, todas as necessidades em qualquer sociedade, ganham forma por meio do "artifício" de padrões e pressões socioculturais), é o processo de depreciação, derrogação, ridicularização e enfeiamento das *necessidades de ontem* (a maquiagem bege, símbolo do arrojo da última estação, não apenas está fora de moda agora, é algo entediante e vergonhoso, covardemente acusado: "Isto não é maquiagem; é uma mantinha de bebê"); mais que isso, o descrédito da ideia de que a vida de consumo deveria ser guiada pela satisfação de necessidades, de que elas constituiriam a preocupação principal e, como diria Talcott Parsons, o "pré-requisito funcional" da sociedade de consumidores. Nessa sociedade, aqueles que se movem apenas pelo que acreditam precisar e que são ativados pelo desejo de satisfazer essas necessidades são *consumidores falhos* e, por isso, também *desterrados sociais*.

O segredo de todo sistema social durável – ou seja, bem-sucedido em sua autorreprodução – é a reformulação de "pré-requisitos funcionais" em motivações comportamentais para os atores. Em outras palavras: o segredo de toda "socialização" próspera é fazer os indivíduos *desejarem fazer* o que o sistema *precisa que eles façam* para que ele possa se reproduzir. Isso pode ocorrer de modo explícito – pela reunião de apoio popular em favor de e em referência direta a interesses declarados do "todo", como o Estado ou uma nação, por um processo denominado "mobilização espiritual", "educação cívica" ou "doutrinamento ideológico" –, como era comum na fase sólida da modernidade, na sociedade de produtores. Ou pode ser feito de maneira oblíqua, por imposição ostensiva ou dissimulada, ou pelo treinamento de padrões de comportamento apropriados. E também por meio de modelos de resolução de problemas que, uma vez observados (pois observados eles devem ser, graças ao retrocesso ou desaparecimento de escolhas alternativas e das habilidades necessárias para pô-las em prática), sustentam o sistema – como acontece na fase líquida, na sociedade dos consumidores.

O modo explícito típico da sociedade de produtores para atar pré-requisitos sistêmicos a motivações individuais exigia a desvalorização do "agora" – em particular da satisfação imediata e, de forma mais genérica, do regozijo (ou melhor, da desvalorização daquilo que os franceses determinam com o virtualmente intraduzível conceito de *jouissance*). Pelo mesmo motivo, esse modo também teve de entronizar o preceito da gratificação postergada – o sacrifício de recompensas específicas do presente em nome de benefícios futuros imprecisos, assim como o sacrifício de recompensas individuais em benefício do "todo" (seja este todo a sociedade, o Estado, a nação, a classe, o gênero ou simplesmente um "nós" deliberadamente não específico). Ela garantiria, no devido tempo, uma vida melhor para todos. Numa sociedade de produtores, o longo prazo ganha prioridade sobre o curto prazo, e as necessidades de todos suplantam as necessidades de suas partes – assim, as alegrias e satisfações derivadas de valores "eternos" e "supraindividuais" são consideradas superiores aos efêmeros arroubos individuais; e a felicidade de um maior número de pessoas é posta acima dos problemas de um número menor. Na verdade, elas são vistas como as únicas satisfações *genuínas e válidas* em meio à multiplicidade de "prazeres de momento" sedutores, mas falsos, enganosos, *inventados* e *degradantes*.

Como todo mundo fecha bem a porta depois do assalto, nós (homens e mulheres cujas vidas são conduzidas no cenário líquido moderno) tendemos a dispensar esse modo de encaixar a reprodução sistêmica e a motivação individual por considerá-lo esbanjador, caro demais e, acima de tudo, abominavelmente opressivo, porque vai contra a maré da proclividade e da propensão "naturais" humanas. Sigmund Freud foi um dos primeiros pensadores a notar isso. Apesar de reunir seus dados, como tinha que fazer, a partir de uma vida vivida na curva ascendente da sociedade industrial de massa e de recrutamento maciço, mesmo esse pensador imaginativo não foi capaz de conceber uma opção para a supressão coercitiva dos instintos.[2] Freud associou o estado genérico de características necessárias e inevitáveis de toda e qualquer civilização – da civilização "em si".

Freud concluiu que a demanda de renúncia aos instintos não seria adotada de boa vontade. A grande maioria dos homens, insistia ele, obedece a muitas das proibições (ou preceitos) culturais "apenas sob a pressão da coerção externa". E "é alarmante pensar na enorme quantidade de coerção que será exigida" para promover, instilar e tornar seguras as necessárias escolhas civilizadoras, como por exemplo a ética do trabalho (uma condenação por atacado em relação ao lazer, com o mandamento de trabalhar por trabalhar, quaisquer que sejam as recompensas materiais), ou a ética de coabitação pacífica prescrita pelo mandamento de "Ama teu próximo como a ti mesmo". ("Qual é o sentido de um preceito enunciado com tanta solenidade", Freud faz a pergunta retórica, "se seu cumprimento não pode ser recomendado como algo razoável?") O resto do argumento de Freud é conhecido demais para ser transcrito aqui em detalhes: a civilização deve ser sustentada pela repressão e repetidas rebeliões, assim como são inevitáveis os contínuos esforços para contê-las ou preveni-las. A dissensão e o motim não podem ser evitados, uma vez que toda civilização significa constrangimento, e todo constrangimento é repulsivo.

A substituição do poder do indivíduo pelo da comunidade constitui o passo decisivo da civilização. A essência disso repousa no fato de que os membros da comunidade cerceiam a si próprios em suas possibilidades de satisfação, considerando que o indivíduo não conheceu essa restrição.

Deixemos de lado o aviso de que "o indivíduo" que ainda não é "membro da comunidade" pode ser uma figura mais mítica que o selvagem pré-social do *bellum omnium contra omnes* de Hobbes, ou ser apenas um dispositivo retórico "em nome do argumento" (como o famoso "parricídio original" que brotaria no trabalho posterior de Freud). Seja qual for a razão pela qual é escolhida a forma particular da mensagem, seu conteúdo é pôr os interesses de um grupo supraindividual acima das inclinações e dos impulsos individuais. Situar os efeitos de longo prazo acima das satisfações imediatas, no caso da ética do trabalho, também é algo que muito improvavelmente obtém a boa vontade, o reconhecimento, o acolhimento e a obediência do *hoi polloi*; e que a civilização (ou, nesse sentido, a coabitação humana pacífica e cooperativa, com todos os seus benefícios) que mobiliza tais preceitos para legitimar suas demandas deve se apoiar na coerção, ou pelo menos numa ameaça real de que a coerção será aplicada se as restrições impostas sobre os desejos instintivos não forem meticulosamente observadas. A persistir a integração humana civilizada, o "princípio da realidade", por bem ou por mal, deve ter a garantia de uma mão melhor que a do "princípio do prazer".

Freud projeta essa conclusão sobre todos os tipos de integração humana (renomeados, retrospectivamente, de "civilizações") apresentando-a como uma lei universal da vida em sociedade. Mas qualquer que seja a resposta dada à pergunta de se a repressão de instintos é ou não verdadeiramente paralela à história da humanidade, pode-se sugerir, de forma plausível, que ela só poderia ter sido descoberta, nomeada, registrada e teorizada no alvorecer da Era Moderna; ou, indo direto ao ponto, apenas seguindo a desintegração do *Ancien Régime* que a precedeu de imediato, o que sustentou uma em geral monótona (na verdade, não problemática o bastante para permanecer despercebida e talvez imperceptível) reprodução dos direitos e deveres consuetudinários. Foi o fracasso dessa reprodução que desnudou o artifício feito pelo homem e que se esconde por trás da ideia de ordem "natural" ou "divina", e, dessa maneira, forçou a reclassificação daquela ordem, da categoria de "dado da realidade" à de "empreitada", re-representando a *lógica da criação divina* como uma *realização* da potência *humana*.[3]

O "poder da comunidade" não teve que *substituir* o "poder do indivíduo" para tornar viável a coabitação humana; o poder comunal estava lá muito tempo antes de sua necessidade (para não falar de sua urgência) ter sido descoberta. De fato, a ideia de que essa substituição era uma tarefa ainda a ser executada por um detentor de poder ou o outro, coletivo ou individual, dificilmente ocorreria ao indivíduo e à comunidade, se fosse esse o caso. A segunda, por assim dizer, tem o poder sobre o primeiro (um tipo de poder total, "que tudo inclui") enquanto isso *não for problemático*, e não uma empreitada (como todas as empreitadas) na qual se possa tanto ser bem-sucedido quanto falhar. Em resumo, a comunidade mantém os indivíduos em suas garras enquanto ela permanecer *despercebida* "como comunidade".

A conversão da subordinação dos poderes individuais aos de uma comunidade numa necessidade que espera ser satisfeita inverteu a lógica do desenvolvimento moderno. Ao mesmo tempo, no entanto, ao "naturalizar" o que era na realidade um processo histórico, isso gerou, numa tacada só, sua própria legitimação e o mito etiológico da coleção ancestral, pré-social, de indivíduos à deriva, solitários, que (era uma vez...) vieram a ser totalmente convertidos, por ação do esforço civilizador, numa comunidade que delega à autoridade a tarefa de aparar e reprimir essas predisposições individuais, uma vez que elas tenham sido reveladas e declaradas contrárias às exigências de coabitação segura.

A comunidade pode ser tão antiga quanto a humanidade, mas a ideia de "comunidade" como condição sine qua non para a humanidade só poderia nascer da experiência de sua crise. Essa ideia foi montada com os medos que emanam da desintegração da configuração social autorreprodutora chamada *Ancien Régime* e registrada no vocabulário das ciências sociais sob a rubrica "sociedade tradicional". O "processo civilizador" (o único processo a que se dá esse nome) *moderno* foi ativado pelo estado de incerteza para o qual o desmoronamento e a impotência da "comunidade" são uma das explicações sugeridas.

A "nação", essa novidade eminentemente moderna, foi visualizada à semelhança da comunidade: era para ela ser "como uma comunidade" ou uma "nova comunidade" – mas uma comunidade extrapolada, expandida e ampliada em proporções sem precedentes, feita na medida da rede recém-estendida de interdependências e trocas humanas. O que depois ganharia o nome de "processo civilizador" (no momento em que os desenvolvimentos aos quais esse nome se refere estavam em suspensão ou em aparente reversão!) era uma tentativa regular de remodelar e re-regularizar, por meios novos, buscados por novas estratégias, a conduta humana já não sujeita às pressões homogeneizadoras das instituições pré-modernas que se autorreproduziam.

De modo ostensivo, esse processo deu ênfase aos indivíduos: a nova capacidade de autocontrole do novo *indivíduo* autônomo assumiria o trabalho antes feito pelo controle *social*, já não mais disponível. Mas o que estava em jogo era a implementação da capacidade de autocontrole dos indivíduos no serviço de reordenar ou reconstituir a "comunidade" num nível novo, muito mais elevado.

Da mesma maneira que o fantasma do Império Romano perdido pairou sobre a formação da Europa feudal, o espectro da comunidade perdida flutuou sobre a constituição das nações modernas. A construção da nação foi realizada com o patriotismo, e induziu-se (ensinou-se/aprendeu-se) a disposição para o sacrifício de interesses individuais em favor dos compartilhados com outros indivíduos prontos a fazer o mesmo como sua matéria-prima principal. Ernest Renan resumiu essa estratégia: uma nação é o (ou, antes, só pode viver pelo) plebiscito diário de seus membros.

Ao se mostrar determinado a restaurar a historicidade ausente do modelo atemporal de civilização de Freud, Norbert Elias explicou o nascimento do eu (a consciência da "verdade interior" própria de cada pessoa, assim como a aceitação da responsabilidade de cada um em afirmá-la) moderno pela internalização de constrangimentos externos e suas pressões. O processo de construção da nação se inscreveu no espaço ampliado entre poderes pan-ópticos supraindividuais e a capacidade de o indivíduo acomodar a si próprio às necessidades estabelecidas por esses poderes. A recém-adquirida *liberdade de escolha* individual (incluindo a escolha da autoidentidade) que resulta da subdeterminação sem precedentes do posicionamento social ocasionado pela morte ou pela avançada deterioração dos laços tradicionais seria mobilizada, de modo paradoxal, a serviço da *supressão de escolhas* julgadas prejudiciais à "nova totalidade": o Estado-nação criado nos moldes da comunidade.

Quaisquer que fossem seus méritos pragmáticos, o modo pan-óptico – estilo "disciplina, punição e domínio" – de consumar as necessárias/planejadas manipulação e rotinização das possibilidades comportamentais era algo embaraçoso, aflitivo e cheio de conflitos. Também era inconveniente, e sem dúvida não se tratava da melhor escolha para os detentores de poder, uma vez que impunha constrangimentos severos e inegociáveis às liberdades de ação desses detentores de poder; como transpareceria mais tarde, seria possível inventar estratégias alternativas e menos desajeitadas, por meio das quais a estabilidade sistêmica, mais bem conhecida pelo nome de "ordem social", poderia ser alcançada e se tornar segura.

Como haviam identificado a "civilização" como detentora de um sistema centralizado de coerção e doutrinamento (depois reduzido, sob a influência de Michel Foucault, a seu braço coercitivo), os cientistas sociais ficaram com pouca escolha para descrever o advento da "condição pós-moderna" (que coincidiu com o entrincheiramento da sociedade de consumidores) como um produto do "processo descivilizador". O que na realidade ocorreu foi a descoberta, invenção ou surgimento de um método *alternativo* de civilizar (um método menos embaraçoso, menos oneroso e relativamente menos conflitivo; porém, acima de tudo, que oferecia mais liberdade e, com isso, mais poder para seus detentores) – um modo alternativo de manipular as possibilidades de comportamento necessário para sustentar o sistema de dominação representado como ordem social. Outra variedade do processo civilizador, uma forma alternativa e aparentemente mais conveniente, segundo a qual a tarefa a ser cumprida por esse processo pudesse ser perseguida, foi encontrada e estabelecida.

Essa nova variedade de processo civilizador, posta em prática pela sociedade líquida moderna de consumidores, desperta pouquíssima dissensão, resistência ou rebelião, uma vez que apresenta a *obrigação* de escolher como *liberdade* de escolha; justamente por isso, ela anula a oposição entre os princípios "do prazer" e "da realidade". A submissão a severas demandas da realidade pode ser experimentada como um exercício de liberdade, como um ato de autoafirmação. A força punitiva, caso aplicada, raramente é desnudada; em vez disso, vem disfarçada como resultado de um passo em falso ou uma oportunidade perdida (negligenciada); longe de lançar luz sobre os limites da liberdade individual, esconde-os com mais firmeza, ao entrincheirar obliquamente a escolha individual em seu papel de principal e talvez até a única "diferença que faz a diferença" entre vitória e derrota na busca individual de felicidade.

A "totalidade" à qual o indivíduo deveria se manter leal e obediente já não ingressa na vida individual sob a forma de sacrifício obrigatório (nos moldes de um recrutamento universal, de um dever de submeter os interesses individuais, incluindo a própria sobrevivência, à sobrevivência e ao bem-estar de um "todo", à causa do país e da nação), mas de festivais de integração comunal e pertencimento muito alegres e divertidos, prazerosos e atraentes, realizados por ocasião de uma Copa do Mundo de futebol ou de uma situação de torcida.* Render-se à "totalidade"

---

* No original, *cricket test*, literalmente "teste do críquete", expressão que originalmente, nos anos 1990, se referia à ideia de que imigrantes não passariam em

não é mais um dever abraçado com relutância, desconfortável, embaraçoso e muitas vezes oneroso, mas uma forma de entretenimento buscada com avidez e agradável.

O Carnaval, como Mikhail Bakhtin sugeriu de forma memorável, tende a ser uma interrupção na rotina diária, um breve e revigorante intervalo entre sucessivos capítulos de um aborrecido cotidiano, uma pausa na qual a hierarquia secular de valores é invertida temporariamente; a maioria dos aspectos mais atordoantes da realidade é suspensa por um breve período; e os tipos de conduta considerados vergonhosos e proibidos na vida "normal" são praticados e brandidos ao ar livre, com demonstrações de deleite.

Se durante os Carnavais antigos as liberdades individuais negadas na vida cotidiana eram postas, de forma desavergonhada, em exibição pública e desfrutadas com êxtase, hoje vivemos num tempo de protelar os fardos e suprimir as angústias da individualidade pela dissolução de si mesmo num "todo maior", de se abandonar com alegria a seu domínio e ao mesmo tempo submergir na maré de uma uniformidade indiferenciada. A função (e o poder sedutor) do Carnaval líquido moderno repousa na ressuscitação momentânea da integração posta em coma por afogamento. Esses Carnavais são parentes das "danças da chuva" e das sessões nas quais as pessoas se dão as mãos e invocam o espírito da comunidade morta. Uma parte nada insignificante de seu charme é a consciência de que o fantasma fará uma visita apenas passageira e irá embora depressa, sairá de vista uma vez que a sessão esteja encerrada.

Tudo isso não significa que a conduta "normal", de dia útil, dos indivíduos tenha se tornado aleatória, irregular e descoordenada. Só quer dizer que a não aleatoriedade, a regularidade e a coordenação das ações individualmente empreendidas podem

---

testes de fidelidade nacional ou mesmo de fidelidade a um time. A origem estaria em uma declaração racista de um político conservador. Mais recentemente, no entanto, o termo foi incorporado ao senso comum como gíria, referindo-se, de modo metafórico, a qualquer atitude que mostre pertencimento a uma torcida. (N.T.)

ser (e em geral são) atingidas por meios diferentes das engenhocas sólidas modernas, como coerção, policiamento e cadeia de comando, de uma totalidade que reivindica ser "maior que a soma de suas partes" e está voltada para treinar ou educar suas "unidades humanas" na disciplina.

A economia consumista vive da rotatividade de mercadorias, e sua fase de ouro é quando mais dinheiro muda de mãos. E o dinheiro muda mãos sempre que produtos de consumo são lançados ao lixo como entulho. Por conseguinte, numa sociedade de consumidores, a busca da felicidade tende a ser redirecionada do *fazer* coisas ou *adquirir* coisas para *descartar* coisas – como deve ocorrer quando se quer que o Produto Nacional Bruto se mantenha em crescimento. Para a economia consumista, o primeiro e agora abandonado foco de consumo (o apelo às necessidades) pressagia uma calamidade: a suspensão das compras. O segundo (o apelo à eternamente ilusória felicidade) é um bom augúrio: prenuncia um novo círculo de compras.

Grandes empresas especializadas em vender "bens duráveis" aceitaram isso. Hoje, poucas vezes elas cobram de seus clientes a *entrega* – com muito maior frequência exigem pagamento pelo *descarte* dos "bens duráveis" velhos dos clientes, convertidos, pelos bens duráveis novos e aprimorados, de fontes de alegria e orgulho, numa visão desagradável, um borrão na paisagem doméstica e, em todas as dimensões, um estigma de vergonha. É livrar-se desses fardos o que promete fazer feliz; e a felicidade precisa ser paga. Pense em descartar os resíduos em trânsito do Reino Unido, cujo volume, como informa Lucy Siegle, muito em breve passará de 1,5 milhão de toneladas.[4]

As grandes empresas especializadas em vender "serviços pessoais" com ênfase no corpo do cliente já seguiram o exemplo. Isso que elas anunciam mais avidamente e vendem com os maiores ganhos financeiros são os serviços de excisão, remoção e descarte: gordura do corpo, rugas da face, acne, odores corporais, depressão pós-isso ou pós-aquilo, montes de fluidos misteriosos e ainda inominados, sobras indigestas de banquetes passados que assentam ilegitimamente no interior do corpo e só o deixam à força, e tudo o mais que possa ser separado ou espremido fora e descartado.

No que diz respeito a grandes empresas especializadas em reunir as pessoas, como o serviço de encontros por internet da AOL, elas tendem a dar ênfase à facilidade com que os clientes que usam seus serviços podem se livrar de companhias indesejadas ou barrar uma companhia difícil de descartar. Ao oferecer sua assistência como intermediárias, elas garantem que a experiência de encontros on-line seja "segura" – enquanto adverte que, "se você se sentir incomodado com um dos integrantes, pare de contatá-lo. Você pode bloqueá-lo, de modo que não receberá mais mensagens indesejadas". A AOL oferece uma longa lista de "preparativos para um encontro off-line seguro".

Esses atrativos e promessas estão claramente afinados com o espírito de nosso tempo: como descobriu Helen Haste, professora de psicologia na Universidade de Bath, um terço dos rapazes interrogados numa pesquisa e quase um quarto das moças nada veem de errado em terminar uma relação com uma mensagem de texto de telefone celular.[5] Essa soma, como se poderia supor, estava fadada a crescer mais ainda desde então: o número de mensagens de texto de celular que tornaram redundantes as embaraçosas negociações cara a cara dispararam no Reino Unido de zero para 2,25 milhões por mês numa questão de cinco anos. Cada vez mais mensagens de texto são reconhecidas como o modo mais conveniente de prevenir o trabalho e a agonia de um rompimento que se torna ácido, muito assoberbante e trabalhoso.

Parece ser apenas um pequeno passo para um homem, mas um grande salto para a humanidade, que o conduz do aqui e agora ao qual a cultura apressada, emergencial, da sociedade consumista já nos trouxe rumo à exportação de refugos *humanos* (ou, por assim dizer, dos "homens refugados"), o transporte dos indesejáveis – os homens acusados da culpa ou do crime de serem indesejáveis – para lugares distantes, onde eles podem ser torturados com segurança até confessarem que são de fato culpados.[6]

Num livro com um título que fala por si mesmo, Thomas Hylland Eriksen identifica a "tirania do momento" como a característica mais evidente da sociedade contemporânea e talvez sua mais seminal novidade: "As consequências da pressa extrema são esmagadoras: tanto o passado quanto o futuro como categorias mentais estão ameaçados pela tirania do momento. ... Até mesmo o 'aqui e agora' está ameaçado, uma vez que o próximo instante chega tão depressa que fica difícil viver no presente."[7]

Este é realmente um paradoxo e uma fonte inesgotável de tensão: quanto mais volumoso e espaçoso se torna o momento, menor (mais breve) ele é; à medida que seus conteúdos potenciais sofrem de inchação, suas dimensões encolhem. "Há indicações fortes de que estamos a ponto de criar um tipo de sociedade na qual fica quase impossível fazer uma reflexão que tenha mais que um par de polegadas."[8] Mas, ao contrário das esperanças populares incentivadas pelas promessas do mercado consumidor, mudar a identidade de alguém, caso fosse plausível, exigiria muito mais que isso.

Quando submetido ao tratamento de "pontuação", o momento é interrompido em ambos os lados. Suas interfaces tanto com o passado quanto com o futuro se tornam lacunas (espera-se que) intransponíveis. De modo irônico, na era das conexões instantâneas e facilitadas, e da promessa de ficar sempre "em contato", a comunicação entre a experiência do momento e o que quer que possa precedê-la ou segui-la precisa estar permanente e irreparavelmente (espera-se) rompida. A lacuna para trás deve cuidar para que nunca se permita ao passado alcançar o self atual. Já a lacuna à frente representa uma condição de se viver o momento ao máximo, a abandonar-se total e abertamente a seus (passageiros) charme e poder sedutor – algo que não seria factível fossem os momentos atualmente vividos contaminados com a preocupação de hipotecar o futuro.

Em termos ideais, cada momento seria moldado a partir do padrão de uso do cartão de crédito, um ato radicalmente despersonalizado: na ausência de relações face a face, é mais fácil esquecer ou nunca chegar a pensar nos dissabores do pagamento. Não surpreende que os bancos, ansiosos por manter o dinheiro em movimento e, com isso, ganhando ainda mais dinheiro do que ganhariam quando inativos, prefiram que seus clientes manejem os cartões de crédito do que visitem os gerentes nas agências.

Seguindo a terminologia de Bertman, Elzbieta Tarkowska, a mais famosa das cronossociólogas, desenvolve o conceito de "humano sincrônico", que "vive apenas no presente", "não presta atenção alguma à experiência passada ou às consequências futuras de suas ações" – uma estratégia que "se traduz em ausência de laços com os outros". "A cultura presentista ... premia a velocidade e a efetividade, enquanto desfavorece a paciência e a perseverança."[9]

Podemos somar a isso o fato de que são essa fragilidade e o caráter facilmente descartável das identidades individuais e dos laços inter-humanos que estão representados na cultura contemporânea como a substância da liberdade individual. Uma escolha que essa liberdade não reconheceria, concederia nem permitiria é a resolução (ou a habilidade) de perseverar na fidelidade à identidade, uma vez que ela fosse construída – ou seja, no tipo de atividade que presume (e necessariamente obriga à) a preservação e a segurança da rede social na qual repousa essa identidade, ao mesmo tempo que a reproduz de forma ativa.

Para servir a esses novos desejos, necessidades, compulsões e vícios, assim como para servir a novos mecanismos de motivação, orientação e monitoramento da conduta humana, a economia consumista deve contar com o *excesso* e o *descarte*.

A velocidade com a qual a cavalgada das inovações sai em disparada a fim de exceder qualquer objetivo feito à medida da demanda já registrada deve ser alucinante a ponto de lançar a perspectiva de domesticação e assimilação das novidades bem além da capacidade humana normal. Na economia consumista, em geral, os produtos surgem, e só então se buscam aplicações para eles; muitos viajam para o depósito de lixo sem encontrar qualquer utilidade. Mas até os poucos produtos afortunados que conseguem encontrar ou invocar uma necessidade, um desejo ou um anseio para os quais eles poderiam se mostrar (ou se tornar) pertinentes tendem a sucumbir à pressão de produtos "novos e melhorados" (que prometem fazer tudo que eles já podiam fazer, mas de forma mais rápida e eficiente, com a vantagem extra de realizar algumas coisas de que nenhum consumidor pensasse em precisar e pelas quais pagar) muito antes de suas capacidades operacionais alcançarem o ponto de esgotamento predeterminado. Como observa Eriksen, a maioria dos aspectos da vida e dos dispositivos que servem a ela aumenta de quantidade em *taxa exponencial* – considerando que em cada caso de crescimento exponencial deve-se alcançar um ponto no qual a oferta exceda a capacidade da demanda genuína ou inventada; muitas vezes esse ponto é atingido antes de outro, mais dramático, o ponto do limite natural a ser suprido.

Essas tendências patológicas (e desperdiçadoras) de qualquer uma e toda produção exponencialmente crescente de bens e serviços poderiam ser percebidas a tempo e reconhecidas pelo que são; poderiam mesmo ser capazes de inspirar medidas corretivas ou preventivas – quando não para um processo exponencial mais específico (e de muitas formas) que resulte em *excesso de informação*. Como mostra Ignacio Ramonet, nos últimos trinta anos, mais informação foi produzida no mundo que durante os cinco mil anos anteriores, e "uma única cópia da edição de domingo do *New York Times* contém mais informação do que uma pessoa bem-educada do século XVIII consumiria em toda a sua vida".[10] Pode-se captar como é difícil, se não impossível, de absorver e assimilar – e como é endemicamente produtor de excedente e, portanto, de refugo – esse volume de informações na observação de Eriksen, de que "mais da metade de todos os artigos publicados em revistas acadêmicas de ciências sociais jamais é citada"; e muitos artigos nunca são lidos, salvo pelos "pareceristas independentes anônimos" e pelos editores de texto.[11] Qualquer um pode supor como é pequena a fração de seu conteúdo que consegue ser bem-sucedida no discurso das ciências sociais.

"Há informação demais por aí", conclui Eriksen. "Uma habilidade crucial na sociedade da informação consiste em proteger-se contra os 99,99% da informação oferecida que não se deseja."[12] Podemos dizer que a linha que diferencia uma mensagem significante (o notório objeto da comunicação) do ruído de fundo, seu reconhecido adversário e obstáculo, quase desapareceu. Na violenta concorrência por este que é o mais escasso dos recursos escassos – a atenção dos consumidores potenciais –, os provedores de bens de consumo potenciais buscam desesperadamente os bocados de tempo dos consumidores que ainda permanecem não cultivados, os mais diminutos intervalos entre momentos de consumo que ainda possam ser preenchidos com mais informação – na (vã) esperança de que alguma parcela dos internautas na extremidade receptora do canal de comunicação, no curso de sua busca desesperada pelos bits de informação de que precisam, se encontre por acaso com os bits de que não precisam, mas que os *fornecedores* desejam que absorvam; e de que ficará impressionada o bastante para parar ou reduzir a velocidade a fim de absorver esses bits em vez daqueles que havia buscado originalmente.

Recolher fragmentos de ruído e moldá-los, misturando-os e convertendo-os em mensagens significantes, é em geral um processo aleatório. As "megacampanhas", esses produtos da indústria de relações públicas projetados para separar "desejáveis objetos de atenção" de improdutivos (leia-se, não rentáveis) ruídos (anúncios de página inteira proclamando a estreia de um filme, o lançamento de um livro, a transmissão de um programa de TV muito cobiçado pelos anunciantes, ou a abertura de uma nova exposição), servem para desviar por um momento e canalizar numa direção escolhida pelos promotores a contínua e desesperada (embora ainda errante e dispersa) busca de "filtros"; e para direcionar a atenção, por alguns minutos ou alguns dias, para um selecionado objeto de desejo de consumo.

No entanto, esses momentos são poucos em comparação com o número de competidores que, com toda a probabilidade, também se multiplicam a uma taxa exponencial. Portanto, o fenômeno do "empilhamento vertical" – noção cunhada por Bill Martin para explicar a inacreditável acumulação de estilos musicais –, como intervalos e parcelas de terra em pousio, esteve ou está à beira de ser preenchido e transbordado pela maré sempre ascendente de produtos, enquanto os promotores batalham febrilmente para ampliá-los além da capacidade.[13] Imagens como "tempo linear" e "progresso" figuraram entre as vítimas mais preeminentes da inundação informacional.

No caso da música popular, todos os estilos retrô imagináveis, mais todas as formas concebíveis de reciclagem e plágio que contam no curto intervalo da memória pública para serem mascaradas como as últimas novidades, encontram-se aglomerados no limitado intervalo da atenção dos fãs de música. Esse caso é apenas a manifestação de uma tendência quase universal que afeta em igual medida todas as áreas da vida atendidas pela indústria de consumo. Para citar Eriksen mais uma vez:

> Em vez de encomendar o conhecimento em filas organizadas, a sociedade da informação oferece cascatas de signos descontextualizados, conectados um ao outro de forma mais ou menos aleatória. ... Ou, dito de outro modo: quando quantidades crescentes de informação são distribuídas em velocidade crescente, torna-se cada vez mais difícil criar narrativas, ordens, sequências de desenvolvimento. Os fragmentos ameaçam se tornar hegemônicos. Isso tem consequências para a maneira como nos relacionamos com o conhecimento, o trabalho e o estilo de vida em sentido amplo.[14]

A tendência a se assumir uma "atitude blasé" em relação a "conhecimento, trabalho e estilo de vida" (na verdade, à vida em si e tudo que ela contém) foi notada, com espantosa antecipação, por Georg Simmel, no começo do último século, vindo à tona, em primeiro lugar, entre os residentes da "metrópole" – a moderna cidade grande e cheia de gente:

> A essência da atitude blasé consiste no abrandamento da discriminação. Isso não quer dizer que os objetos não são percebidos,

como acontece com os deficientes mentais, mas que o significado e os valores diferenciais das coisas, e com isso as próprias coisas, são experimentados como destituídos de substância. Elas aparecem para a pessoa blasé num tom uniformemente plano e fosco; objeto algum merece preferência sobre o outro. ... Todas as coisas flutuam com gravidade específica igual no curso sempre móvel do dinheiro.[15]

Algo como uma versão completamente desenvolvida da tendência que Simmel observou e descreveu, como se diz, *avant la lettre* – um fenômeno cada vez mais notável e impressionantemente semelhante àquilo que foi descoberto e dissecado por Simmel e que ele chamou de "atitude blasé" –, é hoje discutido com um nome diferente: melancolia. Autores que usam esse termo tendem a passar por cima do presságio e do augúrio de Simmel, e recuam ainda mais, até o ponto em que os antigos, como Aristóteles, o abandonam, e os pensadores do Renascimento, como Ficino e Milton, o redescobrem e reexaminam. Na abordagem de Rolland Munro, o conceito de melancolia em seu uso atual "não representa tanto um estado de indecisão, uma indecisão na escolha entre seguir de uma maneira ou de outra, um afastamento em relação a essa própria divisão"; ele significa, em vez disso, um "desentrelaçamento" do "estar ligado a qualquer coisa específica". Ser melancólico é "perceber a infinidade de conexões, mas não estar ligado a nada".

Em resumo, a melancolia diz respeito a "uma forma sem conteúdo, uma recusa de conhecer apenas *isto* ou apenas *aquilo*".[16] Eu sugeriria que a ideia de "melancolia" se refere em última instância à aflição genérica do consumidor, o *Homo eligens* (o homem que escolhe), por comando da sociedade de consumo, resultante da fatal coincidência do vício/compulsão de escolher com a inabilidade para a escolha. Para citar Simmel, isso representa a transitoriedade intrínseca e a insubstancialidade forjada de coisas que surfam com a mesma gravidade específica numa maré de estímulos; insubstancialidade que redunda num comportamento de consumidor semelhante a uma glutonia – essa forma radicalíssima, suprema, de cobrir apostas e uma estratégia de vida de último recurso, considerando a "pontilhização" do tempo e a indisponibilidade dos critérios que permitiriam aos consumidores separar o relevante do irrelevante e a mensagem do ruído.

Os seres humanos, a qualquer momento, irão preferir a felicidade à infelicidade – esta é uma observação banal, ou, mais corretamente, um pleonasmo, uma vez que o conceito de "felicidade", na maior parte dos usos comuns do termo, refere-se aos estados ou eventos que os homens desejam, ao passo que a "infelicidade" está associada aos estados ou eventos que eles desejam evitar; de modo que tanto "felicidade" quanto "infelicidade" dizem respeito à distância entre a realidade como ela é e como se deseja que ela seja. Por isso, todas as tentativas de comparar graus de felicidade experimentados por pessoas que vivem formas de vida separadas espacial ou temporalmente representam esforços inúteis.

Se as pessoas do povo A passam a vida num cenário sociocultural diferente da do povo B, torna-se vão dizer qual deles foi "mais feliz"; como o sentimento de felicidade ou sua ausência dependem de esperanças e expectativas, assim como dos hábitos aprendidos, reconhecidamente diversos em diferentes cenários, o que é carne para as pessoas de A pode bem ser veneno para as de B; se forem transportadas para condições sabidamente próprias para tornar as de A felizes, as pessoas de B podem se sentir desgraçadas, e vice-versa. Como sabemos por Freud, o fim de uma dor de dente nos torna felizes, mas dentes sem dor dificilmente o fazem. O melhor que podemos esperar de comparações que ignoram o fator da experiência não partilhada é informação sobre a tendência temporal ou espacial a reclamar ou sobre a tolerância ao sofrimento.

Por essas razões, a pergunta de se a revolução consumista líquida moderna tornou as pessoas mais felizes ou menos felizes do que, digamos, aquelas que passaram a vida na sociedade sólida moderna de produtores, ou mesmo na era pré-moderna, é tão discutível quanto pode ser qualquer pergunta; é provável que permaneça discutível para sempre. Seja qual for a avaliação, ela faz sentido e soa convincente apenas no contexto de preferências específicas para os avaliadores, uma vez que os registros de bênçãos e maldições devem ser compostos de acordo com as noções de alegria e desgraça dominantes quando a avaliação for levada a cabo.

Relações entre duas populações comparadas são dupla e desesperadamente assimétricas. Os avaliadores jamais viveram ou *viveriam* (por oposição a fazer uma visita breve, mantendo o status especial de visitantes/turistas pela duração da viagem) sob as mesmas condições normais dos avaliados, ao passo que estes nunca teriam uma chance de reagir à avaliação; mesmo que tivessem essa oportunidade (póstuma), não poderiam apresentar uma opinião sobre as virtudes relativas de um cenário absolutamente não familiar com o qual jamais tiveram uma experiência primária.

Assim, como os julgamentos apresentados sobre as (frequentes) vantagens ou (pouco frequentes) desvantagens relativas da capacidade de gerar felicidade da sociedade de consumidores são destituídos de valor cognitivo (exceto pela inspiração que oferecem aos valores confessos ou implícitos de seus próprios autores), um bom conselho é dar ênfase aos dados que possam esclarecer a habilidade daquela sociedade para satisfazer as próprias promessas; em outras palavras, avaliar seu desempenho nos valores que eles próprios promovem enquanto prometem facilitar o esforço de sua aquisição.

O valor mais característico da sociedade de consumidores, de fato seu metavalor, o valor supremo em relação ao qual todos os outros são levados a justificar seus próprios valores, é a *vida feliz*. Nossa sociedade de consumidores talvez seja a única na história humana a prometer felicidade na *vida terrena, aqui e agora*, em cada um e todos os "agora" – uma felicidade não postergada e sempre contínua; é a única que se abstém de justificar qualquer variedade de *in*felicidade, que se recusa a tolerá-la e a apresenta como uma abominação a exigir castigo para seus culpados e compensação para as vítimas.

A pergunta "Você é feliz?", dirigida a membros da sociedade líquida moderna de consumidores, tem, então, status dificilmente comparável ao da mesma pergunta dirigida a integrantes de sociedades que não fizeram as mesmas promessas e não assumiram os mesmos compromissos. Mais que qualquer outra sociedade, a de consumidores ergue-se e cai pela felicidade de seus membros. As respostas que eles dão à pergunta "Você é feliz?" podem ser vistas como o derradeiro teste do sucesso e do fracasso da sociedade de consumo.

Até agora, as respostas são absolutamente previsíveis – e o veredicto que elas insinuam não é nada lisonjeiro. Isso é verdade em dois sentidos.

O primeiro: como sugere a evidência colhida por Richard Layard em seu livro sobre a felicidade, cabe apenas a certo limiar (coincidente com o objetivo de prover as necessidades "essenciais" ou "naturais", "necessidades de sobrevivência"; justamente os motivos para consumo que a sociedade de consumidores desvalorizou como fonte de demanda e aos quais ela declarou guerra, objetivando substituir desejos e anseios impulsivos por necessidades) estabelecer que a sensação de estar feliz cresce com os incrementos de renda (e com as intensificações do alvoroço consumista). Acima desse limiar bastante modesto, desaparece a correlação entre riqueza (e, presumivelmente, nível de consumo) e felicidade. Mais renda não aumenta a felicidade. O que esses resultados indicam é que, ao contrário do que indica seu *plaidoyer* oficial e com frequência reapresentado, "o consumo pelo consumo", o consumo como uma atividade autotélica e fonte de felicidade em si ("o moinho hedonista", na terminologia de Layard), não é bem-sucedido em ampliar a soma total de satisfação entre seus praticantes. A capacidade de ampliação de felicidade do consumo é bastante limitada; não pode ser ampliada para além do nível de satisfação das "necessidades básicas", tal como definido por Abraham Maslow.

O segundo: não há evidência alguma de que, com o crescimento global do volume de consumo, cresça o número de pessoas que declaram "se sentir felizes". Andrew Oswald, do *Finan-*

cial Times, sugere que é mais provável registrar-se a tendência oposta.[17] Sua conclusão é de que os países altamente desenvolvidos, ricos, com economias orientadas para o consumo, não ficaram mais felizes à medida que enriqueceram e que as preocupações e atividades consumistas se tornaram mais volumosas. Ao mesmo tempo, também pode-se observar que fenômenos negativos, causas de mal-estar e infelicidade, como estresse ou depressão, jornadas de trabalho longas e antissociais, relações em deterioração, falta de confiança e uma incerteza de deixar os nervos em frangalhos sobre "estar correto" e seguro, tendem a aumentar tanto na frequência quanto no volume global.

A argumentação para o aumento do consumo, em sua reivindicação de reconhecimento como estrada real rumo à maior felicidade do maior número de pessoas, não foi provada, muito menos encerrada: ela permanece em aberto. À medida que têm lugar deliberações sobre os fatos da questão, as evidências em favor do querelante tornam-se mais débeis e dúbias. No curso do julgamento, dúvidas ainda mais sérias foram suscitadas: não é que, em vez disso, em oposição ao argumento do demandante, uma economia orientada para o consumo promova ativamente desavenças, enfraqueça a confiança e aprofunde o sentimento de insegurança – os principais fatores por trás da insegurança e do medo ambiente que saturam a vida líquida moderna e as principais causas da variedade líquida moderna de infelicidade?

Enquanto a sociedade de consumo, como nenhuma outra no passado poderia fazer ou mesmo sonhar, sustenta seu argumento na promessa de satisfazer os desejos humanos, a promessa de satisfação permanece sedutora apenas enquanto o desejo se mantenha *insatisfeito*. Mais importante que isso, ela o tenta apenas enquanto o cliente não esteja "completamente satisfeito" – tão logo não se creia mais que os desejos que motivam os consumidores a novas experiências consumistas tenham sido completamente satisfeitos. Assim como o "facilmente satisfeito" trabalhador tradicional (que desejava trabalhar não mais que o absolutamente necessário para permitir a manutenção de seu estilo de vida habitual) era o pesadelo da nascente sociedade de produtores, também o consumidor tradicional, guiado pelas necessidades familiares de ontem e imune à sedução, soaria (se lhe fosse permitido sobreviver) como uma sentença de morte para a sociedade, a indústria e um mercado de consumidores maduros. Objetivos pouco ambiciosos, assegurar acesso fácil aos bens que alcancem esses objetivos e uma convicção na existência de limites objetivos para desejos "genuínos" e "realistas" são os adversários principais de uma economia orientada para o consumo, marcando-a para a extinção. É a *in*satisfação dos desejos e uma convicção firme e perpétua de que cada ato de satisfação *ainda deixa muito a desejar e pode ser melhorado* que constituem os verdadeiros pêndulos da economia voltada para o consumidor.

A sociedade de consumo prospera conquanto consiga tornar permanente a insatisfação (e, em seus próprios termos, a infelicidade). Uma maneira de obter esse efeito é denegrir e desvalorizar os produtos de consumo logo após eles terem sido promovidos no universo de desejos dos consumidores. Outra maneira ainda mais efetiva tende em geral a se manter longe dos holofotes: a satisfação de todo desejo/necessidade/carência de maneira tal que não possa evitar dar à luz novos desejos/necessidades/carências. O que começa como uma necessidade deve terminar como compulsão ou vício. E o faz à medida que o ímpeto por procurar nas lojas, e apenas nas lojas, soluções para os problemas e alívio para a dor e a ansiedade se torne comportamento não apenas permitido, mas avidamente encorajado como um hábito.

O domínio da hipocrisia, que se estende entre as convicções populares e as realidades da vida dos consumidores, é, assim, uma condição necessária da sociedade de consumidores em funcionamento correto. Se a procura de concretização é seguir em frente, e se as novas promessas precisam ser sedutoras e cativantes, as promessas já feitas devem ser quebradas; e as esperanças de realização, frustradas. Cada promessa singular *deve* ser enganosa ou pelo menos exagerada, para que a busca perca sua intensidade ou até seja posta em suspenso. Sem a repetitiva frustração dos desejos, a demanda consumidora perderia todo vapor. É o *excesso* da soma total de promessas que neutraliza a frustração causada pelo exagero de cada uma delas e paralisa a acumulação de experiências frustrante, exaurindo a confiança dos consumidores na eficácia última da procura.

Além de ser uma economia de excesso e descarte, o consumismo, pela mesma razão, é uma economia de decepção. Assim como o excesso e o descarte, a decepção não sinaliza um mau funcionamento. Pelo contrário, é sintoma de boa saúde e sinal de que essa economia está no caminho certo; é uma marca distintiva do único regime sob o qual a sociedade de consumidores pode estar segura de sua sobrevivência.

O descarte de sucessivas ofertas de consumo das quais se espera (que prometem) a satisfação de desejos é acompanhado por uma quantidade sempre ascendente de expectativas desapontadas. Entre essas expectativas, a taxa de mortalidade é elevada, e, numa sociedade de consumidores em bom funcionamento, ela deve se manter em contínuo aumento. A expectativa de vida das esperanças é minúscula, e apenas uma taxa de fertilidade extravagantemente alta pode salvá-las de minguar até o ponto de extinção. Para as expectativas se manterem vivas e para que novas esperanças preencham os vazios deixados por aquelas já desacreditadas e descartadas, a estrada entre a loja e a lata de lixo precisa ser curta, e a passagem, rápida.

No entanto, ainda há outros fatores que apartam a sociedade de consumidores de todos os outros arranjos conhecidos, inclusive o mais engenhoso deles, quanto à hábil e efetiva "manutenção de padrões" e "gerenciamento de tensões" (para lembrar os pré-requisitos de Talcott Parsons para um "sistema autoequilibrado"). A sociedade de consumidores desenvolveu num grau sem precedentes a capacidade de absorver qualquer e todas as dissensões que ela inevitavelmente (e em comum com outros tipos de sociedade) gesta – e depois de reciclá-las como um recurso privilegiado para seu próprio bem-estar e expansão. A sociedade de consumidores deriva seu ânimo e sua energia do *desafeto* que ela própria habilmente produz. Ela oferece o principal exemplo de um processo que Thomas Mathiesen há pouco descreveu como o "calado silenciar" da dissensão e dos protestos potenciais nascidos do sistema por meio do estratagema da "absorção": "As atitudes e ações em origem são transcendentes [quer dizer, ameaçando de explosão ou implosão o sistema], estão integradas na ordem prevalecente de tal modo que os interesses dominantes continuam sendo servidos. Desse modo, eles não são capazes de ameaçar a ordem predominante."[18]

Foi Stephen Bertman quem cunhou os termos "cultura agorista" e "cultura apressada" para denotar o modo como vivemos em nosso tipo de sociedade.[19] Sem dúvida são expressões adequadas – e de tal modo que ficam à mão quando tentamos alcançar a natureza da condição humana líquida moderna. Eu sugeriria que, mais do que por qualquer outra coisa, essa condição destaca-se pela sua (até agora sem igual) *renegociação do sentido do tempo*.

O tempo na era da sociedade de consumidores líquida moderna não é cíclico nem linear, como em outras sociedades conhecidas da história moderna ou pré-moderna. Eu sugeriria que ele é, em vez disso, *pontilhista* – esfacelado numa infinidade de fragmentos separados, cada qual reduzido a um ponto cada vez mais próximo de uma idealização geométrica de adimensionalidade. Como seguramente nos lembramos das lições escolares de geometria, pontos não têm comprimento, largura nem profundidade: eles existem, fica-se tentado a dizer, *antes* do espaço e do tempo; nele, tanto espaço quanto tempo ainda estão para começar. Mas tal e qual aquele ponto único e singular que, como postula a cosmologia de última geração, precedeu o big bang, a grande explosão que deu origem ao Universo, presume-se que cada ponto contém um potencial infinito de expansão e uma infinidade de possibilidades à espera de explodir caso inflamado da maneira adequada. E, lembre-se, não havia nada no "antes" que precede a erupção do Universo que pudesse oferecer a mais leve insinuação de que o momento do grande estrondo estava próximo. Os cosmólogos nos falam muito sobre o que aconteceu nas primeiras frações de segundo logo após o big bang, mas se mantêm odiosamente em silêncio sobre os segundos, minutos, horas, dias, anos ou milênios anteriores.

Cada ponto no tempo (mas não há nenhum modo de saber com antecedência qual) pode – apenas pode – estar prenhe de oportunidade de outro big bang, embora dessa vez em uma escala muito mais modesta, de um "universo individual"; pontos sucessivos continuam a ser criados com a mesma gravidez, independentemente do que poderia ter ocorrido com as anteriores e apesar da experiência acumulada demonstrando que a maioria das chances tende a ser prevista da forma errada, negligenciada ou perdida, que a maioria dos pontos se prova estéril e a maior parte de sua atividade, natimorta. Caso se traçasse um mapa de uma vida pontilhista, ele iria parecer um cemitério de possibilidades imaginárias ou não realizadas. Ou, dependendo do ponto de vista, um cemitério de oportunidades perdidas: num universo pontilhista, as taxas de expectativa de mortalidade infantil e aborto espontâneo são muito altas.

Precisamente por isso, uma vida "agorista" tende a ser uma vida "apressada". As oportunidades que cada ponto possa conter o seguirão até a sepultura; para *essa* oportunidade em particular, sem igual, não haverá "segunda chance". Cada ponto poderia ser vivido como um novo começo, mas várias vezes o fim chegará logo depois do princípio, com muito pouco acontecimento entre os dois pontos. Apenas uma multiplicidade incontrolavelmente em expansão de novos começos tem o potencial – apenas o potencial – de compensar a profusão de falsos começos. Apenas as vastas expansões de novos começos que se acreditam estar adiante, apenas uma esperada multidão de pontos cujo potencial de big bang ainda não tenha sido experimentado, e, com isso, permaneça até agora não desacreditada, pode salvar a esperança dos detritos das interrupções prematuras e dos inícios natimortos.

Como disse antes, na vida "agorista" do consumidor ávido de novas *Erlebnisse* (experiências vividas), a razão para se apressar não é *adquirir* e *colecionar* tanto quanto possível, mas *descartar* e *substituir* tanto quanto se puder. Há uma mensagem oculta por trás de todo comercial que promete uma nova e inexplorada oportunidade para a felicidade: não adianta chorar sobre o leite derramado. Ou o big bang acontece agora mesmo, neste mesmo momento e na primeira tentativa, ou não faz mais sentido demorar-se sobre um ponto em particular; está na hora de passar para outro.

Na sociedade de produtores que agora retrocede ao passado (pelo menos em nossa parte do globo), o conselho num caso como este teria sido "Esforce-se mais"; mas não na sociedade de consumidores. Nela, as ferramentas fracassadas serão abandonadas, e não afiadas e experimentadas de novo com maior eficácia, dedicação e com um efeito superior. Os utensílios que não chegaram a oferecer a prometida "satisfação completa", assim como as relações humanas que não proporcionaram exatamente um "bang" tão "big" quanto o esperado, deveriam também ser lançados ao lixo. A pressa deve estar na maior intensidade quando se corre de um ponto (falho, falhando ou em vias de começar a falhar) a outro (ainda não experimentado). Deve-se ser cauteloso em relação à lição amarga do Fausto de Christopher Marlowe: a de ser lançado no inferno ao desejar que o momento – apenas porque se tratava de um momento prazeroso – durasse para sempre.

Como as oportunidades prometidas e assumidas são infindáveis, o que transforma a mais atraente novidade da vez num conjunto de "pontos" pulverizados – uma novidade sobre a qual se pode estar seguro de ser adotada com avidez e explorada com zelo – é a dupla expectativa ou a esperança de prevenir o futuro e anular o poder do passado. Uma realização dupla como esta é, enfim, o ideal da liberdade.

De fato, a promessa de emancipação dos atores em relação às sobras e aos ecos do passado que limitam a escolha, em particular ressentidos por seu sórdido hábito de crescer em volume e peso à medida que o "passado" se expande e devora pedaços cada vez maiores de vida, mais a promessa de negar ao futuro sua propensão também desconfortável de desvalorizar sucessos agora desfrutados e frear as esperanças hoje acolhidas, augura entre elas uma liberdade completa, sem freios, quase absoluta. A sociedade líquida moderna oferece essa liberdade num nível jamais visto antes e absolutamente inconcebível em qualquer outra sociedade registrada.

Consideremos em primeiro lugar a misteriosa façanha de incapacitar o passado. Ela é elemento essencial de apenas uma transformação na condição humana, mas uma transformação miraculosa de verdade: a facilidade de "nascer de novo". De agora em diante, não são apenas os gatos que podem viver sete vidas. Num período abominavelmente curto de existência, lamentado há não muito tempo por sua repugnante brevidade e, desde então, não alongado aos homens – como aos gatos proverbiais –, agora é oferecida a habilidade de espremer de si muitas vidas, uma série infinita de "novos começos". Nascer de novo significa que o(s) nascimento(s) anterior(es), com sua(s) consequência(s), foi(ram) exterminado(s); soa como a chegada da sempre sonhada, embora nunca antes experimentada, onipotência de ares divinos.[20] O poder de determinação causal pode ser desarmado, e o poder do passado para reduzir as opções do presente pode ser radicalmente limitado, talvez até abolido. Aquilo que se foi ontem já não barraria a possibilidade de se tornar alguém totalmente diferente hoje.

Uma vez que cada ponto no tempo é, recordemos, cheio de potencial, e cada potencial é diferente e singular, o número de modos pelos quais se pode ser diferente é incontável: de fato, isso reduz até a surpreendente multiplicidade de permutas e a esmagadora variedade de formas e semelhanças que as reuniões acidentais de genes produziram até então (e é provável que no futuro produzam) na raça humana. Aproxima-se da capacidade atemorizante da *eternidade*, segundo a qual, dada sua duração infinita, tudo pode/tem de, cedo ou tarde, acontecer, e tudo cedo ou tarde pode acontecer/acontecerá. E agora essa maravilhosa potência da eternidade parece ter sido acumulada no intervalo "de modo algum eterno" de *só uma* vida humana.

Por conseguinte, a façanha de desativar e neutralizar o poder do passado para reduzir escolhas posteriores, e assim limitar severamente as chances de "novos nascimentos", rouba da eternidade sua mais sedutora forma de atração. Na temporalidade pontilhista da sociedade líquida moderna, *a eternidade não é mais um valor e um objeto de desejo* – ou, melhor, aquilo que foi seu valor e que fez dela um objeto de desejo foi extirpado e *enxertado no momento*. De forma adequada, a "tirania do momento" da modernidade tardia, com seu preceito de *carpe diem*, substitui gradual, mas continuamente, e talvez de maneira irrefreável, a tirania pré-moderna da eternidade, com seu lema de *memento mori*.

Essa transformação está por trás da nova centralidade atribuída na sociedade atual à preocupação com a "identidade". Embora permanecesse tema importante e tarefa mobilizadora desde a passagem da sociedade de "atribuição", do início da Era Moderna, para a sociedade de "realização", a identidade compartilha agora o destino de outras buscas da vida e viveu o processo de "pontilhização". Outrora projeto vitalício, de limites coincidentes com a duração da *vida*, ele se transformou agora em atributo do *momento*. Já não é planejado de uma vez e construído para durar para sempre, mas é intermitente e sempre de novo montado e desmontado – e cada uma dessas duas operações aparentemente contraditórias tem igual importância e é da mesma forma exigente. Em vez de exigir pagamento antecipado e uma subscrição vitalícia sem cláusula de cancelamento, a identidade (ou, mais corretamente, a identificação) é agora uma atividade semelhante a assistir aos filmes em pay-per-view no seu aparelho de televisão (ou usar um cartão pré-pago de telefone celular).

Embora ainda seja uma preocupação constante, a identificação é agora completamente fendida numa multiplicidade de tarefas muito curtas (e, com os avanços nas técnicas de marketing, ainda mais abreviadas) incluídas na capacidade até do mais fugaz intervalo de atenção; uma série de surtos súbitos e frenéticos de ocorrência em nada pré-designada, predeterminada ou até previsível – mas, em vez disso, com efeitos que seguem os princípios confortavelmente de perto e depressa, liberando assim as alegrias do querer da sombria prisão do esperar.

As habilidades exigidas para corresponder ao desafio da manipulação líquida moderna da identidade são consanguíneas às do famoso *bricoleur* de Claude Lévi-Strauss, um malabarista, ou, ainda mais precisamente, ao engenho e destreza de um prestidigitador. A prática dessas habilidades foi trazida ao alcance do consumidor normal, comum pelo expediente do simulacro – um fenômeno, na memorável descrição de Jean Baudrillard, semelhante às doenças psicossomáticas, conhecidas por cancelarem a distinção entre "as coisas como elas são" e "as coisas como elas fingem ser", ou entre realidade e ilusão, o verdadeiro estado das coisas e sua simulação.

O que outrora era visto e sofrido como uma interminável maçada clamando pela mobilização e pelo oneroso esforço de cada um e de todos os recursos "interiores" pode agora ser realizado com a ajuda de engenhocas e *gadgets* prontos para usar, gastando-se com eles pequena quantidade de dinheiro e de tempo. Para falar a verdade, o atrativo das identidades costuradas juntando-se pedaços comprados cresce na proporção da quantia de dinheiro gasta; há pouco também cresceu com a extensão da espera, à medida que os mais prestigiosos e exclusivos escritórios de design criaram listas de espera – sem qualquer outro propósito a não ser ampliar a distinção com que os símbolos de identidade aguardados dotam seus compradores. Como Georg Simmel demonstrou muito tempo atrás, os valores são medidos pelo volume e pela dor do sacrifício de outros valores exigidos para obtê-los (a postergação é indiscutivelmente o mais doloroso dos sacrifícios que os membros da sociedade de consumidores são obrigados a aceitar).

Anular o passado, "nascer novamente", adquirir um self diferente, reencarnar como "alguém completamente novo" – é difícil resistir a essas tentações. Por que trabalhar no desenvolvimento de si mesmo, com todo o vigoroso esforço e a dolorosa abnegação que essa labuta requer? Por que gastar mais dinheiro se você já gastou? Não é mais barato, rápido, completo, conveniente e fácil cortar as perdas e recomeçar, desfazer-se da velha pele – pintas, verrugas e tudo o mais – e comprar uma nova? Não há nada de novo em buscar uma fuga quando as coisas ficam quentes; as pessoas tentaram isso em todos os tempos. Nova é a perspectiva de um leopardo mudar suas manchas, o sonho de *escapar de seu próprio self*, complementado pela convicção de que tornar esse sonho realidade esteja ao alcance. E essa não é apenas uma das muitas opções, porém a opção mais fácil, a que provavelmente irá funcionar em caso de problemas – um atalho menos embaraçoso, menos consumidor de tempo e energia, e, de mais a mais, mais barata.

Joseph Brodsky, o filósofo-poeta russo-americano, descreveu com vigor o tipo de vida guiado pela confiança investido nesse tipo de fuga. Para perdedores reconhecidos, como os "consumidores falhos" (os pobres, eliminados do jogo consumista), a variedade líquida moderna de desterrados sociais, a única forma de fuga de si mesmo (de ficar cansado de si mesmo, ou, como prefere Brodsky, de ficar *entediado*) é o vício em álcool ou drogas: "Em geral, um homem que injeta heroína em sua veia faz isso, em grande medida, pela mesma razão que vocês compram um vídeo", disse Brodsky aos alunos da Universidade Dartmouth, em julho de 1989; eis até onde podem ir os consumidores falhos, os refugos sociais impedidos de ingressar nas mais requintadas e efetivas (embora também mais caras) rotas de fuga.

No que diz respeito às potenciais pessoas de posses, aquilo a que os alunos de Dartmouth aspiravam se tornar, elas não precisam encerrar a história na compra de um novo vídeo. Podem tentar viver seus sonhos. "Vocês ficarão enfadados de seus trabalhos, seus cônjuges, amantes, a vista de suas janelas, a mobília ou o papel de parede em seus quartos, seus pensamentos, de vocês mesmos", Brodsky advertiu. "Portanto, vocês tentarão inventar meios de fuga. Além dos dispositivos gratificantes já mencionados, vocês podem se dedicar a trabalho, casa, empresa, país, clima, tudo isso cambiante; podem se dedicar a promiscuidade, álcool, viagens, aulas de culinária, drogas, psicanálise."[21]

As pessoas de posses podem ser exigentes com suas maneiras de escapar do incontável número de opções à sua disposição. Elas são tentadas a experimentar, tanto quanto possam bancar, um a um ou todos juntos, uma vez que é pouco provável que qualquer um dos caminhos escolhidos de fato ofereça essa libertação do "tédio de si mesmo" que todos prometem dar:

> Na realidade, você pode amontoar todos eles, e durante algum tempo isso pode funcionar. Até o dia, claro, em que você acorda no seu quarto, em meio a uma nova família e um diferente papel de parede, num estado e num clima diferentes, com uma pilha de contas de seu agente de viagens e de seu analista, mas com o mesmo sentimento repetido em relação à luz do dia que vaza por sua janela.[22]

Andrzej Stasiuk, extraordinário romancista polonês e inspirado analista da condição humana contemporânea, sugere que "a possibilidade de se tornar outra pessoa" é o substituto atual para as hoje amplamente descartadas e negligenciadas salvação e redenção. "É muito provável que a quantidade de material em digital, celuloide e coisas análogas conhecidas no curso de uma vida corpórea se aproxime do volume que a vida eterna e a ressurreição da carne poderiam oferecer", sugere Stasiuk.

> Aplicando várias técnicas, podemos mudar nossos corpos e lhes dar nova forma de acordo com diferentes padrões. ... Ao folhear revistas estilosas, tem-se a impressão de que elas contam sobretudo uma história – a respeito dos modos pelos quais se pode refazer a personalidade, começando com dietas, ambientes, lares, e chegando à reconstrução da estrutura física, muitas vezes cognominada como a proposta de "seja você mesmo".[23]

Slawomir Mrozek, escritor polonês de fama mundial e com experiência de primeira mão em muitas terras e culturas, compara o mundo que habitamos a uma

> barraca de feira cheia de vestes elegantes e cercada por multidões em busca de seus "selves". ... Pode-se mudar de vestimenta indefinidamente, de tal forma que a prodigiosa liberdade de que desfrutam aqueles que estão nessa busca pode se manter para sempre.

... Vamos buscar nossos selves reais, é devastadoramente divertido – com a condição de que o self real jamais seja encontrado. Se fosse, a diversão teria fim.[24]

Se a felicidade está sempre ao alcance, e se alcançá-la toma apenas os poucos minutos necessários para folhear as páginas amarelas e sacar o cartão de crédito da carteira, então um self que não chega a alcançar a felicidade não pode ser "real" – na verdade, não é aquela que incentivou o caçador de si mesmo a embarcar na viagem de autodescoberta. Esse self fraudulento precisa ser descartado pela sua "inautenticidade", ao passo que a busca do self real deve prosseguir. Há poucas razões para parar de procurar quando se está seguro de que o momento seguinte chegará trazendo novas promessas e brilhando de novos potenciais.

Blaise Pascal sugeriu que "a única causa da infelicidade do homem é que ele não sabe permanecer quieto em seu quarto".[25] Pascal escreveu essas palavras quase quatro séculos atrás, mas mesmo que as tivesse escrito há meros cinquenta anos, mal saberia que, primeiro, chegaria um tempo em que os homens *e* as mulheres seriam infelizes pela mesma razão; segundo, que, por maior que fosse o afinco com que eles tentassem permanecer em seus próprios quartos nesse momento, dificilmente conseguiriam ficar quietos, uma vez que seus quartos, fixados em rodinhas, e não em sólidas e duráveis fundações, seriam sutilmente móveis; e eles, os homens e as mulheres de *nosso* tempo, não teriam suspeita alguma, muito menos algum conhecimento confiável, sobre quando seus quartos seriam movidos, para onde e com que velocidade. Não culpe Pascal, entretanto. Ele nasceu e morreu muito tempo antes do advento de nosso mundo líquido moderno.

É neste mundo líquido moderno que fomos chamados a aquilatar o destino, o valor e as perspectivas trazidas pela memória. Não surpreende que hoje acreditemos que essas perguntas sejam merecedoras de nossa atenção com especial intensidade. Como mostrou Martin Heidegger, nós, seres humanos, começamos a ponderar a essência de algo quando esse "algo" explode em nós: quando não podemos encontrá-lo no lugar em que "sempre esteve", ou quando ele começa a se comportar de certo modo que, por tudo que sabemos e se costumava esperar, só pode ser descrito como estranho, surpreendente, desconcertante e enigmático. Como Hegel observou um século antes, a coruja de Minerva, deusa da sabedoria, só alça voo ao entardecer – apenas no fim do dia.

A memória nos últimos tempos caiu exatamente naquela categoria de "algumas coisas" da qual nos tornamos de súbito conscientes – coisas que dão um estalo, ou coisas que o olho de sabedoria não percebeu, uma vez que elas começaram a se dissolver na escuridão da noite, e assim deixaram de se esconder na deslumbrante luz do dia. Se agora voltamos, compulsiva e obsessivamente, ao tema da memória é porque fomos transportados de uma civilização da duração, e por isso da *aprendizagem* e da *memorização*, para uma civilização de *transitoriedade*, e com isso do *esquecimento*. Dessa passagem determinante a memória é a vítima principal, disfarçada de vítima colateral.

Levou mais de dois milênios depois que os antigos sábios gregos inventaram o conceito de *paideia* para que a noção de "educação vitalícia" se transformasse em oximoro (uma contradição em termos), um pleonasmo (algo parecido com "manteiga amanteigada" ou "ferro metálico"). Mas essa notável transformação acabou por ocorrer apenas há muito pouco tempo – nas últimas décadas –, sob o impacto da marcha radicalmente acelerada de mudança que teve lugar na configuração social em que os dois atores principais da educação, professores e estudantes, viram-se obrigados a atuar.

No momento em que eles começam a se mover, a direção e a distância que viajarão os mísseis balísticos já foram decididas pela forma e posição do cilindro do qual são disparados, e a quantidade de pólvora no projétil; pode-se calcular com pouco ou nenhum erro o ponto que o míssil atingirá, e é possível escolher esse ponto deslocando o cilindro ou alterando a quantidade de pólvora. As qualidades desses aparatos bélicos fazem deles armas ideais a serem usadas em guerras de posição – nas quais os alvos permanecem escavados em suas trincheiras ou bunkers, e os mísseis são os únicos corpos em movimento.

As mesmas qualidades, porém, tornam as armas inúteis ou quase inúteis, uma vez que os alvos, invisíveis para os atiradores, começam a se mover – em particular quando se movem mais depressa que os projéteis, e ainda mais quando se movem de forma irregular, imprevisível quanto ao estrago, contrariando todos os cálculos preliminares necessários para estabelecer sua trajetória. É necessário, então, um míssil mais esperto, um "míssil inteligente" – que possa mudar de direção, dependendo de circunstâncias variáveis, que possa perceber de imediato os movimentos do alvo, aprenda deles tudo que possa ser aprendido sobre direção e velocidade, e extrapole da informação reunida o ponto em que as trajetórias se cruzam. Esses mísseis espertos não podem paralisar a informação, para não falar em finalizar sua reunião e seu processamento – considerando que seus alvos não param de se mover e de mudar de direção e velocidade, e o ponto de encontro precisa ser constantemente atualizado e corrigido.

Podemos dizer que os mísseis inteligentes seguem a estratégia da "racionalidade instrumental", embora em sua versão, por assim dizer, liquefeita, fluida, na versão que derruba a suposição de que os fins são determinados, firmes e imóveis por todo o sempre, e que só os meios variam, podem e devem ser calculados e manipulados. Mísseis ainda mais inteligentes não ficariam confinados a um alvo pré-selecionado, eles escolheriam os alvos no caminho. Seriam guiados somente por duas considerações: quais são os maiores efeitos a produzir, dadas suas capacidades técnicas, e que alvos potenciais estão mais bem-equipados para atingir? Isso oferece, podemos dizer, o argumento definitivo para a racionalidade instrumental invertida: os alvos são selecionados à medida que o míssil viaja, e são os meios disponíveis que decidem qual será o "fim" selecionado. Nesses casos, a "inteligência" do míssil que voa e sua efetividade se beneficiariam do fato de o equipamento ter uma natureza "inespecífica", "descomprometida", não estar centrada em qualquer categoria específica de fins, nem ser demasiado especializada ou ajustada para atingir um tipo particular de alvo.

Mísseis inteligentes, ao contrário de seus primos balísticos mais velhos, *aprendem no caminho*. Assim, o que eles precisam ter, no início, é a *capacidade* de aprender, e aprender depressa. Isso é óbvio. O que é menos óbvio, no entanto, embora menos crucial que a habilidade de aprendizagem rápida, é a capacidade de imediatamente *esquecer* o que havia sido instruído a fazer. Mísseis inteligentes não seriam inteligentes se não pudessem "mudar de ideia" ou revogar suas "decisões" prévias sem hesitação e sem pesar. Eles não deveriam estimar em demasia a informação que adquiriram um momento antes, e em hipótese alguma desenvolver o hábito de se comportar do modo sugerido por aquela informação. Toda informação que eles adquirem envelhece depressa e, em vez de oferecer orientação confiável, pode levar ao desnorteio se não for prontamente dispensada – apagada pela memória. Aquilo de que os "cérebros" de mísseis inteligentes nunca podem esquecer é que o conhecimento que eles adquirem é *dispensável*, bom apenas até segunda ordem, de utilidade temporária, e que a garantia do sucesso é não negligenciar o momento quando esse conhecimento adquirido não tiver mais utilidade e precise ser jogado fora, esquecido e substituído.

Os filósofos da educação do período moderno sólido viam os professores como lançadores de mísseis balísticos, e os instruíram para assegurar que seus produtos permanecessem estritamente no curso pré-designado por seu impulso inicial. Dada a natureza "praxeomórfica" da cognição humana, não admira que eles tenham produzido, nos primeiros momentos da Era Moderna, a mais elevada realização da inventividade técnica humana, assim como os projéteis balísticos.[26] Eles serviram perfeitamente a todos que desejassem conquistar e dominar o mundo como ele era então. Como Hilaire Belloc declarou confiantemente, referindo-se aos nativos africanos: "O que quer que aconteça, nós temos na mão/A Maxim, e eles não" (a Maxim,* recordemos, era uma máquina para lançar grande número de projéteis em pouco tempo, e era efetiva apenas se houvesse muitíssimas balas à mão). Na realidade, entretanto, essa imagem da tarefa do professor e do destino do aluno era muito mais antiga que a ideia de "míssil balístico" inventada pela Era Moderna. Disso é testemunha um antigo provérbio chinês que precedeu o advento da modernidade em dois milênios, mas ainda é citado pela Comissão das Comunidades Europeias, em defesa de seu programa de "aprendizagem vitalícia" no limiar do século XXI: "Quando fizeres planos para um ano, plante milho. Quando fizeres planos para uma década, plante árvores. Quando fizeres planos para a vida, treine e eduque pessoas." Foi apenas com nosso ingresso nos tempos líquidos modernos que a antiga sabedoria perdeu seu valor pragmático, e as pessoas interessadas no aprendizado e na promoção do aprendizado conhecida sob o nome de "educação" tiveram de desviar sua atenção dos mísseis balísticos para os mísseis inteligentes.

John Kotter, professor da Harvard Business School, aconselhou seus leitores a evitar se enredar em empregos de longo prazo, do tipo "carreira com estabilidade". De fato, desenvolver lealdade institucional e se tornar alguém profundamente comprometido com e emocionalmente engajado em qualquer trabalho, prestar juramento a um compromisso de prazo longo, para não falar vitalício, com qualquer coisa ou qualquer pessoa em particular, não é aconselhável, escreveu ele, quando "conceitos de negócio, projetos de produto, inteligência competitiva, bens de capital e *todos os tipos de conhecimento* têm expectativas de vida críveis bem mais curtas".[27]

Se a vida pré-moderna representava um ensaio diário para a duração infinita de tudo, menos da vida mortal, a vida líquida moderna é um ensaio diário de transitoriedade universal. O que

---

* A Maxim Gun foi a primeira metralhadora automática, lançada em 1884, nos Estados Unidos. Recebeu o nome de seu inventor, Hiram Maxim, e traz um jogo de palavras com a palavra em inglês para metralhadora, *machine gun*. (N.T.)

os nativos do mundo líquido moderno logo descobrem é que nada nesse mundo está destinado a durar, muito menos durar para sempre. Objetos recomendados hoje como úteis e indispensáveis tendem a "virar conversa" muito antes de se estabelecerem durante tempo suficiente para se transformarem em necessidade e hábito. Não se acredita que nada permanecerá aqui para sempre, nada parece ser insubstituível.

Tudo nasce com uma marca de morte iminente e emerge da linha de produção com uma data de validade impressa ou presumida. A construção de novos edifícios não começa a menos que seja emitida a permissão para demoli-los quando chegar o tempo de pô-los abaixo (como seguramente chegará), e os contratos não são assinados a menos que se fixe sua duração e se facilite seu encerramento. Pouquíssimos compromissos duram o bastante para alcançar o ponto a partir do qual não há retorno; decisões e veredictos, todos *ad hoc* e obrigatórios "por enquanto", só permanecem muito tempo em vigor por acidente. Todas as coisas, nascidas ou produzidas, humanas ou não, são dispensáveis até prova em contrário.

Um espectro paira sobre os nativos do mundo líquido moderno e todos os seus trabalhos e criações: o espectro da superfluidez. A modernidade líquida é uma civilização de excesso, redundância, desperdício e eliminação de refugos. Na sucinta e expressiva formulação de Ricardo Petrella, as tendências globais de hoje direcionam as "economias rumo à produção do efêmero e do volátil – por meio da maciça redução da vida útil de produtos e serviços –, além da precarização (empregos temporários, de horário flexível e de meio período)";[28] como o sociólogo italiano Alberto Melucci costumava dizer, "somos atormentados pela fragilidade de uma *presentidade* que exige fundações firmes onde não existe nenhuma base".[29] E, assim, ele acrescenta, "ao contemplar a mudança, ficamos sempre divididos entre desejo e medo, entre anseio e incerteza". Incerteza significa *risco*: companheira inseparável de toda ação e espectro sinistro que assombram os compulsivos tomadores de decisão e os escolhedores por necessidade que nos tornamos desde então, como definiu Melucci, "a escolha se tornou um forma de destino".

Dizer "se tornou" não é totalmente correto, uma vez que os homens têm sido escolhedores desde que são homens. Mas pode-se dizer que, em nenhum outro momento, a necessidade de fazer escolhas foi tão profundamente sentida; e que a escolha se tornou consciente de si de modo pungente, uma vez que passou a ser administrada sob condições de dolorosa e incurável incerteza, de uma ameaça constante de "ser deixado para trás" e de ser excluído do jogo e barrado da possibilidade de reerguimento de novas demandas depois do fracasso.

O que separa a atual agonia de escolha do incômodo que atormentou o *Homo eligens*, o "homem da escolha", em todos os tempos, é a descoberta ou suspeita de que não existem regras predeterminadas nem objetivos universalmente aprovados que possam ser seguidos e, com isso, oferecer garantias para os escolhedores contra as consequências adversas de suas opções. Pontos de referência e diretrizes que pareçam confiáveis hoje serão desacreditados amanhã como enganosos ou corruptos. Companhias, em tese, sólidas como uma rocha são desmascaradas como produtos da imaginação de seus contadores. O que quer que seja "bom para você" agora pode ser reclassificado amanhã como veneno. Compromissos em aparência firmes e feitos com solenidade podem ser revogados da noite para o dia. As promessas, pelo menos a maioria delas, hoje são feitas apenas para serem traídas e quebradas. Parece não haver nenhuma ilha estável, segura, para além da maré. Para citar Melucci mais uma vez: "Não possuímos mais uma casa; somos repetidamente obrigados a construir e reconstruí-la, como os três porquinhos do conto de fadas, ou temos de carregá-la conosco em nossas costas, como caracóis."[30]

Num mundo como este, fica-se compelido então a tomar a vida pouco a pouco, à medida que ela vem, na expectativa de que cada bocado seja diferente dos anteriores e exija diferentes conhecimentos e habilidades. Uma amiga minha que vive num país da União Europeia, pessoa altamente inteligente, muitíssimo bem-formada, de uma criatividade única e com total domínio de vários idiomas, alguém que passaria na maioria dos testes de aptidão e entrevistas de trabalho com banda de música e parada militar, reclamava, numa carta pessoal, "de o mercado de trabalho ser frágil como seda e quebradiço como porcelana". Durante dois anos ela trabalhou como tradutora freelance e consultora jurídica, exposta em toda sua força aos habituais altos e baixos do destino no mercado. Mãe e solteira, ela ansiava por uma renda mais regular, e assim optou por um emprego fixo com salário e contracheque todos os meses. Por um ano e meio trabalhou para uma empresa, introduzindo empreendedores iniciantes nos meandros das leis da União Europeia, mas, como os venturosos novos negócios estavam demorando a se materializar, a companhia logo faliu. Por outro ano e meio, ela trabalhou para o Ministério da Agricultura, dirigindo um departamento dedicado a estabelecer contatos com os países bálticos então tornados independentes. Vieram as eleições, a nova coalizão de governo optou por "terceirizar" o problema para a iniciativa privada e desmontou o departamento. O emprego seguinte durou apenas um semestre, no fim do qual o Conselho Nacional de Igualdade Étnica seguiu o padrão governamental de lavar as mãos para um problema e foi declarado redundante.

Nunca antes na história deste mundo a memorável declaração de Robert Louis Stevenson – "Viajar com esperança é melhor que chegar" – soou mais verdadeira que agora em nosso mundo moderno fluido e liquefeito. Quando os destinos mudam de lugar, e aqueles que não perdem seu charme mais depressa do que as pernas conseguem se mover, os carros, rodar, ou os aviões, voar, manter-se em movimento importa mais que a destinação. Não tornar um hábito nada praticado no momento, não ser amarrado pelo que o passado legou, usar a identidade como se usam camisas, que podem ser trocadas quando ficam fora de moda, desprezar lições passadas e desdenhar habilidades antigas sem inibição ou arrependimento – tudo isso está se tornando um conjunto de cunhos oficiais da atual política de vida líquida moderna e os atributos da racionalidade líquida moderna. A cultura da modernidade líquida já não é sentida mais como uma cultura de aprendizado e acumulação, como eram as descritas pelos historiadores e os etnógrafos. Ela parece e soa como, em vez disso, uma cultura de *desengajamento, descontinuidade* e *esquecimento*. Naquilo que George Steiner chamou de "cultura do cassino", cada produção cultural é calculada para o máximo impacto (quer dizer, para destruir, empurrar para fora e descartar as produções culturais de ontem) e a obsolescência imediata (receosa de permanecer mais tempo que seu lançamento pela distância cada vez menor entre a fragrância de novidade e o odor da lata de lixo, ela logo desocupa o palco, abrindo caminho para os produtos culturais de amanhã). Os artistas, que outrora identificavam o valor de seu trabalho com sua própria duração eterna e, por isso, batalhavam por uma perfeição que tornaria toda e qualquer mudança adicional impossível, agora montam instalações destinadas a ser desmanteladas quando a exposição termina; happenings que se encerram no momento em que os artistas decidem ir embora; embrulham-se pontes até o tráfego ser reiniciado ou edifícios inacabados até que o trabalho de construção seja retomado; erguem-se ou esculpem-se "esculturas espaciais" que convidam a natureza a cobrar um tributo e oferecer mais provas (se forem necessárias provas adicionais) da absurda vaidade e brevidade de todas as ações humanas e da falta de profundidade de seus rastros.

À exceção dos competidores de programas de perguntas e respostas na TV, não se espera (muito menos se encoraja) que ninguém lembre o assunto do dia de ontem, embora também não se espere (nem se permite) que alguém opte por não estar inteirado sobre o assunto de hoje. O mercado consumidor é adaptado à cultura do cassino líquida moderna, que, em troca, é adaptada às pressões e seduções desse mercado. Os dois se harmonizam e alimentam bem um ao outro. Então, aonde isso leva os aprendizes e seus professores?

Para ter utilidade em nosso cenário líquido moderno, a educação e a aprendizagem devem ser contínuas e vitalícias. Nenhum outro tipo de educação ou aprendizagem é concebível; a "formação" de selves ou personalidades é inconcebível de qualquer outro modo que não seja o da reforma contínua, perpetuamente inacabada, em aberto.

Considerando as esmagadoras tendências que conformam as relações de poder e as estratégias de dominação em nosso tempo líquido moderno, na melhor das hipóteses, são pobres as perspectivas de que o retorcido e errático itinerário dos movimentos do mercado se ajuste e que os cálculos de "recursos humanos" se tornem mais realistas – provavelmente não são nada realistas. Na configuração líquida moderna, a "incerteza fabricada" é o instrumento supremo de dominação, considerando que a política de "precarização", para usar o termo de Pierre Bourdieu, depressa se tornou o núcleo duro da estratégia de dominação.[31] O mercado e o "planejamento para a vida toda" estão em profundo desacordo. Quando as políticas estatais se rendem à orientação da "economia", compreendida como o jogo aberto de forças de mercado, o equilíbrio de forças entre os dois é deslocado decisivamente em vantagem do segundo.

Isso não traz boas previsões para "empoderar cidadãos", apontado pela Comissão das Comunidades Europeias como o objetivo primordial da aprendizagem vitalícia. É de difundido consenso que o "empoderamento"* (termo usado nos atuais debates de forma praticamente intercambiável com "habilitação" ou "autorização") é alcançado quando as pessoas adquirem a destreza para controlar ou pelo menos influenciar de modo significativo as forças pessoais, políticas, econômicas e sociais pelas quais suas trajetórias de vida seriam fustigadas se não houvesse essa habilidade; em outras palavras, ser "empoderado" significa *ser capaz de fazer escolhas e atuar efetivamente sobre as escolhas feitas*; isso, por sua vez, significa uma *capacidade para influenciar a gama de escolhas disponíveis e as configurações sociais nas quais as escolhas são feitas e buscadas*. Sem meias palavras, o empoderamento genuíno exige não apenas a aquisição de habilidades

---

* No original, *empowerment*, termo usado de maneira recorrente no discurso da administração para designar a delegação de autoridade, ou "dar poder". (N.T.)

que permitiriam jogar bem um jogo projetado pelos outros, mas também a aquisição de *poderes* que permitiriam à pessoa influenciar os objetivos, prêmio e regras do jogo – em resumo, habilidades não apenas pessoais, mas também *sociais*.

O empoderamento requer a construção e a reconstrução dos laços inter-humanos, a vontade e a habilidade para se engajar com os outros num esforço contínuo para tornar a coabitação humana um cenário hospitaleiro e amigável para a cooperação mutuamente enriquecedora de homens e mulheres que lutam pela autoestima, para o desenvolvimento de seus potenciais e o uso adequado de suas habilidades. De mais a mais, uma das conquistas decisivas da educação vitalícia centrada no empoderamento é a reconstrução do agora cada vez mais desértico espaço público em que os homens e as mulheres possam se ocupar de uma contínua tradução entre interesses, direitos e deveres individuais e comuns, privados e comunais.

"À luz do processo de fragmentação e segmentação, e da crescente diversidade individual e social", escreve Dominique Simon Rychen, "fortalecer a coesão social e desenvolver um senso de consciência e responsabilidade sociais se tornaram importantes metas societárias e políticas."[32] No local de trabalho, na vizinhança imediata e nas ruas, nos misturamos todo dia com outros que, como indica Rychen, "não necessariamente falam a mesma língua (literal ou metaforicamente) ou partilham a mesma memória ou história". Sob tais circunstâncias, as habilidades de que precisamos mais do que qualquer outra a fim de conceder à esfera pública uma chance razoável de ressurreição são as de interação com os outros – de manter um diálogo, negociar, conquistar a compreensão mútua, administrar ou solucionar os inevitáveis conflitos em cada instância da vida comum.

Permitam-me reafirmar o que eu já disse no começo: no cenário líquido moderno, a educação e a aprendizagem, para ter alguma utilidade, devem ser contínuas e vitalícias. Espero que possamos ver agora que a razão única (talvez a decisiva) pela qual o aprender *deve* ser contínuo e vitalício é a natureza da tarefa que enfrentamos na estrada comum do "empoderamento" –

uma tarefa que mostra o que a educação deveria ser: para sempre enfrentar, jamais estar completada, vitalícia.

Mas o consumidor é um inimigo do cidadão. Por toda a parte "desenvolvida" e rica do planeta, abundam sinais de um desvanecido interesse na aquisição e no exercício de habilidades sociais, de que as pessoas viram as costas para a política, de crescente apatia política e perda de interesse no desenrolar do processo político. A política democrática não pode sobreviver muito tempo à passividade dos cidadãos produzida pela ignorância e a indiferença política. As liberdades dos cidadãos não são propriedades adquiridas de uma vez por todas; essas propriedades não estão seguras quando fechadas em caixas-fortes de banco. Elas são plantadas e enraizadas no solo sociopolítico, que precisa ser diariamente fertilizado e regado, e que secará, ficará quebradiço, se não for assistido diariamente pelas ações informadas de um público educado e comprometido. Não apenas as *habilidades técnicas* precisam ser continuamente atualizadas, não apenas a educação deve se *centrar no emprego*, elas devem ser vitalícias. O mesmo é exigido, e com ainda maior urgência, da educação para a *cidadania*.

A maioria das pessoas concordaria hoje, sem maiores insistências, que elas precisam atualizar seu conhecimento profissional e digerir novas informações técnicas se desejam evitar "serem deixadas para trás" ou serem lançadas ao mar pelo aceleradíssimo progresso tecnológico. Como Henry Giroux documentou em detalhes, numa longa série de esclarecedores estudos, semelhante sentimento de urgência parece estar perdido quando se trata de alcançar o fluxo impetuoso de acontecimentos políticos e as regras variáveis do jogo da política.

Resultados de levantamentos testemunham a rápida ampliação do abismo que separa a opinião pública dos fatos centrais da vida política. Por exemplo, logo depois da invasão do Iraque, o *New York Times* publicou uma pesquisa indicando que 42% do público americano acreditava que Saddam Hussein era diretamente responsável pelos ataques do 11 de Setembro de 2001 no World Trade Center e no Pentágono. O *CBS News* também apresentou uma pesquisa mostrando que 55% do público acreditava que Saddam Hussein apoiava diretamente a organização terrorista Al-Qaeda. Uma pesquisa da organização Knight Rider/Princeton constatou que 44% dos entrevistados disseram achar que "a maioria" ou "alguns" dos sequestradores do 11 de Setembro eram cidadãos iraquianos. A maioria dos americanos também já chegou a acreditar que Saddam Hussein tinha de fato armas de destruição em massa, que essas armas haviam sido encontradas, que ele estava pronto para construir uma bomba nuclear e que a lançaria sobre o inocente público americano. Nenhuma dessas afirmações tinha qualquer base na realidade, assim como nenhuma evidência existia para remotamente confirmá-las. Uma apuração feita pelo *Washington Post* próximo do segundo aniversário da tragédia do 11 de Setembro indicava que 70% dos americanos continuavam a acreditar que o Iraque tivera função direta no planejamento dos ataques.

Numa paisagem de ignorância como essa, é fácil se sentir perdido e infeliz – e ainda mais fácil estar perdido e infeliz sem ao menos sentir isso. Como Pierre Bourdieu observou, quem não passa por nenhum aperto no presente não sonharia em controlar o futuro – e a maioria dos americanos só deve ter uma visão nebulosa do que é o presente. Essa suspeita é confirmada por outros observadores igualmente incisivos e inspirados. "Muitos americanos", escreveu Brian Knowlton no *International Herald Tribune*, "disseram que a natureza quente-frio-quente dos recentes alertas os havia deixado inseguros sobre a urgência e a temeridade da reação que deveriam assumir."[33]

A ignorância leva à paralisia da vontade. Não sabendo o que há de disponível, não se tem meio algum de avaliar os riscos. Para as autoridades, impacientes com os constrangimentos impostos aos detentores de poder por uma democracia flutuante e elástica, a impotência do eleitorado, decorrente da ignorância e da difundida descrença na eficácia da dissensão, e a falta de vontade de envolvimento político são fontes muito necessárias e bem-vindas de capital político: a dominação baseada na ignorância e na incerteza cultivadas é mais confiável e se torna mais barata que um domínio fundamentado num profundo debate dos fatos e num prolongado esforço para se chegar a um acordo a respeito da verdade dos fatos e dos modos menos arriscados de proceder. A ignorância política é perpétua a si mesma, e a corda trançada da ignorância e da inação vem a calhar sempre que a voz da democracia tiver de ser abafada, ou suas mãos forem amarradas.

Precisamos de uma educação vitalícia para nos dar escolhas. Mas precisamos ainda mais de salvaguardar as condições que tornam a escolha disponível e ao alcance de nosso poder.

· 5 ·

Da frigideira ao fogo, ou as artes entre a administração e o mercado

A ideia de "cultura" foi cunhada e nomeada no terceiro quarto do século XVIII, como um signo para a administração do pensamento e do comportamento humanos.

O conceito de cultura nasceu como um protocolo de *intenções*. Seu uso atual como termo descritivo, um nome genérico para as já alcançadas, observadas e registradas regularidades de conduta de toda uma população, surgiu cerca de um século mais tarde – quando os administradores da cultura olharam para trás, para o que já tinham observado como sua produção e, como que seguindo o exemplo dado por Deus nos seis dias de criação, declararam que aquilo era "bom". Desde então, o termo "cultura" passou a indicar, em seu uso mais corriqueiro, o modo como uma espécie de conduta humana "normativamente regulada" difere de outra espécie sob diferente administração.

Permitam-me repetir, porém: o termo "cultura" entrou no vocabulário como o nome de uma atividade *propositada*. No limiar da Era Moderna, os homens e as mulheres – vistos até então como os "fatos brutos", inegociáveis e não envolvidos na cadeia da criação divina, considerados indispensáveis mesmo quando medíocres, vis e deixando muito a desejar – começaram a ser vistos como maleáveis: passíveis e necessitados de reparos e melhoramentos.

O termo "cultura" foi concebido no interior de uma família semântica de conceitos que incluía palavras como "cultivo", "criação", "adestramento" – todos denotando melhoria, prevenção de danos e de deterioração. Aquilo que o fazendeiro faz com a semente, durante todo o curso da plantação, da semeadura à colheita, com um cuidado constante e atento – poderia e deveria ser feito com os incipientes seres humanos, por efeito da educação e do treinamento (obviamente realizados por educadores e treinadores). "Ser humano" já não era mais encarado como um fato em si, um presente de Deus ou da natureza, mas como uma tarefa, explicitamente humana – tarefa que precisava ser supervisionada e monitorada para ser cumprida. Os homens não eram *nascidos*, e sim *produzidos*. Os recém-nascidos ainda tinham de *se tornar* humanos e, no curso desse processo, deviam ser guiados pelos homens já consumados, que tinham sido devidamente educados e treinados na arte de educar e treinar outros seres humanos.

"Cultura" surgiu no vocabulário menos de cem anos *depois* de outro conceito crucial para a modernidade – o de "gerenciar", que, de acordo com o *Dicionário Oxford da Língua Inglesa*, significa "causar a submissão (de pessoas, animais etc.) ao controle de alguém", "atuar sobre", "ser bem-sucedido na realização" – e mais de cem anos *antes* de outro significado sintetizador, o de "gerenciamento", "administração": "agir para ser bem-sucedido em algo ou para sair de dificuldades". Administrar, em resumo, se refere a ter as coisas feitas por uma via que elas não seguiriam por conta própria; *re*direcionar os eventos de acordo com seus desígnios ou por sua vontade. Em outras palavras, administrar (assumir o controle sobre o fluxo dos eventos) chegou a significar *manipular as probabilidades* – tornar certa conduta (respostas, possibilidades) de "pessoas, animais etc." mais provável do que se não houvesse interferência; e transformar outros tipos de conduta menos prováveis ou totalmente improváveis. Afinal, administrar, gerenciar, significa *limitar a liberdade dos administrados, dos gerenciados.*

Assim como a ideia de "agricultura" apresentava o campo do ponto de vista do agricultor, como objeto da atividade de cultivo, a ideia de "cultura", quando metaforicamente aplicada aos homens, era uma perspectiva do mundo *social* a partir dos olhos dos gerentes, os "agricultores de homens": um objeto de administração. A conjectura tácita ou postulada (mas axiomática) da administração não foi um acréscimo posterior: desde o princípio e ao longo de toda sua história, ela foi algo *endêmico* ao conceito de "cultura". No fundo do coração dessa ideia repousam a premonição e/ou aceitação de uma *relação social assimétrica*, desigual, de uma divisão nítida entre agir e suportar o impacto de uma ação, entre administradores e administrados, poderosos e submissos, educados e ignorantes, requintados e incultos.

Theodor Wiesegrund Adorno mostrou que a "compressão do espírito objetivo de uma era numa única palavra, 'cultura', denuncia desde o princípio a perspectiva administrativa, cuja tarefa, olhando-se para baixo a partir do alto, é reunir, distribuir, avaliar e organizar".[1] E ele avança para descortinar as características definidoras desse espírito: "A exigência feita pela administração à cultura é essencialmente heterônoma: a cultura – não importa que forma ela assuma – deve ser medida por normas que não lhe são inerentes e nada têm a ver com a qualidade do objeto, e sim com algum tipo de padrão abstrato imposto de fora."[2]

Mas como não poderia deixar de ser no caso de uma relação social assimétrica, uma imagem bastante diferente chega aos olhos quando a relação é esquadrinhada a partir do polo oposto, o receptor (em outras palavras, pelos olhos dos "administrados"), e um veredicto bem diferente é então enunciado (ou seria enunciado, se as pessoas associadas àquele polo tivessem voz): é a imagem da repressão injustificada e desnecessária, é o veredicto da falta de legitimidade e da injustiça. Nessa outra versão da história da relação, a cultura parece surgir como algo "oposto à administração", uma vez que, como sugeriu Oscar Wilde (provocativamente, na opinião de Adorno), a cultura é inútil – ou pelo menos ela assim parece, tão logo os gerentes conquistem o monopólio da operação que consiste em traçar a linha de separação entre uso e refugo. Nessa interpretação, "cultura" representa o clamor do *particular* contra a pressão homogeneizadora do *geral* e "envolve um impulso indiscutivelmente crítico do status quo e de todas as suas instituições".[3]

O choque – o choque de um fervilhante antagonismo e, ocasionalmente, de um conflito aberto – entre essas duas perspectivas e narrativas é inevitável. Não se pode impedir que ele chegue às vias de fato nem que seja pacificado, uma vez que o faça. A relação administrador-administrado é intrinsecamente combativa; os dois lados perseguem dois propósitos opostos e só podem coabitar de um modo orientado para o conflito, infectado pela suspeita e pronto para o combate.

Esse conflito é mais pronunciado, mais ferozmente encenado e mais cheio de consequências mórbidas no caso das artes. Afinal, as artes são as unidades avançadas da cultura – engajadas em batalhas de reconhecimento cujo propósito é explorar, pavimentar e mapear as estradas que a cultura humana pode (ou não) seguir. ("A arte não representa uma existência melhor, mas uma existência alternativa", disse Joseph Brodsky. "Não é uma tentativa para escapar à realidade, mas o oposto, uma tentativa de animá-la."[4]) Os artistas são adversários ou concorrentes nas tarefas que os gerentes desejam monopolizar.

Quanto mais se distanciam das realidades cotidianas e, com isso, resistem a se acomodar a elas, menos adequados as artes e os artistas serão mobilizados a serviço do status quo; isso quer dizer que, do ponto de vista administrativo, eles podem ser vistos como inúteis, quando não como simplesmente ameaçadores. Os administradores e os artistas têm objetivos opostos: o espírito administrativo está em guerra com a contingência, o hábitat natural da arte. Além disso, ocupadas projetando alternativas imaginárias ao status quo, as artes, quer queiram, quer não, competem com os gerentes, cujo controle sobre a conduta humana e cuja manipulação de probabilidades são, em última instância, uma tentativa de controlar o futuro. Há mais de uma razão para que a administração e as artes se tolerem, mas não gostem uma da outra.

Falando da cultura, mas pensando sobretudo nas artes, Adorno reconhece a inevitabilidade do conflito cultura-administração. Mas ele também mostra que os antagonistas *precisam um do outro*; mais importante que isso, que as artes precisam da administração, uma vez que sua missão não pode ser cumprida sem a outra. Por mais inconveniente e desagradável que seja o estado de inimizade aberta ou clandestina, o maior infortúnio que poderia atingir a cultura (mais precisamente, as artes) seria justamente uma vitória completa e definitiva sobre seus confrontadores: "A cultura sofre danos quando é planejada e gerenciada; mas se é deixada por conta própria, tudo aquilo que é cultural corre o risco de perder não apenas qualquer possibilidade de se efetivar, como também sua própria existência."[5] Com essas palavras, Adorno afirma a triste conclusão à qual chegou quando trabalhava (com Max Horkheimer) em *Dialética do esclarecimento*: "A história das antigas religiões e escolas, assim como a dos partidos e revoluções modernos", nos ensina que o preço da sobrevivência é "a transformação das ideias em dominação".[6]

Essa aula de história devia ser estudada de forma diligente, absorvida e posta em prática pelos artistas, os "criadores de cultura" profissionais que carregam a principal responsabilidade sobre a tendência transgressiva da cultura, fazendo dela sua vocação conscientemente adotada e praticando a crítica e a transgressão como seu modo de ser:

> O apelo dos criadores de cultura para se afastarem do processo de administração e se manterem distantes são palavras ao vento. Isso não apenas os privaria da possibilidade de ganhar a vida, mas também de cada efeito, de cada contato entre obra de arte e sociedade, algo de que até a obra de maior integridade não pode prescindir, se não quiser perecer.[7]

Um paradoxo, de fato. Ou um círculo vicioso. Por um lado, a cultura não pode viver em paz com a administração, em particular com um sistema de gerenciamento intruso e insidioso, em especial com uma administração voltada para deslocar o ímpeto explorador e experimental da cultura para que ele se ajuste ao quadro de racionalidade esboçado pelos gerentes; a mesmíssima racionalidade de que a exploração artística do "não ainda" e do "meramente possível" precisa e que só pode transgredir; considerando que os gerentes têm uma tendência (como são obrigados, profissionalmente) a defender a causa dessa racionalidade com unhas e dentes, eles devem encarar as artes como adversárias; quanto mais eles o fizerem, melhor as artes executarão sua própria missão. A trama da administração contra a liberdade endêmica das artes é para os artistas um *casus belli* perpétuo. Por outro lado, porém, os criadores culturais precisam de gerentes se desejam (como a maioria deles deve fazer, pois têm como missão "melhorar o mundo") ser vistos, ouvidos e compreendidos – e, assim, manter de pé a possibilidade de ver seu projeto/missão/tarefa chegar a uma conclusão. De outro modo, se arriscam à marginalidade, à fragilização e ao esquecimento.

Criadores culturais só têm por escolha conviver com esse paradoxo. Por mais ruidosamente que protestem contra as pretensões e a interferência dos gerentes, a alternativa a buscar um *modus covivendi* com a administração é mergulhar na irrelevância. Eles podem escolher entre várias alternativas de administração com diferentes objetivos, lançando mão de inúmeros meios e mobilizando diversas estratégias para cercear a liberdade da criação cultural – mas entre elas não estão a *aceitação* e a *rejeição* do gerenciamento como um todo. De qualquer maneira, não de uma forma realista.

É disso que se trata, porque o paradoxo em questão brota do fato de que, apesar de todos os conflitos de interesse e da difamação mútua, criadores de cultura e gerentes estão condenados a compartir o mesmo espaço doméstico e a tomar parte do mesmo esforço. Essa é uma *rivalidade entre irmãos*. Eles buscam o mesmo objetivo, partilham a mesma meta: tornar o mundo diferente do que ele provavelmente seria ou se tornaria caso fosse deixado por conta própria. Ambos são críticos à habilidade do status quo para se sustentar, dirigir e se afirmar. Eles não discutem se o mundo deveria ou não ser objeto de constante intervenção ou ser deixado a suas próprias tendências – mas sobre a direção que a intervenção deveria assumir. Afinal, estão em jogo na discussão o direito de ter o "controle" e a capacidade de torná-lo eficaz. Cada um dos antagonistas reivindica o direito de decidir o rumo da intervenção e selecionar as ferramentas com que a busca será monitorada, assim como as medidas pelas quais, no caminho para a meta, serão avaliadas.

Hannah Arendt apontou com perspicácia e explicou em detalhes a essência desse conflito:

> Um objeto é cultural dependendo da duração de sua permanência: seu caráter durável é oposto a seu aspecto funcional, aquele que o faria desaparecer do mundo fenomênico por uso e desgaste. ...
> A cultura se vê ameaçada quando todos os objetos do mundo, produzidos agora ou no passado, são tratados somente como funções do processo social vital – como se eles não tivessem outra razão de ser senão a satisfação de alguma necessidade –, sem importar se as necessidades em questão são baixas ou elevadas.[8]

A cultura quer muito mais do que a realidade cotidiana. Ela não está preocupada com o que figura na agenda diária e é definido como imperativo do momento – ou pelo menos ela se esforça para transcender o impacto limitador da "atualidade", seja ele qual for e por quem quer que seja definido, e luta para se livrar de suas exigências.

Ser usado ou consumido in loco, para não falar em ser dissolvido num processo de consumo instantâneo, não é o destino dos produtos culturais nem o critério para medir seus valores. Hannah Arendt diria que a cultura está em busca da *beleza* – e sugiro que ela escolheu falar assim para qualificar as preocupações de cultura porque a ideia de "beleza" é o próprio epítome de um objetivo ilusório que, obstinada e firmemente, desafia a explicação racional ou causal, que não tem propósito ou uso óbvio, não serve para nada e não pode se legitimar por referência a alguma necessidade já sentida, definida e marcada para satisfação; qualquer necessidade que ela possa, enfim, satisfazer ainda está para ser produzida no próprio ato de criação artística. Um objeto é "cultural" à medida que sobrevive a qualquer uso que pudesse ter contribuído para sua criação.

Essa imagem de cultura difere nitidamente da opinião comum, que até pouco tempo atrás também era predominante na literatura acadêmica; uma opinião que, em contraste, lança a cultura entre os implementos homeostáticos destinados a preservar a monótona reprodução da realidade social, sua *mêmeté*, e assim contribuir para garantir a manutenção de sua uniformidade ao longo do tempo. A noção de cultura comum nos escritos classificados sob a rubrica de ciência social (e em geral incontestada até há pouco) é um mecanismo estabilizador, gerador de rotina e repetição, de manutenção, um instrumento de inércia – e de modo algum um instrumento de efervescência, evitando que a realidade social se paralise e forçando uma perpétua autotranscendência, como insistiam Adorno e Hannah Arendt.

A noção clássica de cultura, cujo domínio coincidiu com a fase sólida da modernidade, guiada pela razão administrativa, gerencial, era elemento de uma ordem autorrenovadora, mais do que de suas eternas rupturas e revisões. Nas leituras antropológicas ortodoxas (uma sociedade = uma cultura), a cultura surge como ferramenta eficiente para a "manutenção de padrões", uma serva da estrutura social; para uma permanente distribuição de probabilidades comportamentais que mantém sua forma com o passar do tempo e de maneira bem-sucedida rechaça qualquer brecha ocasional da norma, todo rompimento e divergência que ameacem o equilíbrio do sistema. Para falar a verdade, essa concepção de cultura era, simultaneamente, uma extrapolação e o horizonte utópico de uma totalidade social adequadamente administrada (ou, para lembrar a frase outrora muito usada de Talcott Parsons, "principalmente coordenada"), marcada por uma distribuição estável de probabilidades e controlada com firmeza por vários dispositivos homeostáticos, entre os quais cultura ganha o lugar de maior destaque; um tipo de totalidade na qual condutas erradas ou ações desviantes de unidades humanas individuais são prontamente apontadas, isoladas antes que um dano irreparável possa ser produzido, e logo desativadas ou eliminadas.

No interior daquela visão de sociedade como um sistema autoequilibrado (que permanece teimosamente o mesmo, apesar de todas as pressões de forças de compensação), a *"cultura"* representa o sonho dos gerentes que se tornava realidade: uma resistência efetiva contra a mudança – mas, acima de tudo, uma resistência a (e a prevenção de) mudanças não planejadas, imprevistas, casuais, provocadas por qualquer coisa que não a vontade do administrador e sua definição do que é útil, sensato e próprio.

Esse sonho, se realizado, traria para dentro do mundo o que Joseph Brodsky descreveu como "tirania", referindo-se a um arranjo de integração humana que "estrutura seu mundo para você". Um arranjo que "faz isso do modo mais meticuloso possível é, sem dúvida, é muito melhor que a democracia. ... O sonho consiste em tornar cada homem seu próprio burocrata".[9] Como insiste Milan Kundera, ao preferir chamar essa tirania de "totalitarismo", nesse "mundo de repetições", que "exclui o relativismo, a dúvida e o questionamento", não há espaço para a arte.[10] "A história do romance (da pintura, da música) nasceu da liberdade humana, da realização pessoal humana, da escolha humana" – e foi desenvolvida por improvisação e pela criação de suas próprias regras à medida que o processo se desenrolava.[11]

Porém, era no "espírito" do gerencialismo que o papel da cultura costumava ser percebido, mesmo até duas a três décadas atrás, num momento em que ela foi anexada, ou se pretendeu que fosse anexada, pelo projeto administrativo que dominou (ou lutou para dominar) a percepção do mundo humano.

Muito aconteceu nas últimas duas a três décadas, entretanto. Para começar, experimentamos a "revolução gerencial, versão 2", conduzida sub-repticiamente sob a bandeira do "neoliberalismo". Os gerentes da cultura se deslocaram da "regulamentação normativa" para a "sedução", da vigilância cotidiana e do policiamento para os procedimentos de relações públicas, e do modelo de poder impassível, super-regulado, baseado em rotinas, pan-óptico, onivigilante e onimonitorador, para um modelo de dominação centrado no lançamento dos dominados em estado de incerteza difusa, de *précarité*, e numa contínua, mas fortuita, quebra da rotina. E então a moldura mantida pelo Estado e na qual costumavam ser afixadas as partes mais importantes das políticas de vida individuais também foi gradualmente desmantelada, e as políticas de vida se deslocaram/variaram para o domínio operado pelos mercados de consumo. Em radical oposição à burocracia estatal, os mercados consumidores são conhecidos por prosperar sustentando-se na *fragilização* das rotinas e em sua rápida *superação* – rápida o bastante para prevenir a solidificação em hábitos ou normas.

Nessa nova configuração, há pouca demanda para refrear e domesticar os ímpetos transgressivos e a experimentação compulsiva apelidados de cultura, a fim de dela lançar mão a serviço do autoequilíbrio e da continuidade. Ou pelo menos os outrora mais tradicionais e robustos agentes dessa demanda, os supostos gerentes dos Estados em processo de construção de nação, perderam o interesse em recorrer a ela; por sua vez, os novos roteiristas e diretores da dramaturgia cultural, que se juntaram àqueles ou os substituíram, desejavam dos homens, agora transformados em consumidores dos pés à cabeça, tudo, menos conduta domesticada, regular, rotinizada, inflexível.

Como os principais personagens da peça chamada modernidade sólida deixaram o palco ou foram rebaixados ao papel de extras, quase sem falas, e como os seus substitutos fracassaram – e possivelmente também não estavam ansiosos para isso – em surgir das coxias, nossos contemporâneos se viram atuando no espetáculo que pode muito bem ser chamado, seguindo Hannah Arendt, que por sua vez se inspirou em Bertolt Brecht, de "tempos sombrios". Eis como ela descortinou a natureza e as origens dessa escuridão:

> Se é função da esfera pública lançar luz sobre as questões dos homens, fornecendo um espaço de aparências no qual eles possam mostrar, em atos e palavras, para o melhor e para o pior, quem eles são e o que podem fazer, então a escuridão chegou quando essa luz foi extinguida por um "hiato de credibilidade" e um "governo invisível"; por um discurso que não revela o que é, mas, pelo contrário,

oculta; por exortações morais, ou muito pelo contrário, que, sob pretexto de dar suporte a velhas verdades, produza a degradação de toda verdade na direção de uma trivialidade sem sentido.[12]

É esta a descrição que ela faz das consequências desse processo:

> A esfera pública perdeu o poder de iluminação que originalmente fazia parte de sua natureza. Cada vez mais, as pessoas nos países do mundo ocidental, que, desde o declínio do mundo antigo, consideravam a liberdade política uma das liberdades básicas, fizeram uso dessa faculdade e se afastaram do mundo e de suas obrigações para com ele. ... Mas, com essa retirada, também ocorre uma perda quase indemonstrável para o mundo: o que está sendo perdido é o intermediário específico e em geral insubstituível que deveria se formar entre o indivíduo e seus semelhantes.[13]

A retirada da vida política e da esfera pública se converterá então, escreveu Hannah Arendt de modo profético, na "atitude básica do indivíduo moderno, que, em sua alienação desse mundo, pode se revelar de verdade só na privacidade e na intimidade dos encontros face a face".[14]

Essa privacidade recém-adquirida e reforçada e a "intimidade dos encontros face a face" – os companheiros inseparáveis, ao mesmo tempo causas e efeitos dos "tempos sombrios" – são mantidas e servidas pelos mercados consumidores, que por sua vez promovem a contingência universal da vida de consumo enquanto capitalizam a fluidez das atribuições sociais e a crescente fragilidade dos laços humanos; o estado litigioso, instável, imprevisível de direitos, obrigações e comprometimentos individuais; e um presente que escapa ao alcance de seus cidadãos e um futuro obstinadamente incontrolável e incerto. Agindo sob pressão e por impotência, embora com pouca resistência, se não com boa vontade, os administradores estatais abandonam aquela ambição de regulamento normativo da qual foram certa vez acusados por

Adorno e outros críticos, que temiam a perspectiva por demais real de uma "sociedade de massa totalmente gerenciada". Em vez disso, os administradores estatais se puseram em "estado de agência" e assumiram o papel de "agentes desinteressados" ou "isentos" das necessidades do mercado (leia-se: das demandas dos promotores de mercadorias). Em outras palavras, eles subsidiarizam ou subcontratam para as forças do mercado a administração dos riscos, das tarefas e das responsabilidades de "manter o espetáculo", voltando tudo isso para o jogo da demanda, e pondo em oferta o direito outrora ciosamente guardado de estabelecer a música, com o dever de pagar aos músicos. Esses agentes-gerentes declaram agora sua própria neutralidade na disputada questão das escolhas culturais, incluindo as artísticas. Como a cultura já não é mais necessária como ferramenta para o projeto, a construção e a manutenção da ordem – e para as mobilizações de massa que todos esses passos exigem –, as coisas da cultura foram retiradas de uso e postas à venda para compradores individuais, em versões atualizadas dos espaços de ponta de estoque das lojas de departamento.

Criadores de cultura, não obstante, podem estar em pé de guerra com a intervenção intrusa dos gerentes, que tendem – nas versões política e comercial – a insistir em medir o desempenho cultural segundo critérios *extrínsecos*, estranhos à irracionalidade, espontaneidade e a uma inerente liberação para a criatividade, e que usam os poderes e os recursos que eles comandam para afiançar a obediência às regras e aos padrões que estabeleceram, cortando, assim as asas da imaginação artística e abalando os princípios que guiam a criatividade dos artistas. É preciso repetir, no entanto, que a principal objeção das artes à interferência administrativa não é, como foi mostrado, um novo ponto de partida – este é só mais um capítulo na longa história da "rivalidade entre irmãos" que não tem um fim à vista. Para o bem ou para o mal, para o bem *e* para o mal, criadores culturais de todas as épocas sempre precisaram dos administradores – com medo de morrer longe da multidão enlouquecida, na mesma torre de marfim na qual foram concebidos.

O que *é* verdadeiramente moderno são os critérios que os atuais gerentes – em seu novo papel como agentes das forças do mercado, e não dos poderes estatais construtores da nação – mobilizam para avaliar, auditar, monitorar, julgar, censurar, recompensar e punir aqueles sob sua custódia. Naturalmente, esses são critérios de *mercado consumidor*, que refletem uma preferência prescrita pelo consumo *imediato*, a satisfação *imediata* e o lucro *imediato*. Um mercado de consumo que suprisse necessidades de longo prazo, para não falar em necessidades eternas, seria uma contradição em termos. O mercado consumidor promove a rápida circulação, distâncias menores entre uso e descarte e entre a consignação para o descarte e o descarte de fato, tudo em nome da imediata substituição de bens não mais lucrativos. E tudo isso também em gritante oposição à natureza da criação artística e à mensagem das artes, que, nas palavras de Kundera, é "silenciada na confusão das respostas fáceis e apressadas que aprisionam e aniquilam as questões".[15] E, assim, a novidade, pode-se concluir, é que aqueles irmãos ainda engajados em disputas talvez se separem e sigam cada qual o seu caminho.

Em jogo no novo capítulo desse antigo cabo de guerra não está apenas a resposta a ser dada à pergunta "Quem está no comando?", mas o próprio significado de "estar no comando" – seu propósito e suas consequências. Poderíamos ir um passo (um passo pequeno, que seja) adiante e dizer que o que está em jogo hoje é a sobrevivência das artes como nós as conhecemos desde que as pinturas nas paredes da caverna de Altamira foram feitas. Pode a cultura sobreviver ao descrédito da duração, à morte da infinitude – essa primeira "vítima colateral" da vitória do mercado consumidor? A resposta a essa pergunta é que realmente não sabemos – embora se estivesse desculpado em favorecer um "não", e muito embora, seguindo o conselho de Hans Jonas aos habitantes da "Era da Incerteza", se possa depositar mais confiança nas obscuras premonições dos "profetas da destruição" que nas garantias dos promotores da nova e elegante vida de consumidor.

Subordinar a criatividade cultural aos padrões e critérios dos mercados de consumo significa exigir que as criações culturais aceitem o pré-requisito de todo suposto produto de consumo: que eles se legitimem em termos de valor de mercado (o valor de mercado *atualizado*, para ser preciso), ou pereçam.

A primeira questão dirigida aos produtos artísticos postulantes ao reconhecimento de valor (de mercado) é a da demanda de mercado (seria ela já suficiente ou ainda precisa ser rápida e oportunamente potencializada?), seguida pela pergunta de o quanto a demanda é suportada por uma capacidade adequada de pagamento. Notemos que, sendo as demandas do consumidor caprichosas, extravagantes e voláteis, os registros do domínio desse mercado sobre os produtos artísticos estão lotados de prognósticos enganosos, avaliações que erram o alvo e decisões grosseiramente incorretas. Na prática, esse domínio é reduzido até compensar a falta de análises de *qualidade* com uma *quantidade* excedente de alvos potenciais e muita cobertura, ambos resultando num excesso desnecessário e numa falta de necessidade excessiva. (George Bernard Shaw, dedicado e habilidoso praticante da arte da fotografia, além de autor teatral completo, aconselhava os colegas fotógrafos a seguir o exemplo do bacalhau, que tem de botar mil ovos para ter uma descendência que chegue à maturidade; parece que toda a indústria de consumo e os gerentes de marketing que a mantêm viva seguem o conselho de Shaw.) Uma estratégia como essa às vezes pode dar garantias contra as exorbitantes perdas ocasionadas por enganosas análises de custo-benefício; mas faz pouco ou quase nada para assegurar os artistas de que suas criações têm a chance de revelar suas verdadeiras qualidades mesmo que haja demanda de mercado à vista (vista essa que seria eminentemente curta, dado o endêmico "curto-prazismo" dos cálculos de mercado).

Pois são agora os possíveis clientes, seu número e o volume de dinheiro em suas contas bancárias o que decide (embora de forma inconsciente) o destino das criações artísticas. A linha que divide os produtos "bem-sucedidos" (que por conta disso conquistam a atenção do público) dos fracassados (os incapazes de uma irrupção na notoriedade realizável em e pelas galerias de arte) é traçada pelas vendas, avaliações e os lucros de bilheteria. De acordo com as espirituosas definições de Daniel J. Boorstin, uma "celebridade é uma pessoa conhecida por sua bem-conhecidice", enquanto "um best-seller" é um livro que de alguma maneira vende bem "simplesmente porque está vendendo bem". O mesmo pode ser dito sobre os objetos de arte mais vendidos. Até agora, os teóricos e críticos de arte contemporânea não estabeleceram muito mais que a correlação unilateral sugerida pelas ferinas definições de Boorstin entre as virtudes artísticas intrínsecas das obras e o estado de celebridade de seus autores. Quando se procura a causa efetiva da celebrização do artista, é mais provável encontrá-la no status de celebridade da marca (da galeria, do jornal) que, ao promover seu trabalho, elevou o artista desconhecido da obscuridade à ribalta.

O equivalente contemporâneo dos golpes de sorte, que sempre foram um fator indispensável para o sucesso mundano do artista, é um Charles Saatchi que estaciona o carro em frente a uma obscura lojinha de rua secundária, onde se vende um bricabraque montado por uma desconhecida almejando, em vão, convencer seus raros e acidentais visitantes do valor artístico de seus feitos. Aquele bricabraque prontamente se converteu em obra de arte ao ser transferido para uma galeria cujas paredes e portões separam boa arte e arte ruim (e, para os especialistas, arte e não arte). A glória do nome da galeria contamina os nomes dos artistas em exibição. No vexatório e confuso mundo líquido moderno de normas flexíveis e valores flutuantes, essa é – e não inesperadamente – a tendência universal, mais que uma específica singularidade artística. Como Naomi Klein resumiu: "Muitos dos fabricantes mais conhecidos da atualidade já não produzem produtos e os anunciam, mas compram produtos e os 'marcam.'"[16] A marca e a logomarca juntas (é a bolsa de compras com o nome da galeria que dá significado às compras por ela carregadas) não agregam valor – elas *são* valor, o valor *de mercado* e, assim, o valor em si.

Não são apenas as empresas que emprestam valor aos produtos artísticos por meio da colocação de uma marca (ou que os desvalorizam retirando deles seus logotipos); o ato de colocar uma marca é em geral complementado por um *evento*: megacampanhas de multimídia de vida curta, mas com o caminho totalmente livre. Os eventos parecem ser as fontes mais potentes de valor: os eventos promocionais, eventos hype, são maciçamente frequentados porque são conhecidos, e são conhecidos por serem maciçamente frequentados, e eles vendem uma enormidade de ingressos porque são conhecidos por mobilizar longas filas de pessoas.

Tais eventos evitam os riscos envolvidos na mera exposição de produtos de arte até mesmo nas galerias mais célebres. Ao contrário das galerias, eles não precisam contar com a lealdade duvidosa dos fiéis num mundo antenado com o curto alcance manifesto da memória do público e com a violenta concorrência entre incontáveis atrações que competem pela atenção do consumidor. Eventos, como todos os produtos de consumo genuínos, têm uma "data de validade"; seus projetistas e gerentes podem deixar as preocupações de longo prazo fora de seus cálculos (com o duplo benefício de enormes poupanças e uma confiança inspirada pela sintonia com o espírito de seu tempo). Os produtores de eventos planejam e suprem, recordando a competente frase de George Steiner, "para o máximo impacto e imediata obsolescência".

O espetacular e alucinante crescimento de eventos de prazo fixo (cuja duração é um intervalo de tempo que não excede a expectativa de vida do interesse público), como as mais prolíficas fontes de valor de mercado, se harmoniza bem com a tendência universal da configuração líquida moderna. Produtos culturais – quer sejam objetos inanimados ou homens educados – tendem hoje a ser alistados no departamento de "projetos", empreendimentos reconhecidamente únicos e efêmeros. E, como descobriu um grupo de pesquisa citado por Naomi Klein, "você realmente pode colocar uma marca não apenas na areia, mas também no trigo, na carne de boi, tijolo, metais, concreto, substâncias químicas, flocos de cereal e uma variedade infinita de mercadorias tradicionalmente consideradas imunes a esse processo"; ou seja, objetos que se creem (injustamente, como transparece) capazes de se manter erguidos nos próprios pés e comprovar suas validades apenas descortinando e demonstrando seu próprio valor e sua excelência.[17]

Durante séculos, a cultura viveu em intranquila simbiose ou numa relação de amor e ódio com a administração, pelejando desconfortavelmente, por vezes sufocando no abraço dos gerentes, mas também correndo deles, a fim de se abrigar, reerguendo-se revigorada e fortalecida desse encontro. Mas a cultura sobreviveria à mudança de administração? Seria permitido a ela algo diferente de uma existência efêmera como a de uma borboleta? O novo gerenciamento, fiel ao novo estilo gerencial, não limitará sua guarda ao desmembramento de recursos? O cemitério de "eventos culturais" falecidos ou abortados não substituirá a rampa ascendente como metáfora irregular para cultura?

Willem de Kooning sugere que, neste nosso mundo, "conteúdo é um vislumbre", uma visão fugidia, um olhar de passagem.[18] Enquanto isso, um analista mais incisivo das idas e vindas da cultura pós-moderna, Yves Michaud, sugere que a estética, o objeto sempre evasivo e obstinadamente procurado da arte, é hoje consumida e celebrada num mundo esvaziado e destituído de obras de arte.[19]

Além da felicidade, a beleza foi uma das promessas modernas mais animadoras e um dos ideais orientadores do inquieto espírito moderno. Descrevi brevemente, em outra oportunidade, a história labiríntica e as aventuras semânticas do sonho da felicidade.[20] Esta é a vez da beleza. Sua história pode ser vista como paradigmática para o nascimento e o desenvolvimento da cultura líquida moderna do resíduo e do descarte.

A ideia de beleza, sugeri, costumava ser – pelo menos até o Renascimento – construída na medida das ambições administrativas. Os conceitos mais frequentemente cultivados nos primeiros estágios do debate moderno sobre o significado de "beleza" eram harmonia, proporção, simetria, ordem e outros semelhantes (John Keats, em "Endimião", acrescentaria a saúde e uma respiração tranquila) – todos convergindo num ideal talvez mais vigorosamente formulado por Leon Battista Alberti: o ideal de um estado no qual qualquer mudança pode representar apenas uma mudança para pior; um estado ao qual Alberti deu o nome de *perfeição*. A beleza significava essa perfeição, e o perfeito era o que tinha o direito de ser chamado de belo. Muitos grandes artistas modernos lutaram para conjurar um estado de perfeição como esse, e de fato se engajaram na busca da perfeição, no sentido de Alberti, tema central de seus trabalhos. Pense, por exemplo, em Mondrian, Matisse, Arp ou Rothko. Recorte os retângulos coloridos das pinturas de Mondrian e tente rearrumá-los numa ordem diferente da escolhida pelo pintor, e tudo indica que você vai achar seu arranjo – na verdade, *todo e qualquer* arranjo – inferior, menos agradável e "feio" em comparação ao original. Ou recorte as figuras de *A dança*, de Matisse, e tente posicioná-las de outro modo; sem dúvida você vai experimentar frustração semelhante.

Mas qual é, afinal, o significado de "perfeição"? Uma vez que o objeto tenha adquirido a forma "perfeita", qualquer mudança adicional é indesejável e desaconselhável. Perfeição significa que a mudança deve chegar ao fim. Nada de mudanças. Longe de ser transportado para outro universo, tudo será daqui em diante o mesmo – eternamente. O que é perfeito nunca perderá seu valor, nunca se tornará redundante, jamais será rejeitado e eliminado; e, assim, nunca se transformará em refugo; pelo contrário, toda procura e experimentação adicionais serão doravante supérfluas. E assim, ao ansiar pela perfeição, precisamos ampliar nossa imaginação ao extremo, mobilizar todo nosso poder criativo – mas apenas para tornar a imaginação um passatempo desperdiçador, e a criatividade, algo não apenas desnecessário, mas também indesejável. Se beleza significa perfeição, então, quando a beleza for alcançada, nada mais acontecerá. Não há nada *depois* da beleza.

Nós, seres humanos, somos e não podemos evitar ser aqueles animais "transgressivos", "transcendentes", e os artistas (ou pelo menos os "verdadeiros" artistas, o que quer que isso possa significar) o são mais ainda que os outros homens. Eles vivem à frente de seu tempo. Suas representações podem se apartar dos sentidos e correr na dianteira. O mundo que eles habitam estará sempre um passo, um quilômetro ou um ano-luz à frente do mundo que experimentamos. Essa parte do mundo que se ressalta adiante da experiência vivida nós chamamos de "ideais"; eles querem nos guiar no território como se este ainda fosse inexplorado, não mapeado.

A "beleza" era um desses ideais que guiavam os artistas para além do mundo já ultrapassado. Seu valor estava totalmente envolvido em seu poder orientador. Tivessem os artistas em algum momento alcançado o ponto demarcado pelo ideal de beleza, eles teriam perdido esse poder – sua jornada teria chegado ao fim. Nada haveria restado para transgredir e transcender, e, com isso, também nenhum espaço para explorar e experimentar.

Chamamos muitas coisas de belas, mas não poderíamos dizer com honestidade a respeito de nenhuma delas que não seria possível melhorá-la. A perfeição *é um para sempre "não ainda"*. Apenas pessoas que têm muito a melhorar podem sonhar com um estado de coisas no qual nenhuma melhora seja desejável. A imagem da perfeição pode ser um elogio da imobilidade, mas a tarefa dessa visão é nos puxar e nos empurrar para longe do que está parado, nos impedir de permanecer imóveis. *Imobilidade* é a característica dos cemitérios – e, contudo, de modo paradoxal, é o *sonho dessa imobilidade* que nos mantém vivos. Enquanto o sonho se conserva não realizado, contamos os dias e os dias contam – há um propósito e há um trabalho inacabado a fazer.

Não que esse trabalho, que obstinada e exasperadamente se recusa a ser terminado, seja uma bênção trazendo uma felicidade imaculada. A condição de "negócio inacabado" tem muitos encantos, mas, como qualquer outra condição, fica aquém da perfeição. Para Picasso, a criação artística seria divina se rejeitasse a busca da beleza, porque Deus não é perfeccionista. De acordo com o testemunho de Françoise Gilot e Carlton Lake, Picasso considerava Deus "apenas outro artista. Ele inventou a girafa, o elefante e o gato. Não tem nenhum estilo real. Ele apenas vai testando as coisas." Meditando sobre o estado e as perspectivas da arte contemporânea, Tom Wolfe se perguntava: "Nos libertamos dos objetos figurativos, da terceira dimensão, dos materiais de pintura, de técnicas, molduras e da tela. ... Mas, e a parede? A imagem da obra de arte como uma coisa pendurada na parede não é algo pré-moderno?"[21]

Jacques Villeglé, artista ativíssimo, arguto fotógrafo e pintor de telas enormes penduradas nas paredes de todos os salões de arte mais prestigiosos de Paris (pelo menos eu os encontrei pendurados lá quatro anos atrás), pensa num tipo diferente de parede: um dispositivo absolutamente pós-moderno, uma parede voltada para a rua em que a ação se desdobra, uma janela, em vez de uma parte da jaula/abrigo que, sob o domínio modernista, costumava definir a diferença entre o "interior" e o "exterior" nas artes. As paredes que se abrem nas telas de Villeglé fixadas nas paredes das *galerias* são as paredes da cidade, esses registros vivos, sempre inacabados e atualizados da arte moderna – a arte de viver modernamente.

Essas paredes são os próprios lugares em que a evidência de viver pode ser encontrada – revelada e registrada para posterior transferência para o interior, as paredes do museu, sendo reencarnada como *objets d'art*. Os objetos de Villeglé são as paredes e os letreiros feitos sob encomenda que portam comunicados e avisos públicos, cartazes e anúncios; ou simplesmente extensões de parede que separam e escondem as residências privadas dos lugares públicos. Esses pedaços de alvenaria em branco e palmos de insípido concreto são um constante desafio e uma tentação para os impressores, distribuidores e afixadores de folhetos, uma tentação irresistível numa cidade líquida moderna, cheia até a borda de imagens e sons que competem pela atenção.

Uma vez fixados nas telas de Villeglé, letreiros, muros e paredes invadidos e anexados pelas tropas avançadas do império da informação mal traem seus diferentes passados. Todos eles parecem escandalosamente semelhantes. Sejam eles colados e recolados no bulevar de la Chapelle, ou no Haussmann, no Malesherbes ou na rue Littré; ou estejam no bulevar Marne, ou na rue des Écoles;

ou na rue Saint-Lazare, no faubourg Saint-Martin, ou no cruzamento de Sèvres com o bulevar du Montparnasse. Cada um é uma mescla aleatória de cemitérios e canteiros de obra; um ponto de reunião para coisas relativas à morte e ao nascimento para morrer um pouco depois. A fragrância de cola fresca luta com o odor de corpos putrefatos. *Affiches lacérées* é como Villeglé chama suas telas. Fragmentos irregulares de papel já rasgado voam sobre potenciais fragmentos a serem rasgados. Meios sorrisos em metades de faces; olhos isolados ou orelhas solitárias, sem seus pares, joelhos e cotovelos sem nada a conectá-los e uni-los. Gritos que tombam silenciosos antes de serem compreendidos, mensagens que se dissolvem e desaparecem numa fração de frase, presa e estrangulada bem aquém do nascedouro do significado; apelos não completados ou frases que não têm começo.

E, contudo, esses fragmentos são cheios de vida. Nada se mantém imóvel; tudo o que ali figura está de licença temporária em outro local, ou em viagem temporária para outro lugar. Todas as casas são apenas hotéis de beira de estrada. Esses painéis e paredes, superpovoados com camada sobre camada de sentidos que *foram*, *teriam sido* ou *seriam*, são instantâneos de uma história em fabricação, uma história que avança rasgando seus rastros: é uma história como *fábrica de rejeitos, de refugos*. Nem criação nem destruição, nem aprendizagem nem esquecimento genuíno; apenas a lívida evidência da futilidade – mais que isso, da profunda tolice – dessas distinções. Nada ali nasce para viver muito tempo e nada morre em definitivo. Duração? Desculpe-me, mas o que você quer dizer com isso? Coisas feitas para durar? Que ideia estranha...

As telas de Manolo Valdés também são enormes e extraordinariamente semelhantes entre si. Qualquer que seja a mensagem que portem, ela se repete, com persistência aduladora, embora apaixonada, inúmeras vezes, tela a tela. Valdés pinta/cola/compõe/integra *faces*. Ou, antes, uma só face – a face de uma única mulher. Cada tela é a evidência material de um novo começo, de outra partida, outra tentativa de terminar o retrato – mas sem levá-lo ao fim, o que quer que a palavra "fim" possa significar. Ou seria o testemunho de um trabalho completado há pouco, mas em seguida descartado como obsoleto e condenado? Sem dúvida a tela se congelou no momento em que foi fixada à parede da galeria – mas quando subiu ou quando desceu? *Aller* ou *retour*? Diga-me você.

Em minha opinião, não há como distinguir o "para a frente" do "para trás". A exemplo da oposição entre criação e destruição, essa distinção perdeu seu sentido – ou talvez nunca tenha tido sentido. Isso muito embora fosse um segredo, o vazio – agora revelado – onde se achava residir o sentido. Um segredo guardado com cuidado por todos aqueles que insistiam que "para a frente" era o nome adequado para o lugar de onde olham os que olham para a frente. Os mesmos que afirmam que "criação" é o nome adequado para a destruição que as pessoas criativas realizam. Pelo menos essa é a mensagem que as telas de Valdés, em uníssono, entoam; talvez sua única mensagem.

As colagens de Valdés foram laboriosamente compostas como uma colcha de retalhos, camada por camada, com pedaços de aniagem ou serapilheira – algumas delas tingidas, outras sem pejo de exibir a insipidez da juta ou do cânhamo; algumas têm a superfície preparada para ser pintada, outras já têm descascados nacos da pintura seca com que haviam sido anteriormente revestidas. Ou teriam sido rasgadas de uma tela completa, sem emendas, inteira e sadia? Os retalhos são colados sem capricho – pontas soltas ficam suspensas no ar –, porém, mais uma vez, não fica claro se eles estão na iminência de serem pressionados e colados aos outros retalhos das outras camadas ou se estão na iminência de descolarem e cair no chão. Esses instantâneos da colagem estariam captando o processo de criação ou um estado avançado de decomposição? Esses pedaços tecidos de juta estão ainda malfixados ou já se soltaram? Novo e jovial ou usado e em putrefação? A mensagem é: não importa, e caso importasse não haveria resposta.

Villeglé e Valdés são os artistas representativos dos tempos líquidos modernos – de uma era que perdeu a autoconfiança, rendeu-se ao vendaval da existência consumista e perdeu a coragem de esboçar (para não falar em sair em busca de) modelos de perfeição, condição que daria fim ao vendaval. Ao contrário da época da modernidade sólida, que vivia para a "eternidade" (versão taquigráfica de um estado de uniformidade perpétua, monótona e irrevogável), a modernidade líquida não fixa objetivo para si mesma e não traça qualquer linha de chegada; mais precisamente, ela atribui a qualidade de permanência apenas ao estado de transitoriedade. O tempo *flui*; o tempo já não "marcha". Há mudanças, sempre mudanças, sempre uma nova e diferente mudança – mas nenhuma destinação, nenhum ponto final, nenhuma expectativa de se cumprir uma missão. Cada momento vivido está *ao mesmo tempo* prenhe de um novo começo *e* de um fim – outrora antagonistas juramentados; agora, gêmeos siameses.

Os artistas aqui mencionados reproduzem em seus trabalhos as características definidoras da experiência líquida moderna. Ao cancelar a oposição entre os atos criativos e os destrutivos, entre aprendizado e esquecimento, entre passos para a frente e para trás – assim como ao retirar a ponta da flecha do tempo –, isso tudo se torna a realidade vivida que Villeglé e Valdés reciclam sobre telas prontas para serem penduradas nas paredes das galerias. Mas também eles não estão sós; digerir essas novas qualidades do *Lebenswelt* (mundo da vida) e articular a experiência talvez sejam as principais preocupações da arte, agora lançada num mundo sem "modelos" – um planeta que não se tem confiança de que permanecerá sentado tempo bastante para permitir ao artista que complete seu retrato. Essa preocupação se expressa repetidas vezes na tendência a reduzir o período de vida dos produtos artísticos ao de uma performance, um happening, ao breve intervalo temporal entre a abertura e o desmonte de uma exposição; na preferência por materiais delicados e quebradiços, flagrantemente degradáveis e perecíveis, entre as coisas de que são feitas as obras de arte; nos terrenos improváveis de visitar ou de sobreviver por muito tempo aos caprichos do clima inclemente; e, afinal, na incorporação da iminência de declínio e desaparecimento da presença material do objeto.

De modo imperceptível, o significado de "beleza" sofre uma mudança decisiva. Nos usos atuais da palavra, os filósofos mal reconheceriam os conceitos que eles tão séria e laboriosamente construíram ao longo dos últimos séculos. Mais que qualquer outra coisa, eles não conseguiriam explicar a ligação entre beleza e eternidade, entre valor estético e durabilidade. Por mais furiosamente que tenham debatido entre si, todos os filósofos concordavam, nos tempos agora passados, que a beleza se eleva para além de frágeis e inconstantes caprichos privados, e que, mesmo se houvesse possibilidade de algo como "beleza à primeira vista", apenas o (infinito?) fluxo de tempo a poria à prova, num teste confiável, derradeiro e definitivo ("Tudo que é belo é uma alegria para sempre", como insistiu Keats). Os filósofos da atualidade também perderam de vista a "pretensão à validade universal", encarada como atributo indispensável de qualquer julgamento estético adequado. Foram esses dois pontos que caíram pelo tombadilho com o advento da "cultura de cassino" líquida moderna, e ambos se tornaram ausentes dos atuais usos populares da palavra "beleza".

A fim de não desperdiçar o tempo de seus clientes ou prejudicar suas alegrias futuras, ainda imprevisíveis, o mercado consumidor oferece produtos destinados ao consumo imediato, de preferência para um uso só, e, então, rápido descarte e substituição, de modo que o espaço em que se vive não fique atravancado quando os objetos antes admirados e cobiçados saiam de moda. Os clientes, confundidos pelo vendaval de produtos, pela variedade esmagadora de ofertas e pela vertiginosa marcha das mudanças, já não podem confiar nas próprias habilidades de aprender e memorizar – e, assim, eles têm de aceitar (e o fazem, agradecidamente) as garantias dadas pelo mercado de que os produtos agora em oferta são "*o que há*", "o que há de *quente*", o "*que se deve ter*" e "o que há a (na qual ou com a qual) ser visto". É a fantasia centenária de Lewis Carroll que se torna realidade: "É necessário correr o mais rápido que *você* puder para ficar no mesmo lugar.

Se você quiser chegar a outro lugar, você deve correr pelo menos duas vezes mais rápido que isso!"

O valor estético perpétuo ou "objetivo" de um produto é a última coisa com que se preocupar. A beleza não está "no olho do observador": em vez disso, ela se situa na moda da atualidade, significando que o belo de hoje está condenado a ficar feio no momento em que as novidades atuais forem substituídas por outras, como logo o serão. Se não fosse pela maravilhosa capacidade do mercado para impor um molde regular, ainda que efêmero, às escolhas de seus clientes – escolhas ostensivamente individuais e por isso, em potencial, aleatórias e difusas –, esses clientes se sentiriam desorientados e perdidos. O gosto não é mais um guia seguro; aprender e confiar no conhecimento já adquirido de alguém é uma armadilha, mais que um auxílio; o *comme il faut* de ontem pode bem se transformar, sem aviso, em *comme il ne faut pas*.

"A beleza reina", observa Yves Michaud em seu perspicaz relato das atuais condições da arte no mundo líquido moderno. "Sob todos os aspectos, ela se tornou um imperativo: seja belo ou pelo menos nos poupe de sua feiura."[22] Ser feio significa estar condenado ao monte de lixo. De modo recíproco, ser condenado ao monte de lixo é prova de feiura. Era com isso que sonhavam, desde o princípio, os artistas modernos e os filósofos versados em estética, que refletiam sobre os trabalhos dos artistas, não? Assim, estamos testemunhando o triunfo supremo do belo? A realização de pelo menos um dos mais ambiciosos "projetos modernos"?

Nem tanto, diria Michaud. Na verdade, a estética *triunfou* – mas sobre seu próprio objeto. A estética triunfou sobre a *trivialização* da beleza – pelo enfraquecimento do status das chamadas obras de arte ("preciosas e raras", "investidas de [*uma*] aura e qualidades mágicas", "sem igual, requintada e sublime"). "A 'estética' é cultivada, difundida e consumida num mundo esvaziado das obras de arte", escreve Michaud. A arte evaporou numa espécie de "éter estético" que, assim como o éter dos pioneiros da química moderna, penetra todas as coisas e não se condensa em nenhuma delas. "Belos" são os agasalhos que carregam as etiquetas dos mais célebres designers da atualidade; ou os corpos reformados tendo por referência a última moda, com malhação, cirurgia plástica e maquiagem; ou produtos empacotados em gôndolas de supermercado. Michaud diz: "Até os cadáveres são belos – organizadamente embrulhados em sacos de plástico e alinhados diante das ambulâncias."[23] Tudo tem – ou pelo menos pode ter e deveria tentar ter – seus quinze minutos, talvez até seus quinze dias, de beleza no caminho para o depósito de lixo.

Aquilo que os cemitérios representam para os seres humanos vivos, os museus são para as obras de arte: locais nos quais manter ou depositar os objetos que não são mais vitais e animados. Alguns cadáveres humanos são postos em sepulturas e cobertos de lápides a serem visitadas por aqueles que se sentem órfãos ou privados com essa morte; outros desaparecem para sempre em cemitérios comuns, sem qualquer identificação, ou são desintegrados sem rastro em aldeias incendiadas, fornos crematórios ou nas profundezas de um rio. Algumas obras de arte são colocadas em museus, onde sua outrora aclamada beleza é higienizada, esterilizada e embalsamada, para serem preservadas ao lado de descobertas arqueológicas para os fãs de história ou os passageiros de ônibus turísticos. Cemitérios e museus são mantidos longe do tumulto da vida cotidiana, apartados dos negócios da vida em seus espaços cercados, exclusivos, e com seus horários de visita definidos. Em museus, assim como nos cemitérios, não se fala alto, não se come, não se bebe, não se corre nem se toca nos objetos visitados.

O cenário da vida cotidiana é diferente. Ele é o lugar da estética, não de *objets d'art*. É o palco para performances e happenings efêmeros, para instalações montadas a partir de materiais perecíveis ou costuradas com fios de pensamento, imateriais – para todas essas coisas e eventos que juraríamos não permanecer no palco por um tempo maior que o da estreia, mantendo-se fiéis a suas promessas solenes. Nada colocado e visto nesse palco está destinado a durar, a se intrometer e a incomodar uma vez que seu tempo tenha passado – efemeridade e transitoriedade são os nomes do jogo. O que quer que aconteça, ele pode suportar apenas a quantidade de significado que sua minúscula capacidade de condução pode comportar e manter. Afinal, esse significado será buscado e colhido por pessoas treinadas na arte de "zapear" – e os "zapeadores" entram "depois do [*nome do*] montador e antes de aparecer 'The end' na tela".[24] Michaud escreve sobre o "novo regime de atenção que privilegia a passada de olhos sobre a leitura e a decifração de significados. A imagem é fluida e móvel, menos um espetáculo ou um dado que elemento de uma cadeia de ações."[25] Tendo se soltado da sequência referencial de que participava, a imagem ficou livre para se atrelar, à vontade, a qualquer cortejo ou sucessão de fantasmas.

A realocação de imagens do centro das atenções para a pilha dos refugos da atenção – a irrelevância e a invisibilidade – é um processo aleatório. A diferença entre "o objeto" e seus indiferentes entornos foram tudo, menos obliteradas, à semelhança da separação entre o tempo sob os holofotes e o lançamento para longe da vista. Objetos e descartes trocam de lugar com facilidade. Lembro-me de estar olhando, numa galeria de arte de Copenhague, uma instalação composta de uma série de telas de TV, cada qual apresentando uma legenda enorme com o dizer "a terra prometida". Achei a instalação inspirada e provocativa – sobretudo por causa da vassoura e do balde que se postavam num canto, no fim da série. Mas antes que eu tivesse tempo de pensar um significado para aquele final, uma faxineira voltou para apanhar seus instrumentos de trabalho, que deixara no canto da sala enquanto ia tomar café.

Apenas números podem oferecer aos espectadores perplexos, perdidos em sua busca da beleza, uma esperança de salvação do caos conjurado por uma cultura de estética à deriva e sem objetos fixos. A salvação está nos números. Como repetem à exaustão os redatores de publicidade, todas essas pessoas que orgulhosamente envergam itens da última moda não podem estar todas erradas. De modo mágico, é a reprodução maciça de uma escolha o que enobrece seu objeto. Esse objeto *deve* ser bonito, pensa todo mundo; caso contrário, não teria sido escolhido por tantos optantes. A beleza está nos grandes números de vendagem, nos registros de bilheteria, nos discos de platina, no índice de audiência de televisão que chega a níveis estratosféricos. (Andy Warhol propôs certa vez: imagine uma penca de notas de dinheiro penduradas num varal – US$160 mil... Que belíssimo quadro!)

Talvez a beleza esteja também em outro lugar, como alguns filósofos obstinadamente insistem – mas como você poderia saber? E quem daria aprovação a seus resultados, se você os procurasse em lugares estranhos *à qui on ne parle plus*? Nem os antigos mestres, cuja reputação é garantida – como se poderia pensar – graças à venerável idade e ao número de testes pelos quais eles passaram triunfalmente ao longo dos séculos, podem ignorar as novas regras do jogo da beleza. O que *tem de ser visto, a ser visto, a ver* é Vermeer hoje, Matisse no dia seguinte e Picasso depois de amanhã – dependendo da última campanha de uma exposição e do que "todo mundo que conta está falando". Como em todos os outros casos, a beleza não é uma qualidade das telas, mas uma qualidade do evento (*quantitativamente* avaliada pelo número de visitantes, contabilizado com zelo e logo tornado objeto de publicidade).

Em nossa sociedade líquida moderna, a beleza encontrou o destino sofrido por todos os outros ideais que motivavam a inquietação e a rebelião humanas. A busca de uma derradeira harmonia e da duração eterna foi pura e simplesmente reformulada sob o modo de uma preocupação imprudente. Valores são valores desde que estejam aptos ao consumo instantâneo, imediato. Valores são atributos de *experiências momentâneas*. E também a beleza. E a vida? A vida é uma sucessão de experiências momentâneas.

"A beleza não tem qualquer aplicação óbvia; nem há clara necessidade cultural para ela. Mas a civilização não conseguiria se manter sem ela", pensava Freud. "Essa coisa inútil que esperamos que a civilização valorize é a beleza. Exigimos do homem civilizado que ele reverencie a beleza sempre que a enxergue na natureza e sempre que ele a crie nos objetos de seus trabalhos manuais, se for capaz disso." A beleza, e com ela a limpeza e a ordem, "obviamente ocupa uma posição especial entre os requisitos da civilização".[26]

Notemos que os três objetivos apontados por Freud como "requisitos de civilização" são *horizontes imaginários* do processo civilizador. Talvez fosse melhor, menos enganoso e controverso falar de *embelezamento*, *purificação* e *ordenamento*, em lugar de beleza, pureza e ordem. Enxergamos agora, mais claramente que nossos antepassados setenta anos atrás, que o "processo civilizador" não é um período limitado e transitório de tempo que leva à civilização – mas a própria substância da civilização. A ideia de uma civilização que completou o esforço de civilizar (que levou a cabo o trabalho de limpeza, o alvoroço de ordenação e a busca pela beleza) é tão incongruente quanto a de um vento que não sopra e um rio que não flui. Foi da *fome* de beleza que as civilizações (quer dizer, os empenhos para "civilizar", os "processos civilizadores") nasceram. Mas, longe de aplacar essa fome, eles parecem tê-la tornado insaciável.

O gradual mas resoluto desmantelamento da vigília administrativa sobre as artes foi saudado com sentimentos confusos pelos nativos dos mundos da arte. Alguns foram levados à beira do desespero – como Voltaire, duzentos anos antes, quando a corte de Luís XIV, que tinha feito tudo para pôr rumo no esforço criativo (ou seja, no propósito da criação e nos valores a ela relativos), tinha desmoronado, e os artistas se mudaram para os salões parisienses, com suas intermináveis *querelles*, os intermináveis jogos de dança das cadeiras, a propensão a derreter toda e qualquer convicção sólida. Outros exultavam: agora, afinal, estamos livres, pensaram. Mas se a liberdade não puder ser conquistada sem incerteza, que assim seja. Pelo menos agora "criar" seria o mesmo que autocriação, e esse era um ganho que justificava todas as perdas.

Contudo, há uma advertência – e para esse propósito citarei mais uma vez as reflexões de Joseph Brodsky sobre o exílio da terra da tirania administrativa ou da administração tirânica –

para aquele que se pode (acertadamente!) qualificar como o caso mais extremo e radical de liberação concebível, Brodsky adverte: "Um homem libertado não é um homem livre. ... Libertação é apenas o meio de alcançar a liberdade, não um sinônimo dela." E conclui: "Um homem livre, quando falha, não culpa ninguém."[27]

· 6 ·

Tornando o planeta hospitaleiro para a Europa

O título deste capítulo insinua que nosso planeta, no momento, não é mais hospitaleiro para a Europa. Também sugere, de forma oblíqua, que os europeus – eu entre eles – sofrem essa falta de hospitalidade como um problema – ou seja, como um desvio em relação ao que legitimamente se poderia esperar, uma anormalidade que precisa ser corrigida de novo. E digo "de novo" porque, presume-se, antes nos sentíamos em casa neste planeta. Onde quer que fôssemos e sempre que lá chegássemos, esperávamos que a hospitalidade se estendesse a nós e a nossos audaciosos objetivos como por direito inato; e presumíamos que o sentimento de acolhimento iria se manter, como parte da ordem natural das coisas. Essa "hospitalidade" veio a nós de modo tão natural que quase nunca nos ocorreu vê-la como um "problema" pedindo atenção especial. Como Martin Heidegger teria dito, ela permaneceu na área cinzenta e nublada de *zuhanden* – e enquanto as coisas funcionassem como se esperava, não haveria oportunidade alguma de movê-las para a esfera de *vorhanden*,* para o centro das atenções, para o universo das "dificuldades" e "tarefas".[1]

---

* Os termos de Heidegger aqui citados são neologismos propostos pelo filósofo alemão. Em tradução literal, *zuhanden* (*zu-handen*) significaria "na direção das mãos", "disponível para as mãos", e se refere ao modo de ser das coisas úteis, as

Em 1784, Immanuel Kant partilhou com seus contemporâneos alguns pensamentos concebidos em seu tranquilo e afastado isolamento em Königsberg. Eram, segundo sua própria apresentação, ideias sobre "história universal", consideradas do ponto de vista de uma "cidadania mundial". Kant observou que o planeta que habitamos é uma *esfera* – e refletiu sobre as consequências dessa observação reconhecidamente trivial: todos ficamos e nos movemos na superfície dessa esfera, não temos outro lugar aonde ir e, por conseguinte, estamos condenados a viver para sempre na companhia e na vizinhança uns dos outros. Movendo-nos por uma superfície esférica, não temos como deixar de encurtar nossa distância para um lado à medida que tentamos ampliá-la para o outro. Todos os esforços para alongar uma distância podem simplesmente se mostrar, afinal, algo contraproducente.

E assim, medita Kant, a unificação da espécie humana segundo o modelo da cidadania é o destino que a própria natureza escolheu para nós – o horizonte derradeiro de nossa história universal. Incitados e guiados pela razão e por nosso interesse de autopreservação, somos compelidos a perseguir esse horizonte e (na plenitude do tempo) a alcançá-lo. Cedo ou tarde, Kant advertiu, não restará espaço vazio no qual possam se aventurar aqueles que já acharam os lugares povoados demais – ou muito inconvenientes, embaraçosos e desconfortáveis. E assim, a natureza nos ordena a enxergar a *hospitalidade* como o preceito supremo com o qual todos nós em igual medida teremos de comungar cedo ou tarde – uma vez que devemos buscar um fim e uma solução para a longa cadeia de tentativa e erro, as catástrofes que nossos erros causaram e as ruínas deixadas no rescaldo dessas tragédias.

---

coisas pensadas em sua utilidade, e, ao mesmo tempo, mais próximas de nós e mais abertas a revelar o Ser; já *vorhanden* (*vor-handen*) significa, literalmente, algo "diante das mãos" ou "à mão"; corresponde ao modo das coisas naturais, às coisas encontradas no mundo, mas que só podem ser captadas abstratamente, por meio de conceitos. Aqui, Bauman emprega as duas expressões para contrapor o prático e invisível como problema e o problemático, que passa ao plano das abstrações. (N.T.)

Mas, ao contrário de outros livros do mesmo autor, o livrinho sobre a coexistência pacífica da humanidade na iminente era da "cidadania mundial", sobre uma hospitalidade em escala planetária, ficou acumulando pó durante dois séculos nas bibliotecas acadêmicas. Só era lido (se era) por alguns poucos dedicados colecionadores de ideias e consultado por eles sobretudo como curiosidade histórica, produto bizarro de um momento atipicamente leve na vida do grande filósofo da autodisciplina exemplar e do pedantismo acadêmico. Apenas há bem pouco tempo, depois de dois séculos de exílio nas notas de rodapé e referências bibliográficas de monografias acadêmicas, ele de repente explodiu bem no meio da historiografia contemporânea. Hoje, seria uma grande façanha encontrar um estudo sobre os desafios da fase atual da história planetária que *não* cite o livrinho de Kant como autoridade máxima e suprema fonte de inspiração. Como observou Jacques Derrida, os insights de Kant celebrados durante tanto tempo revelariam com facilidade que expressões hoje tidas como fundamentais, a exemplo de "cultura da hospitalidade" ou "ética da hospitalidade", não passam de pleonasmos: "A hospitalidade é a própria cultura, e não uma ética entre outras. ... A ética é a hospitalidade."[2]

Se a ética é uma operação da razão, como Kant desejava, então a hospitalidade é – tem de ser ou tem de se tornar, mais cedo ou mais tarde – a primeira regra da conduta humana. Estranha virada da sorte para um pequeno livro? Heidegger, com sua representação da tortuosa jornada do Universo de *zuhanden* para o de *vorhanden*, não teria dificuldade alguma de explicar o enigmático *fatum* desses *libelli* específicos.* A hospitalidade foi percebida como mandamento universal no instante em que ela deixou de passar despercebida, porque "sempre esteve ali", e se tornou evidente, por sua súbita (incômoda e dolorosa) ausência.

Ryszard Kapuscinski, sem dúvida o mais arguto e inspirado comentarista e documentador do estado de nosso mundo na vi-

---

* Do latim, *fatum*, "destino", e *libelli*, "livros", referência ao ditado latino "*Pro captu lectoris habent sua fata libelli*" (Os livros têm seus destinos definidos de acordo com a capacidade dos leitores). (N.T.)

rada do século, observou uma das mais fatídicas – embora subreptícia e subterrânea – transformações no estado de espírito do planeta.[3] No decurso dos últimos cinco séculos, o domínio militar e econômico da Europa se apresenta como a crença de que a posição incontestada desse continente tornava-o o ponto de referência para a avaliação, o elogio ou a condenação de todas as outras formas de vida humana passadas e presentes; e, ao mesmo tempo, o tribunal superior em que tais avaliações eram oficialmente pronunciadas e se transformavam em sentenças. Era suficiente apenas ser europeu, diz Kapuscinski, para se sentir, em todo e qualquer lugar, como o patrão e o governante. Até uma pessoa medíocre, de posição humilde e desconsiderada em seu país natal (mas europeu!) era elevada à posição social mais alta quando ia à Malásia ou à Zâmbia.

Hoje já não é mais assim, como percebe Kapuscinski. O tempo presente é marcado pela autoconsciência cada vez mais confiante e franca de povos que, um século e meio atrás, ainda se curvavam diante da Europa, colocando-a no altar de devoção; mas agora eles exibem um crescente senso de valor próprio e uma clara ambição de conquistar e manter sua posição independente e influente neste mundo novo, cada vez mais policêntrico e multicultural. Houve um tempo, relembra Kapuscinski, em que todos com quem ele se encontravam em terras distantes lhe perguntavam pela vida na Europa. Ninguém faz mais isso. Hoje, os "nativos" têm suas próprias tarefas e seus problemas a pedir a atenção deles, e apenas deles. Ninguém parece mais esperar com impaciência as notícias chegadas da Europa. O que poderia ocorrer na Europa, e que faria diferença para suas vidas? Coisas que importam podem acontecer em qualquer lugar. A Europa não é mais o espaço preferencial para elas. "A presença europeia" já é cada vez menos visível, tanto física quanto espiritualmente.

Além disso, outra mudança profunda ocorreu no planeta para que nós, europeus, nos sintamos inquietos, intranquilos e apreensivos. O vasto mundo "lá fora", na outra ponta de um voo de longa distância partindo de Londres, Paris ou Amsterdã, hoje quase nunca parece uma praça, um playground ou um espaço para a aventura – desafiador e entusiasmante, mas seguro, com um final feliz certo e garantido. A menos que o voo em questão seja parte de um pacote completo de viagem de férias para um refúgio turístico da moda, os destinos no fim da jornada parecem mais uma selva que um pátio de recreio; são cheios de perigos não ditos e indizíveis – é o tipo de área "não vá" e "fique fora e longe" que os antigos romanos costumavam marcar em seus mapas do mundo com *hic sunt leones* (aqui há leões). Esta é uma mudança de fato, uma transformação chocante, traumática o bastante para liquidar a autoconfiança, a coragem e o ardor europeus.

Até pouco tempo atrás (os mais velhos de nós ainda se recordam desses tempos), a Europa era o *centro* que fazia do resto do planeta uma *periferia*. Como Denis de Rougemont sugeriu, de modo um tanto vívido, a Europa descobriu todas as terras da Terra, mas ninguém jamais descobriu a Europa.[4] Ela dominou todos os continentes, um depois do outro, mas jamais foi dominada por ninguém; inventou uma civilização que o resto do mundo tentou imitar, mas o processo inverso jamais (até agora, pelo menos) aconteceu. E poderíamos acrescentar: as guerras europeias, e apenas elas, foram guerras *mundiais*.

Até há pouco, ainda se podia definir a Europa, como sugeriu De Rougemont, por sua "função globalizante". A Europa foi, pela maior parte dos últimos séculos, o único continente aventureiro, ao contrário de qualquer outro. Tendo sido a primeira a ingressar no modo de vida que depois seria batizado de moderno, a Europa criou localmente, no próprio continente, problemas dos quais ninguém antes na Terra tinha ouvido falar e que ninguém tinha a mais leve suspeita de como solucionar. Então, o chamado Velho Mundo inventou sua solução – mas de uma forma imprópria para ser universalizada e mobilizada por todos aqueles para quem os problemas de origem exclusivamente europeia chegariam depois. A Europa solucionou esses problemas produzidos internamente (e, assim, localmente) transformando outras partes do planeta em fontes de energia e recursos naturais de baixo custo, trabalho barato e dócil, e, acima de tudo, em muitas áreas de descarte para seus produtos excedentes e redundantes, para suas pessoas excedentes e redundantes – os produtos que ela não poderia usar e as pessoas que ela não poderia empregar. Em resumo, a Europa inventou uma solução global para seus problemas localmente produzidos – e, ao fazê-lo, forçou todos os outros homens a buscar, de maneira desesperada, mas vã, soluções *locais* para os problemas produzidos *globalmente*.

Tudo isso agora é passado – e também o choque e o trauma que nós, os europeus, sentimos, a ansiedade, o murchar e o enfraquecer de nossa confiança. É passado porque soluções globais para problemas localmente produzidos só podem estar disponíveis para alguns habitantes do planeta, e apenas se eles desfrutarem de uma superioridade sobre todos os demais, como benefício de um poder diferencial grande o bastante para permanecer incontestado (pelo menos não de forma efetiva) e amplamente tido como algo incontestável; e, por isso, um poder que oferece uma perspectiva em aparência crível, confiável e tranquilizadora de um futuro seguro por um longo tempo. Mas a Europa já não desfruta desse privilégio e não pode esperar com seriedade recuperar o que perdeu.

Daí a abrupta perda de autoconfiança da Europa e a súbita explosão de interesse agudo numa "nova identidade europeia" e em "redefinir o papel" do continente no jogo planetário cujos marcos e regras mudaram de forma drástica e continuam a mudar – e a mudar longe do controle da Europa e com uma influência europeia mínima, se houver alguma. Por isso, também a maré de sentimentos neotribais, que se avoluma de Copenhague a Roma, de Paris a Sófia, ampliou-se e se fortaleceu, com o aprofundamento do medo de "inimigos à porta", de haver "quinta-colunas"; daí o manifesto espírito de "fortaleza sitiada" resultante da popularidade sempre crescente das fronteiras cerradas com firmeza e das portas hermeticamente fechadas.

É comum lançar a culpa de todos esses preocupantes processos de perda de domínio econômico e militar da Europa na espetacular ascensão dos Estados Unidos à posição de única superpotência planetária e de metrópole do Império Global – e no paralelo desmantelamento de todos os impérios eurocentrados e na perda da antiga posição imperial da Europa como um todo.

Hoje, todas as estradas levam a Washington. Assim se crê e assim ainda mais se diz. Todos os fios soltos estão ali atados. Em meio ao caos planetário, são a Casa Branca, o Capitólio e o Pentágono que, entre eles, definem o significado da nova ordem mundial, projetam sua forma e administram, monitoram, equipam e policiam sua implementação. O Ocidente, como proclamou Jürgen Habermas, é dividido, e até agora se atribuiu à Europa o papel de espectador às vezes simpático, outras vezes ressentido, mas a maioria do tempo morno, sem envolvimento, e/ou ignorado.[5] Com muita frequência, quando se pondera sobre a chance de se erguer uma nova ordem mundial a partir do atual caos planetário, os pensamentos se concentram nas intenções e ações dos Estados Unidos, enquanto o planeta em si figura como o espaço do Império Americano em construção, ou, na melhor das hipóteses, como uma província mais favorecida, à qual se concedeu uma "relação especial" com a metrópole.

Quando o papel da Europa nesse império emergente é avaliado, a maioria dos esforços se volta para construir e comparar os vários enredos que as relações euro-americanas – tão próximas, mas às vezes tempestuosas – podem seguir: os papéis mudam de direção; do obediente cortesão ou do engenhoso, perspicaz e inteligente bobo da corte para o do sábio mentor do delfim ou um erudito, experiente e respeitado membro de um grupo de pensadores confiáveis ou um conselho consultivo; porém, nenhum ponto ao longo do espectro de enredos constitui a sede do tribunal nem se desincumbe dos mais altos cargos, do tema em debate ou do ponto de disputa.

Mas seriam os Estados Unidos realmente o "Império Global", no sentido com o qual a Europa qualificou o conceito de império segundo suas próprias práticas passadas, e que ela legou aos residentes do planeta por intermédio de sua própria memória coletiva? Há muitas razões para duvidar disso, e essas razões agora parecem se multiplicar numa taxa quase exponencial. Citando uma recente síntese feita por Immanuel Wallerstein, Morris Berman sugere que

> a Europa e a Ásia veem [os Estados Unidos] como um elemento muito menos importante no cenário internacional; o dólar está mais fraco, a proliferação nuclear, sem dúvida, é irrefreável, o poderio militar dos Estados Unidos está em seu limite, e nossos [dos americanos] déficits público e comercial são enormes. Nossos dias de hegemonia e provavelmente de liderança parecem ter passado.[6]

Em conclusão, Berman se aventura longe a ponto de insistir que, mais que os impérios passados em seus dias de glória, a presente sina do "Império Global Americano" faz lembrar "os últimos dias do Império Romano e a posterior queda rumo à Era das Trevas" (uma vez que o século III foi marcado por um estado de guerra quase contínuo, pelo colapso das moedas e pela espetacular elevação das forças armadas a poder político, seguidos pelas reações repressivas do século IV, que levaram ao caos, à ansiedade e ao colapso do século V).

Há poucas dúvidas, se é que há alguma, de que, em termos de gastos totais em equipamentos militares de alta tecnologia e de estoques de todos os tipos de armas de destruição de massa, os Estados Unidos não têm igual; e de que nenhum Estado individualmente ou nenhuma combinação de Estados pode, de maneira realista, se emparelhar ao poderio militar americano num futuro próximo. (Os Estados Unidos gastam por ano em armamentos uma soma igual ao conjunto das despesas militares dos 25 países abaixo deles no ranking.) É também verdade, no entanto, que "o poderio militar dos Estados Unidos está no limite", sem ao menos chegar perto de prevenir as novas emergências e solucionar os problemas remanescentes dos malsucedidos esforços para responder de forma adequada ao passado. Talvez até mais importante que isso seja a cada vez mais óbvia inadequação da máquina militar americana aos tipos de empreitada representados pelas novas formas de conflito, de violência e de guerra.

Antes de enviar tropas americanas para o Iraque, em 2003, o secretário de Defesa, Donald Rumsfeld, declarou que a "guerra estará ganha quando os americanos se sentirem seguros novamente".[7] Mas enviar tropas ao Iraque elevou o clima de insegurança nos Estados Unidos e em todos os lugares para outro patamar. Longe de encolher, os espaços de ilegalidade, os efetivos campos de treinamento para o terrorismo global, foram ampliados a dimensões sem precedentes. Poucos anos se passaram desde a decisão de Rumsfeld, e o terrorismo tem concentrado suas forças – extensiva e intensivamente –, ano após ano. Registraram-se atentados terroristas na Tunísia, em Bali, Mombaça, Riad, Istambul, Casablanca, Jacarta, Madri, Sharm el-Sheikh e Londres; no total, de acordo com o Departamento de Estado americano, ocorreram 651 "ataques terroristas significativos" apenas em 2004 – 198 deles, nove vezes mais do que no ano anterior (sem contar ataques diários a tropas americanas), no Iraque, para onde as tropas haviam sido enviadas com a ordem explícita de acabar com a ameaça terrorista. Em maio de 2005 ocorreram noventa ataques de homens-bomba em Bagdá; desde então, atrocidades maciças, em Bagdá e outros locais do Iraque, cresceram em frequência e intensidade, e se tornaram rotina diária. O Iraque, como declaram alguns observadores, tornou-se uma grotesca peça publicitária para o poder e a eficácia do terror – e para a impotência e ineficiência da "guerra contra o terrorismo" promovida pelo suposto Império Global.

Não se trata de mancadas táticas cometidas por generais ineptos. Dada a natureza do terrorismo contemporâneo, e acima de tudo da configuração "negativamente globalizada" em que ele opera, a própria noção de guerra contra o terrorismo é quase uma *contradictio in adiecto* (contradição em termos).

As armas modernas, concebidas e desenvolvidas na era das invasões territoriais e das conquistas, são impróprias para localizar, atacar e destruir os alvos extraterritoriais, endemicamente esquivos e móveis, minúsculas equipes ou homens ou mulheres sozinhos que se deslocam com facilidade, equipados com armas fáceis de esconder. Embora difíceis de se distinguir quando estão a caminho de cometer mais uma atrocidade, esses pretensos "alvos" morrem no local do atentado ou desaparecem de maneira tão rápida e discreta quanto chegaram, deixando pouquíssimos rastros para trás.

Para lançar mão dos hábeis termos de Paul Virilio, passamos agora (num evento apenas tardiamente notado e admitido com ressentimento pelos militares) de um tempo de "guerras de sítio" para uma época de "guerras de movimento".[8] Dada a natureza das armas modernas à disposição das forças armadas, suas respostas aos atos terroristas devem parecer embaraçosas, desajeitadas e imprecisas, atingindo uma área muito mais ampla que a afetada pelo ataque terrorista; elas produzem numerosas "vítimas involuntárias", maiores volumes de "danos colaterais", e, com isso, mais terror, ruptura e desestabilização que os próprios terroristas poderiam provocar; e, assim, também produzem um salto adicional no volume de mágoa, ódio e fúria acumulados, aumentando ainda mais as fileiras de recrutas em potencial para a causa do terrorismo. Podemos supor que essa circunstância é uma parte dos desígnios dos terroristas e a fonte principal de sua força, que excede muitas vezes o poder de seus contingentes e armamentos.

Ao contrário de seus inimigos declarados, os terroristas não precisam se sentir constrangidos pelos limites das forças que eles próprios reúnem e comandam. Ao esboçar seus planos estratégicos e suas ações táticas, eles podem incluir entre seus recursos as reações prováveis do "inimigo", à medida que tendem a amplificar consideravelmente o impacto projetado de suas atrocidades. Se o propósito (imediato) declarado dos terroristas for espalhar o terror entre a população inimiga, então o exército e as forças policiais dessa população-alvo, com a cooperação sincera e fiel da mídia, cuidarão para que o objetivo seja alcançado num grau muito além do que os terroristas seriam capazes de realizar. E se a intenção de longo prazo for eliminar a liberdade humana nas democracias liberais e "fechar" as sociedades abertas, eles podem contar novamente com as enormes competências comandadas pelos governos dos "países inimigos". Como observou o jornalista Ted Koppel em sua pungente análise do impacto do terrorismo global nos Estados Unidos, os atuais governos americanos utilizam as imagens da iniquidade terrorista

> para justificar uma nova visão de mundo, na qual até uma simples associação com alguém que pertença a uma organização na lista de terroristas do governo americano justifica a perseguição aqui dentro de casa. Essa prática entra na categoria do que o subsecretário de Justiça Paul J. McNulty chama de "acusação preventiva". ... Diante da possível convergência entre terrorismo e armas de destruição em massa, o argumento funciona, e o detalhe meramente técnico de se esperar que o crime seja cometido antes de castigá-lo cede lugar à antecipação.[9]

Portanto, os americanos "são aconselhados a se ajustar à ideia de grampos telefônicos em suas casas sem necessidade de mandado, prisões ultramarinas da CIA, não registradas e inexplicadas, o transporte de suspeitos para países que ocupam posição de destaque na lista de abusos de direitos humanos do Departamento de Estado". Koppel adverte que "mesmo liberdades das quais voluntariamente se abriu mão não são recobradas com facilidade. Ainda menos as que são sub-repticiamente retiradas". De fato, alguns pacotes de explosivos e alguns bandoleiros ansiosos por sacrificar suas vidas "pela causa" podem ir bem longe – muito, muito mais adiante que os próprios terroristas poderiam sonhar em chegar com os recursos que conseguem obter, ordenar e administrar.

Forças terroristas em geral não se movem em momentos de represálias militares. Pelo contrário, é precisamente na falta de jeito e no extravagante e fútil esbanjamento de esforços de seus adversários que eles prospectam, abastecem e ampliam suas forças. Uma dúzia de conspiradores islâmicos prontos para matar provaram ser o bastante para criar uma atmosfera de fortaleza sitiada em países grandes, ricos e cheios de recursos, e para criar ondas de "insegurança generalizada".

Pessoas inseguras, com fervor, tendem a buscar um meio de descarregar sua ansiedade em alvos bem-ajustados e a restabelecer sua autoconfiança perdida aliviando o desamparo amedrontador e humilhante que sentem. As fortalezas sitiadas que as cidades multiétnicas e multiculturais agora se tornam são partilhadas pelos terroristas e suas vítimas. Cada lado acrescenta alguma coisa ao medo, à paixão, ao fervor e ao endurecimento do outro. Cada lado confirma os piores medos do outro e adiciona mais substância a seus preconceitos e aversões. Entre eles, presos numa versão líquida moderna da *danse macabre*, jamais permitirão que o fantasma do assédio tenha descanso.

Em todas as partes do planeta, o solo para as sementes do terrorismo está bem preparado, e os "mentores" dos ataques terroristas podem com alguma razão esperar encontrar alguma área fértil onde quer que parem. Eles nem precisam projetar, construir e manter uma estrutura rígida de comando. Não há exércitos terroristas; existem apenas *enxames* de terroristas sincronizados, não coordenados, com pouca ou nenhuma supervisão e com chefes de pelotão ou cabos apenas *ad hoc*. Com frequência, para uma "força-tarefa" nascer de forma aparentemente *ab nihilo*, bastará estabelecer um exemplo espetacular, que será então obrigatória e prontamente disseminado e chegará a milhões de lares por meio de redes de TV, sempre famintas de espetáculo, e por todas as "vias de informação" pelas quais as mensagens possam se manter em movimento. Na estranha "guerra contra o terrorismo" não há linhas de frente – apenas campos de batalha isolados, dispersos e eminentemente móveis; nada de tropa regular, apenas civis convertidos em soldados por um dia, e soldados em licença de sua condição civil por tempo indefinido. "Exércitos" terroristas são todos os exércitos *caseiros*, que não precisam de qualquer barraca, nenhuma reunião e nenhum pátio de ensaio de paradas militares.

Se há um Império Global, ele se confronta com um tipo de adversário que não pode ser capturado nas redes que ele tem, é capaz de tecer ou adquirir. Esse império pode estar armado até os dentes, mas seus dentes estão muito mais bem-adaptados para roer do que para morder. A guerra contra o terrorismo *não pode ser vencida* por meios *militares* (e sem dúvida não só por meios militares). Seu prosseguimento pode expor ainda mais as "partes desprotegidas" da aparentemente invencível superpotência, com resultados desastrosos para a coabitação planetária, sem falar na perspectiva de paz mundial do tipo sonhado mais de dois séculos atrás por Immanuel Kant.

O fato de o poder *militar* dos Estados Unidos estar "no limite" também é uma razão central, talvez *a* razão principal para os recursos *econômicos* da metrópole também estarem no limite – os mesmíssimos recursos que poderiam ser lucidamente mobilizados para assegurar a vitória sobre o terrorismo global, usados para cortar o terrorismo pela raiz, suspendendo e invertendo a atual polarização de padrões e perspectivas de vida, o mais efetivo fertilizante das plantações de terroristas.

Hoje, talvez os Estados Unidos estejam mais afundados em dívidas que qualquer outro país na história. Paul Krugman observou em 2006 que, "no ano passado, os Estados Unidos gastaram 57% mais do que ganharam nos mercados mundiais". Ele pergunta: "Como os americanos conseguem sobreviver tão além de seus meios?" E responde: "Contraindo dívidas com Japão, China e com os produtores de petróleo do Oriente Médio."[10] O país é viciado em (e dependente de) dinheiro importado, assim como é viciado em (e dependente de) petróleo importado. Um déficit orçamentário de US$300 bilhões foi comemorado alguns anos atrás pela Casa Branca porque estava alguns bilhões abaixo do montante do ano anterior. Dinheiro importado que cedo ou tarde precisará ser pago não é gasto para financiar investimentos potencialmente lucrativos, mas para sustentar a explosão de consumo, e, com isso, promover o "fator bem-estar" em meio ao eleitorado; e para financiar os déficits federais crescentes – que, por sua vez, são regularmente exacerbados (apesar das reduções nos gastos sociais) pelos seguidos cortes de impostos para os ricos. Krugman calcula que "o dólar, em algum momento, deverá cair 30% ou mais", e "tanto consumidores quanto o governo americanos terão de começar a viver com seus recursos" – e despertar de sua atual versão do sonho americano, na qual eles são uma superpotência ou o Império Global.

Tudo isso não é um bom augúrio de esperanças de que o aspirante a Império Global irá se desempenhar bem na tarefa de instauração e manutenção forçada da paz que os impérios do passado só puderam negligenciar à custa de declínio e morte. Parece que os Estados Unidos entraram numa fase de dominação mundial exclusiva que está perigosamente próxima da exaustão de seu potencial expansivo. A *pax americana* pode se expandir em termos territoriais bem além dos limites da *pax romana*, contudo sua expectativa de vida dificilmente será medida em séculos. Como tudo em nosso mundo líquido moderno "negativamente globalizado", os mecanismos demolidores e autodestrutivos instalados em todo império de que se tem notícia operam mais depressa agora e precisam de muito menos tempo para completar seu ciclo.

Começar a análise da tarefa e da missão da Europa a partir do axioma do monopólio americano sobre o poder e o policiamento mundiais é algo gritantemente errado: o desafio atual para a Europa *não* deriva do fato de que, "uma vez que tocamos, na melhor das hipóteses, um segundo violino, a nós não poderá ser (e não será) permitido fazer muito pelo estado do planeta". E seria também errado, e muito perigoso, nos desculparmos por não tentar fazer a diferença, invocando esse falso axioma, e, com isso, aplacando nossa consciência coletiva e mantendo a inação, de tal forma que já fosse muito tarde para esboçar qualquer reação. O *verdadeiro* desafio para a Europa deriva da evidência aceleradamente acumulativa de que a única superpotência do planeta, de forma abominável, não leva o mundo à coexistência pacífica nem para longe do desastre iminente. De fato, há amplas razões para supor que essa superpotência possa se tornar a causa primordial do desastre, e que ele não está sendo evitado.

Em todos os níveis de coabitação humana, os poderosos tendem a lançar mão de seu poder para tornar o hábitat mais agradável e encorajador para o tipo de poder que detêm; em outras palavras, para criar um ambiente no qual esteja garantido àquele recurso em particular que serve de fonte principal para a força desses poderosos um papel decisivo, definidor na administração das crises e na resolução dos conflitos. Os superpoderes americanos não são exceção. Considerando que seu recurso mais forte é o poderio militar, eles tendem a redefinir todos os problemas planetários – quer de natureza econômica, quer social ou política – como questões de ameaça e confronto militar, solucionáveis apenas militarmente, que não exijam qualquer saída que não a militar. Revertendo a memorável fórmula de Clausewitz, os Estados Unidos enxergam e tratam a política como uma continuação da guerra, por outros meios. Como George Soros recentemente observou, "o grupinho de 'supremacistas' americanos de Cheney acredita que as relações internacionais são relações de poder, não de lei. Na visão deles, o direito internacional apenas ratifica o que o poder já forjou, e eles definem poder em termos de poderio militar". E, logo depois: "Um gigante medroso que ataca de forma descontrolada é uma boa definição de valentão."[11]

Como resultado disso, pobreza, desigualdade, carência e todos os outros problemas sociais urgentes que anseiam por atenção e atendimento global tombam como vítimas colaterais de expedições militares sem fim e sem perspectivas. Como as sucessivas intervenções armadas exacerbam a miséria de um número crescente de populações que passam necessidade no mundo todo, e como elas intensificam ainda mais o já profundo e amargo ressentimento dos povos contra a insensibilidade e a arrogância com que suas carências e ambições são tratadas pelos ricos e poderosos do planeta, multiplicam-se os conflitos e antagonismos, as chances de coabitação pacífica tornam-se ainda mais remotas; e *a percepção monodimensional do mundo como um espaço de confrontos armados entre interesses incompatíveis torna-se uma visão autorrealizável.*

Si vis pacem, para bellum ("Se queres a paz, prepara-te para a guerra") é uma atitude contagiosa, que tende em especial a se globalizar; ela incita a corrida armamentista mundial e ameaça converter toda necessidade insatisfeita em vingança, e todo caso de sofrimento em *casus belli*. Para garantir sua dominação, enquanto conta com e confia em sua única vantagem indiscutida – a superioridade militar –, os Estados Unidos precisam refazer o resto do mundo à sua própria imagem, e, ao fazê-lo, torná-lo, como se diz, "hospitaleiro" para suas políticas preferidas: transformar o planeta num lugar onde problemas econômicos, sociais e políticos são abordados (e se espera que sejam solucionados) por meios e ações militares, enquanto todos os outros métodos e tipos de ação são desvalorizados e tornados inválidos. E é desse ponto que surge o verdadeiro desafio da Europa.

A Europa não pode nem pensar com seriedade em corresponder ao poderio militar americano nem em resistir ao impulso para a militarização do planeta jogando o jogo dos Estados Unidos; também não pode esperar recuperar sua dominação industrial do passado, irreparavelmente perdida em nosso mundo cada vez mais policêntrico, agora submetido, *em sua totalidade*, ao processo de modernização econômica. No entanto, ela pode e deve tentar tornar o planeta hospitaleiro para valores e modos de existência diversos daqueles representados e promovidos pela superpotência militar americana; para os valores e modos que a Europa, mais que qualquer outra parte do mundo, está predisposta a oferecer ao mundo. Mais que qualquer outra coisa, ela precisa projetar a (ingressar na e seguir pela) estrada que conduz à *allgemeine Vereinigung der Menschheit* (unificação universal da humanidade) e à paz perpétua de Kant.

Tendo admitido que "não tem cabimento supor que a Europa rivalizará com a economia, o poder militar e a força tecnológica" dos Estados Unidos e das potências emergentes (em particular as da Ásia), George Steiner insiste que o empenho europeu "é uma empreitada do espírito e do intelecto". Ele escreve:

> O talento da Europa é o que William Blake teria chamado de "a santidade do pormenor diminuto". Trata-se do talento da diver-

sidade linguística, cultural e social, de um pródigo mosaico que muitas vezes transforma uma distância trivial, vinte quilômetros, numa divisão entre mundos. ... A Europa realmente perecerá se não lutar por seus idiomas, suas tradições locais e suas autonomias sociais – se esquecer que "Deus está nos detalhes".[12]

Pensamentos semelhantes podem ser encontrados no legado literário de Hans-Georg Gadamer.[13] São a variedade e a riqueza da Europa que fazem fronteira com a desregulamentação que Gadamer situa no topo da lista dos méritos sem igual do continente; ele vê a profusão de diferenças como o principal tesouro que o Velho Mundo preservou e pode oferecer ao planeta. "Viver com o Outro, viver como o Outro do Outro, essa é a tarefa humana fundamental – e nos níveis mais elevados e nos mais humildes. ... Por conseguinte, talvez [seja] a vantagem particular da Europa, que pôde e teve de aprender a arte de viver com outros." Na Europa, como em nenhuma outra parte, o Outro foi e sempre está próximo, à vista, e ao alcance da mão; metaforicamente, ou mesmo em termos literais, o Outro é um vizinho de porta – e os europeus não podem senão negociar os termos dessa vizinhança, apesar da alteridade e das diferenças que os mantêm separados. O cenário europeu, marcado pelo "poliglotismo, o avizinhamento próximo do Outro e o igual valor outorgado ao Outro num espaço de firme coação", talvez deva ser visto como uma escola na qual o resto do mundo pode tomar contato com conhecimentos cruciais e habilidades que fazem a diferença entre a sobrevivência e a morte. Na visão de Gadamer, conquistar e compartilhar a arte de aprender uns com os outros é "a tarefa da Europa". Eu acrescentaria: é missão da Europa, ou, mais precisamente, a *sina* da Europa, à espera de ser reformatada como seu *destino*.

A importância dessa tarefa – e a importância da determinação da Europa para empreendê-la – não é superestimada, uma vez que "as condições decisivas [para] resolver problemas vitais d[o] mundo moderno", escreve Gadamer, condições verdadeiramente necessárias, são a amizade e a "solidariedade vívida", que, só elas, podem garantir "uma estrutura ordeira" de coabitação humana. Ao enfrentar essa tarefa, nós, europeus, precisamos olhar para trás em busca de inspiração em nossa partilhada herança europeia: para os antigos gregos, o conceito de "amigo", lembra Gadamer, "articulava a totalidade da vida social".[14] Amigos tendem a ser mutuamente tolerantes e simpáticos. Amigos podem ser cordiais uns com os outros, por mais diferentes que sejam; e ser úteis um ao outro, apesar, ou por causa, de suas diversidades – e ser cordiais e úteis sem renunciar a suas singularidades, jamais permitindo que elas os separem e os joguem uns contra os outros.

Não faz muito tempo, Lionel Jospin declarou suas esperanças de que a Europa irá assumir uma nova importância no mundo, com sua "nuançada abordagem das realidades correntes".[15] A Europa aprendeu, disse ele, da maneira mais difícil, e a um enorme custo, pago na moeda do sofrimento humano, "como ultrapassar antagonismos históricos, solucionar pacificamente os conflitos"; como reunir "uma vasta matriz de culturas" e viver com a perspectiva da diversidade cultural permanente – e não mais vista apenas como um fator temporário de irritação. Notemos que esses são exatamente os tipos de lição de que o resto do mundo necessita.

Quando vista em contraste com o panorama do planeta, marcado pelo conflito, a Europa parece um laboratório em que as ferramentas necessárias para a unificação universal da humanidade, de Kant, ainda são projetadas, uma oficina na qual elas continuam a ser "testadas na prática", embora, por enquanto, no desempenho de tarefas menos ambiciosas, de pequena escala. As ferramentas hoje em teste na Europa servem, acima de tudo, à delicada operação (para alguns observadores menos otimistas, delicada *demais* para ter qualquer coisa além de uma chance honesta de sucesso) de fazer a separação entre, de um lado, as bases da legitimidade política, do proceder democrático e da disposição para se engajar numa partilha de recursos em moldes comunitários, e, de outro, o princípio de soberania nacional e territorial com a qual esses elementos estiveram indissociavelmente unidos pela maior parte da história moderna.

A federação europeia em florescimento agora enfrenta a tarefa de repetir, numa escala mais grandiosa (e, com isso, potencialmente planetária), o feito consumado pelos Estados nacionais no começo da modernidade: a reunião entre poder e política, outrora intimamente interligados, mas que desde então vinham navegando (ou ficando à deriva) em direções opostas. O caminho para consumar essas tarefas agora é tão rochoso quanto naquela época, no começo da Era Moderna e de seu estágio de construção de nação e do Estado. Como naquele momento, o caminho está coberto de armadilhas e de riscos incalculáveis. Pior que tudo, essa estrada não é mapeada, e cada passo soa como um salto no desconhecido.

Muitos observadores duvidam da sensatez do empreendimento e avaliam negativamente as chances de sucesso. Os céticos não acreditam na viabilidade de uma democracia "pós-nacional" ou qualquer entidade política democrática que se eleve acima da nação, insistindo que a fidelidade a normas cívicas e políticas não substituiria as ligações etnoculturais, e que essa cidadania seria inexequível em bases puramente "civilizacionais" (legais e políticas), sem a contribuição de "Eros" (a dimensão emocional).[16] Eles argumentam que as amarras etnoculturais e Eros estão exclusiva e infalivelmente unidos ao tipo de sentimento de partilha vigente no passado e ao destino que entrou para a história com o nome de "nacionalismo"; acreditam que a solidariedade comunal só pode fincar raízes e crescer no interior dessa conexão, seria impossível reconstruí-la ou restabelecê-la.

A possibilidade de que a legitimação nacionalista do poder de Estado tenha sido apenas um episódio historicamente delimitado – nada além de uma das muitas formas alternativas da reunião entre política e poder, ou do que a mistura moderna entre *estatalidade* (soberania) e *nacionalidade* – apresentava mais os sintomas de um casamento de conveniência do que de um veredicto da providência ou de uma inevitabilidade histórica; ou de sintomas que o próprio matrimônio não passava de uma decisão precipitada, e que, uma vez efetivado, se provou tão tempestuoso quanto a maioria das ações de divórcio – e dessa maneira dissolvidos simplesmente para escapar do problema.

Jürgen Habermas, sem dúvida o mais consistente e consagrado porta-voz da oposição a esse tipo de ceticismo, observa, porém, que "uma ordem democrática não precisa ser inerentemente enraizada na mentalidade da 'nação' como uma comunidade pré-política de destino compartilhado. A força de um Estado constitucional democrático repousa em sua habilidade para tapar os buracos na integração social com a participação política de seus cidadãos".[17]

Isso é convincente – mas o argumento pode ser levado ainda mais adiante. A *nação*, como todo propositor de qualquer "ideia nacional" admitiria com avidez, é tão vulnerável e delicada sem um Estado soberano para protegê-la (na verdade, para assegurar sua identidade continuada) quanto o é o *Estado* sem uma nação para legitimar suas demandas de obediência e disciplina. *Nações modernas* e *Estados* modernos são produtos gêmeos *da mesma constelação histórica*. Uma poderia "preceder" o outro apenas a curto prazo, e tentaria tornar esse prazo tão breve quanto possível – preenchendo-o com esforços para substituir precedência por simultaneidade e inserindo o sinal de igual entre as partes ostensivamente autônomas. O Estado francês foi precedido por saboianos e bretões, não por franceses; o Estado alemão, por bávaros e prussianos, não por alemães. Saboianos e bretões não teriam se transformado em franceses, ou os bávaros e prussianos em alemães, se suas reencarnações não tivessem sido "potencializadas", respectivamente, pelos *Estados* francês e alemão.

Para todos os efeitos, as nações e os Estados modernos emergiram juntos no curso de dois processos simultâneos e intimamente entrelaçados de construção, justamente da nação e do Estado – processos que são tudo, menos límpidos, são qualquer coisa, menos certos a priori do sucesso. Dizer que uma moldura política não pode ser estabelecida sem um organismo etnocultural viável já estabelecido não é mais nem menos convincente que afirmar que nenhum organismo etnocultural é passível de se tornar e permanecer viável sem uma moldura política funcional e vigorosa. Trata-se de um típico dilema o ovo e a galinha, se é que já houve esse tipo de dilema.

A abrangente e afiada análise de Habermas aponta numa direção bem parecida:

> Justamente as condições artificiais nas quais a consciência nacional surgiu depõem contra a suposição derrotista de que uma forma de solidariedade cívica entre estranhos só pode ser gerada no interior das fronteiras da nação. Se essa forma de identidade coletiva pudesse ser atribuída a um salto altamente abstrato do local e do dinástico ao nacional, e, depois disso, para a consciência democrática, por que esse processo de aprendizado não poderia continuar?[18]

Nacionalidade compartilhada *não* é uma condição *necessária* da legitimidade do Estado, se este for um corpo genuinamente democrático: "Os cidadãos de um Estado democrático legítimo entendem a si próprios como os autores da lei, o que os compele à obediência como destinatários dessa lei."[19]

Podemos dizer que o nacionalismo preenche a brecha de legitimação aberta (ou não preenchida desde o princípio) pela participação democrática dos cidadãos. É na *ausência* dessa participação que a invocação dos sentimentos nacionalistas e os esforços para robustecê-los se tornam o único recurso do Estado. Este tem de invocar o destino nacional comum, construindo sua autoridade sobre a disposição dos cidadãos a morrer por seu país, *se, e somente se*, os governantes necessitam da população apenas pela sua boa vontade para sacrificar sua vida, mas a dispensam ou ignoram suas contribuições para o governo do país no dia a dia.

No momento, porém, a Europa parece mais estar procurando respostas para os novos e pouco conhecidos problemas nas políticas internas do que avaliando as questões externas – forças centrípetas, mais que centrífugas, implosivas, mais que expansivas: entrincheirar-se, voltar-se para si mesma; construir cercas com máquinas de raios X e câmeras de circuito fechado de TV; aumentar o número de funcionários nos postos de imigração e de guardas de fronteira; restringir o espaço das leis de imigração e naturalização; manter os refugiados em acampamentos fortemente vigiados e isolados, ou mandá-los embora antes que tenham chance de solicitar refúgio ou asilo. Em resumo, a Europa cerra suas próprias portas enquanto pouco se faz, se é que se faz algo, para resolver a situação que levou ao fechamento. (Recordemos que os fundos que a União Europeia transferiu de boa vontade e sem barganhar para os países da Europa Oriental e Central candidatos ao ingresso na federação foram condicionados à fortificação de suas fronteiras orientais.)

É bem útil definir as vítimas da globalização feroz dos mercados financeiro e de bens e commodities, antes de mais nada, como uma ameaça à segurança, e não como pessoas que precisam de ajuda e que têm direito a receber uma compensação por terem tido suas vidas prejudicadas. Em primeiro lugar, isso liquida os remorsos éticos: nenhuma falha no dever moral rói a alma quando se estiver tratando com inimigos que "odeiam nossos valores" e não podem suportar a imagem de homens e mulheres que vivem em liberdade e sob democracia. Em segundo lugar, permite desviar recursos que poderiam ser usados, de forma "não lucrativa", na redução das disparidades e na desativação das animosidades, para a lucrativa tarefa de reforçar a indústria bélica, a venda de armas, os ganhos dos acionistas, a melhora das estatísticas domésticas de emprego e o aumento do nível interno de bem-estar. E, em último lugar, mas não menos importante, desenvolve a enfraquecida economia consumista por meio do redirecionamento das difusas preocupações de segurança para o incentivo a comprar pequenas fortalezas privadas sobre rodas (como os Hummers e outros utilitários esportivos sabidamente inseguros, caríssimos e bebedores de gasolina); e com a imposição de lucrativos "direitos de exploração de marca" ou "propriedade intelectual", com a desculpa de que o governo deve impedir que os ganhos do comércio ilegal e da pirataria se desviem para as células terroristas.

Isso também permite aos governos se livrar dos mais irritantes constrangimentos produzidos pelo controle popular, democrático, ao retraduzir *escolhas* políticas e econômicas como *ne-*

cessidades militares. Como sempre, os Estados Unidos assumem a liderança – mas são observados de perto e seguidos com avidez por um grande número de governos europeus. Como William J. Bennett recentemente declarou num livro com habilidade intitulado *Why We Fight: Moral Clarity and the War on Terrorism*:

> As ameaças que enfrentamos hoje são externas e internas: externas no sentido de que há grupos e Estados que querem atacar os Estados Unidos; internas porque há aqueles que tentam utilizar essa oportunidade para promulgar a agenda de "antes de mais nada, culpe os Estados Unidos". Ambas as ameaças se originam de um ódio pelos ideais americanos de liberdade e igualdade ou de um não entendimento desses ideais e de suas práticas.[20]

O credo de Bennett é uma desculpa ideológica para uma prática já em andamento – como o Patriot Act americano, voltado explicitamente para pessoas engajadas nos tipos de ação política protegidos pela Constituição, legalizando a vigilância clandestina, as buscas sem autorização e outras invasões de privacidade, assim como a prisão sem acusação definida e os julgamentos em tribunais militares.

Sabe-se que há razões para a Europa estar cada vez mais voltada para o interior. O mundo já não está mais convidativo. Parece um mundo hostil, traiçoeiro, que respira vingança, um mundo que precisa se tornar seguro para nós, europeus, os turistas. É um universo de iminentes "guerras de civilizações", no qual cada um e todos os passos dados estão carregados de riscos, ao mesmo tempo que seria arriscado não dar esses passos. Os turistas que ousam correr tais perigos devem tomar cuidado e se manter constantemente em alerta; mais importante ainda, então, eles deveriam se ater aos portos seguros, aos caminhos demarcados e abertos na selva para seu uso exclusivo. Quem esquecer esses preceitos faz isso por sua própria conta e risco – e deve estar pronto para suportar as consequências.

Num mundo inseguro, segurança é o nome do jogo. Segurança é o propósito principal do esporte e seu objetivo supremo. É um valor que na prática, se não na teoria, diminui e põe para fora todos os outros valores – incluindo os mais queridos para "nós" à medida que são os mais odiados por "eles", e por isso declarados a causa principal do desejo "deles" de "nos" prejudicar. Num mundo tão inseguro quanto o nosso, a liberdade individual de palavra e ação, o direito à privacidade, o acesso à verdade – todas essas coisas que associávamos à democracia e em nome das quais ainda vamos à guerra – precisam ser podados ou suspensos. Ou pelo menos é isso que sustenta a versão oficial, confirmada por práticas oficiais.

Não obstante, a verdade é que *nós não podemos defender nossas liberdades, efetivamente em nossa casa europeia, colocando uma cerca entre nós e o resto do mundo e nos atendo apenas a nossos assuntos domésticos.*

Há razões válidas para supor que, num planeta globalizado (no qual os apuros de cada um, em cada lugar, determinam os apuros de todos os outros, em todos os lugares, ao mesmo tempo que também são determinados por eles), não se pode mais viver em liberdade e na democracia "separadamente" – em isolamento, num país, ou apenas em alguns países selecionados. O destino da liberdade e da democracia em cada local é decidido e estabelecido no palco global; e apenas nesse palco ele pode ser defendido com chances reais de sucesso duradouro. Não está mais no poder de qualquer Estado que atue isolado, por mais rico de recursos, fortemente armado, resoluto e inflexível que seja, defender valores escolhidos em termos domésticos, ao mesmo tempo que vira as costas aos sonhos e anseios daqueles do lado de fora de suas fronteiras. Mas virar as costas é precisamente o que nós, europeus, parecemos estar fazendo quando mantemos nossas riquezas e as multiplicamos em detrimento do exterior empobrecido.

Alguns poucos exemplos bastarão. Se, 40 anos atrás, a renda dos 5% mais ricos da população mundial era 30 vezes mais alta que a renda dos 5% mais pobres, 15 anos atrás ela era 60 vezes mais alta, e, por volta de 2002, tinha alcançado a proporção de 114.

Como foi apontado por Jacques Attali em *La voie humaine*,[21] metade do comércio mundial e mais da metade dos investimentos globais beneficiam apenas 22 países que acomodam meros 14% da população mundial, ao passo que os 49% de países mais pobres, habitados por 11% da população mundial, dividem entre si apenas metade de 1% do produto global – um montante quase igual às rendas combinadas dos três homens mais ricos do planeta. Noventa por cento da riqueza total do planeta permanece nas mãos de apenas 1% dos habitantes da Terra.

A Tanzânia ganha US$2,2 bilhões por ano, que divide entre 25 milhões de habitantes. O banco Goldman Sachs ganha US$2,6 bilhões por ano, divididos entre 161 acionistas.

A Europa e os Estados Unidos gastam US$17 bilhões por ano em alimentação animal, enquanto, de acordo com especialistas, há um déficit de US$19 bilhões no fundo necessário para salvar a população mundial da fome. Joseph Stiglitz escreveu no *Guardian*, quando os ministros do Comércio do mundo se preparavam para sua reunião de 2003, no México, que o subsídio médio europeu por cabeça de bovino "corresponde ao nível de pobreza de US$2 por dia no qual bilhões de pessoas mal subsistem" – ao passo que os US$4 de subsídio ao algodão dos Estados Unidos pagos a 25 mil fazendeiros bem-afortunados "levam à miséria 10 milhões de fazendeiros africanos e mais do que compensam a mísera ajuda dos americanos a alguns dos países afetados".[22] Ocasionalmente, ouve-se a Europa e os Estados Unidos se acusarem um ao outro publicamente de "práticas agrícolas injustas". Mas, Stiglitz observa, "nenhum dos dois lados parece estar disposto a fazer concessões significativas". Enquanto isso, nada próximo de uma concessão significativa convenceria os outros a deixar de olhar para essa exibição sem pudores de "poder econômico brutal por parte dos Estados Unidos e da Europa" como algo além de um esforço para defender os privilégios dos privilegiados, proteger a riqueza dos ricos e servir a seus interesses – que, em sua opinião, se resumem a mais riquezas e ainda mais riquezas.

Se devem ser erguidos e redirecionados para um nível mais elevado que o do Estado nacional, os elementos essenciais da solidariedade humana (como os sentimentos de pertencimento comum e de responsabilidade compartilhada sobre um futuro comum, ou a disposição para cuidar do bem-estar do outro e encontrar soluções amigáveis e duráveis para conflitos esporadicamente inflamados) precisam do apoio de uma estrutura *institucional* de construção de opinião e conformação da vontade. A União Europeia mira (e se move, embora de maneira lenta e hesitante) em direção a uma forma rudimentar ou embrionária dessa estrutura institucional, embora os obstáculos mais inoportunos que encontre em seu caminho sejam os Estados nacionais existentes, relutantes em ceder o que quer que tenha restado de sua soberania outrora vicejante. A direção atual é difícil de delinear com clareza, e mais difícil ainda é predizer suas inflexões futuras – tarefa em nada garantida, irresponsável e insensata.

O presente impulso da União Europeia parece ser moldado segundo duas diferentes (talvez complementares, talvez incompatíveis) lógicas – e é impossível decidir de antemão qual, afinal, prevalecerá. Uma delas é a *lógica de entrincheiramento local*; a outra é a *lógica da responsabilidade e da aspiração globais*.

A primeira lógica é aquela da expansão quantitativa das bases de "território e recursos" para a estratégia de *Standortskonkurrenz* (competição interjurisdicional) – a competição entre localidades ou fundada em termos locais; mais precisamente, a competição entre Estados territoriais. Mesmo que os fundadores do Mercado Comum Europeu e seus sucessores nunca tenham feito qualquer tentativa de emancipar a economia de seu relativo e incapacitante confinamento, no quadro da *Nationalökonomie* (economia nacional), teria se empreendido a "guerra de libertação" – hoje administrada pelo capital, as finanças e o comércio globais contra as "imposições locais"; uma guerra não ativada e intensificada por interesses locais, mas pela difusão global de oportunidades, teria prosseguido sem decréscimo de intensidade. O papel das instituições europeias *não* consiste em corroer a soberania dos países-membros e isentar a atividade econômica de suas interferências controladoras (e produtoras de imposições); em resumo, *não* consiste em facilitar (para não falar em dar início) o procedimento de divórcio entre poder e política. Para esse propósito, dificilmente se iriam demandar os serviços de instituições europeias. A real função dessas instituições consiste, pelo contrário, em *conter a maré*: paralisar os recursos importantes que tenham escapado das gaiolas do Estado nacional no interior das paliçadas continentais e mantê-los ali, para impedir que evaporem ou escoem para fora dos limites da União.

Tendo em vista o crescente poderio do capital global, torna-se ainda mais assustador o efetivo fechamento, no interior de um único Estado-nação, de mercados de capital, financeiro, de commodities e de trabalho, acompanhado pelo equilíbrio das contas. Talvez os poderes combinados dos Estados nacionais – separadamente ou todos juntos – possam se unir para enfrentar a tarefa em condições menos desiguais. Em outras palavras, a lógica do entrincheiramento local é a da reconstrução, no plano da União Europeia, da teia legal-institucional que não mantém mais a "economia nacional" nos limites da soberania de território do Estado nacional. Mas, como disse Habermas, "a criação de unidades políticas maiores em si mesmas não altera nada o modo de *Standortskonkurrenz* enquanto tal".[23] Observada do ponto de vista planetário, a estratégia conjunta de uma união continental de Estados é dificilmente distinguível dos códigos de conduta dos Estados nacionais isolados que ela veio substituir. Ela ainda é guiada pela lógica de divisão, separação, cercamento e contenção; de busca de isenções territoriais das regras e tendências gerais – ou, sem meias palavras, de *soluções locais para problemas globalmente gerados*.

Ao mesmo tempo, a lógica da responsabilidade global (e, uma vez que essa responsabilidade seja reconhecida e que se aja a partir dela, também a lógica da aspiração global) tem como objetivo, pelo menos em princípio, enfrentar diretamente, frente a frente, os problemas globalmente gerados em seu próprio nível. Ela brota da suposição de que uma solução duradoura e efetiva para problemas de dimensões planetárias pode ser encontrada e pode funcionar apenas por meio da *renegociação e da reforma da rede de interdependências e interações globais*. Em vez de apontar para o menor dano local e para os maiores benefícios locais – a serem derivados dos ventos caprichosos e fortuitos das forças econômicas globais –, ela procuraria, antes, um novo tipo de configuração global. Nela, os caminhos das iniciativas econômicas, em qualquer lugar do planeta, não seriam conduzidos mais, de forma caprichosa ou atropelada, apenas para os ganhos momentâneos, sem que se preste atenção aos efeitos e às vítimas colaterais, sem que se dê importância alguma às dimensões sociais dos balanços de custo e benefício. Citando mais uma vez Habermas, essa lógica está voltada para o desenvolvimento de "uma política que possa ombrear com os mercados globais".[24]

Ao contrário da lógica da economia local, que toca mais uma vez as perseverantes melodias da *raison d'État*, melodias familiares, já que universalmente (ou quase) dominantes na era do Estado-nação, a lógica da responsabilidade e da aspiração globais nos leva para dentro do território desconhecido e abre um período de experimentação política. Ela rejeita, como se mudasse perigosamente de direção num beco sem saída, a estratégia de defesa puramente local contra tendências planetárias; e também se abstém (por necessidade, quando não por razões de consciência) de retroceder em direção a outra estratégia ortodoxa europeia: a de tratar o espaço planetário como um "interior" (ou, na verdade, o *Lebensraum**) no qual os problemas domesticamente produzidos, mas insolúveis nesse plano, podem ser descarregados. Aceita que seria totalmente insensato seguir a primeira estratégia com esperanças realistas de algum sucesso, por pequeno que fosse, considerando que perdeu seu domínio global, vivendo, em vez disso, à sombra de um império que aspira se tornar planetário, um império que, na melhor das hipóteses, ela pode tentar conter e mitigar, mas dificilmente controlar. A Europa não

---

* O termo alemão tem sido traduzido tradicionalmente, no plano da geopolítica, como "espaço vital". Cunhado pelo geógrafo germânico Friedrich Ratzel, foi decisivo para o pensamento nazista, por se referir diretamente ao espaço de potencial expansão territorial de um povo. O expansionismo promovido por Hitler era baseado na ideia de expandir o *Lebensraum* ariano por todo o mundo. (N.T.)

está em posição de seguir a segunda estratégia, por mais próspero que esse caminho tenha sido no passado e por mais tentador que ainda possa ser.

Assim, quer queira, quer não, devem-se buscar e testar novas e inexploradas estratégias e táticas mesmo sem calcular de modo confiante, para não falar de forma garantida, seu sucesso final. "No plano global", adverte Habermas, "problemas de coordenação, que já são difíceis em termos europeus, se tornam ainda mais agudos." Isso acontece porque "a solidariedade cívica está enraizada em identidades coletivas particulares", considerando que "a solidariedade cosmopolita deve se apoiar apenas no universalismo moral dos direitos humanos". A "cultura política de uma sociedade mundial carece de uma dimensão ético-política comum, necessária para uma comunidade global que lhe corresponda".[25]

Um genuíno "Ardil 22": é difícil de atingir a comunidade que, de uma maneira concebível, poderia ser a base de uma sensibilidade ética comum e tornar possível a coordenação política (provendo assim as condições necessárias a se alcançar, caso a solidariedade supranacional e supracontinental tiver de brotar e fincar raízes) precisamente porque a "dimensão ético-política" até agora desapareceu; e é provável que assim permaneça – ou fique aquém do necessário – enquanto a dimensão ético-política estiver incompleta. A Europa enfrenta agora a perspectiva de desenvolver, gradual e *simultaneamente*, e talvez por um longo processo de tentativa e erro, os objetivos *e* as ferramentas adequadas para atacar e solucionar o problema. Para tornar a empreitada ainda mais assustadora, a destinação final de todo esse trabalho, uma política planetária efetiva, fundada num contínuo *polílogo*, e não no monólogo de um governo planetário só, é algo também sem precedentes. Apenas a prática histórica pode provar (embora jamais contestar) sua factibilidade – ou, mais corretamente, *torná-la* factível.

Imaginemos o que precisa ser feito. Mas não temos como saber em que configuração e de que forma isso seria realizado. Podemos estar certos, no entanto, de que a configuração definitiva não será familiar. Ela será – tem de ser – diferente de tudo com que nos acostumamos no passado, na era da construção nacional e da autoafirmação dos Estados nacionais. Dificilmente poderia ser o contrário, uma vez que todas as instituições políticas hoje à nossa disposição foram produzidas na medida da *soberania territorial* do Estado-nação; elas resistem a ser ampliadas para uma escala planetária, supranacional; e as instituições políticas a serviço da autoconstituição da comunidade humana de dimensões planetárias não serão e não podem ser "as mesmas, só que maiores". Se fosse convidado para assistir a uma sessão parlamentar em Londres, Paris ou Washington, Aristóteles talvez pudesse aprovar suas regras processuais e reconhecer os benefícios oferecidos por elas às pessoas a quem as decisões afetam. Mas ficaria perplexo quando lhe contassem que aquilo que lhe fora mostrado era a "democracia em ação". Ele não poderia enxergar ali nada do que visava quando cunhou o termo "pólis democrática".

Podemos perceber que a passagem das agências e ferramentas internacionais de ação para as instituições universais – com as dimensões da humanidade – deve ser e será uma *mudança qualitativa*, e não somente uma transformação *quantitativa*. Assim, cabe perguntar, inquietos, se os enquadramentos agora disponíveis para as "políticas globais" acomodariam as práticas do emergente regime global ou na verdade serviriam como incubadoras dessas práticas; que tal a ONU, por exemplo – destinada no nascedouro a guardar e defender a soberania indivisa e intacável do Estado sobre seu território? Ou a *força de ligação* das leis globais – dependeria ela dos acordos (reconhecidamente revogáveis!) entre os membros soberanos da "comunidade internacional" para que essas leis sejam obedecidas?

A fim de desvelar a lógica das transformações definitivas no ideário europeu do século XVII, Reinhardt Koselleck, o grande historiador alemão do pensamento, recorreu à alegoria do "passo na montanha". Sugiro que essa é uma metáfora adequada e feliz para nós, como foi para nossos antepassados quatro séculos atrás, à medida que lutemos para antecipar as idas e voltas inevitavelmente trilhadas pelo século XXI e dar forma às mudanças seminais pelas quais é provável que sejam descritas em retrospecto, e "ganhem sentido" nas avaliações postas no papel pelos historiadores no futuro.

Como nossos antepassados do século XVII, escalamos uma subida íngreme em direção a um passo na montanha que jamais cruzamos – e assim não temos a mais vaga ideia do tipo de vista que se abrirá uma vez que o alcancemos; não temos certeza de onde o sinuoso e retorcido desfiladeiro nos conduzirá afinal. Podemos estar certos de que, no lugar em que estamos agora, em algum ponto do aclive abrupto, não podemos descansar por muito tempo, muito menos nos estabelecer. Assim, seguimos em movimento; não nos movemos tanto "para algo" quanto "por causa de" – nos movemos porque não podemos parar um pouco nem ficar parados. Apenas quando (e se) alcançarmos o passo e inspecionarmos a paisagem do outro lado o tempo se moverá "para algo"; então seremos mais puxados para a frente pela imagem de uma destinação visível, pelo objetivo ao nosso alcance, do que levados a nos mover por força dos desconfortos atuais.

Por enquanto, pouco pode ser dito sobre a forma dessa incomodamente distante *allgemeine Vereinigung der Menschengattung* (unificação universal da humanidade), exceto que (esperamos) ela irá adquirindo contornos mais nítidos e manobráveis; isso acontecerá caso ainda se apresentem alpinistas para descobrir o que há ali e para contar o que viu. Sugeri isso a Koselleck, ao apontar a atual escassez de talentos proféticos e as notórias deficiências da predição científica. Em sua resposta, no entanto, ele acrescentou um argumento ainda mais decisivo: não dispomos nem dos conceitos com os quais poderíamos articular e expressar nossas previsões. Conceitos adequados para alcançar realidades que *ainda não estão* formadas na prática da escalada, e não num momento anterior. Não são apenas os conceitos que vão surgindo à medida que nos mantemos em movimento, mas também – como acrescentaria Claus Offe – suas regras de formação e aceitação; as regras de tomada de decisão só podem ser feitas à medida que andamos, numa espécie de "*loop* reflexivo". Sobre a forma das coisas a emergir do outro lado do passo montês, os alpinistas prudentes deveriam manter silêncio. A ignorância dos escaladores a respeito de sua destinação final não quer dizer que eles devessem parar de avançar. No caso dos europeus, conhecidos pelo apego à aventura e por sua habilidade para a experimentação, é improvável que eles parem. Precisaremos fazer muitas escolhas decisivas, todas sob condições de conhecimento severamente limitadas (isso é o que aparta a aventura da rotina e de atuar sob comando), e as probabilidades adversárias contra nós soam assustadoras. Mas também há esperança, firmemente enraizada em nossas habilidades adquiridas de viver com a diferença e o compromisso num diálogo significativo e mutuamente benéfico, habilidades que continuam em sua maioria escondidas, mas que vêm à tona em momentos de crise.

Numa conversa em maio de 2003, Jürgen Habermas e Jacques Derrida chamaram o dia 15 de fevereiro de 2003 de "um outro 4 de Julho", mas daquela vez em escala totalmente europeia: o dia no qual nascia "uma consciência europeia genuinamente partilhada".[26] Naquele dia, milhões de europeus foram para as ruas de Roma, Madri, Paris, Berlim, Londres e outras capitais da Europa, a fim de manifestar a condenação unânime à invasão do Iraque, prestes a ser deflagrada. Aquilo era, de forma oblíqua, uma condenação de sua compartida memória histórica de sofrimentos passados e sua ojeriza compartilhada às violências e atrocidades cometidas em nome da rivalidade nacional.

A escolha com que nos defrontamos é entre permitir que nossas cidades se transformem em espaços do terror, "onde o forasteiro será temido e dele se desconfiará", e sustentar o legado de civilidade mútua entre os cidadãos e a "solidariedade dos estranhos", uma solidariedade fortalecida pelos testes cada vez mais duros aos quais é submetida e aos quais sobrevive – agora e no futuro.

A lógica da responsabilidade e aspiração globais, caso adotada e preferida, em vez da lógica do entrincheiramento local, pode ajudar a preparar os europeus – essas pessoas eminentemente aventureiras e conhecidas por seu apego à experimentação – para sua próxima aventura, talvez maior que todas as anteriores. Apesar do formidável volume de probabilidades adversas, ela poderia escalar a Europa, mais uma vez, para o papel de assentador de padrões globais; pode permitir ao Velho Mundo mobilizar os valores que ele aprendeu a apreciar e conseguiu preservar, e a experiência ético-política que adquiriu do governo democrático autônomo, na terrível tarefa de substituir a coleção de entidades territorialmente entrincheiradas e engajadas num jogo de soma zero de sobrevivência por uma comunidade humana totalmente inclusiva, planetária. Apenas quando (e se) essa comunidade for realizada, a Europa poderá considerar sua missão cumprida. Apenas no interior dessa comunidade, os valores que iluminam as ambições e os objetivos da Europa, valores que *são a Europa*, estarão verdadeiramente seguros.

O que se apresenta para nós foi profeticamente colocado no papel por Franz Kafka – como uma premonição, uma advertência e uma forma de encorajamento: "Se você não encontrar nada nos corredores, abra as portas; se você não encontrar nada atrás dessas portas, há outros andares; e se você nada encontrar lá em cima, não se preocupe, simplesmente salte para outro lance. Se você não parar de subir, as escadas jamais terminarão; sob seus pés escaladores, elas continuarão a se desdobrar para cima."[27]

· Notas ·

Introdução *(p.7-36)*

1. Richard Jones, "Why insects get such a buzz out of socializing", *The Guardian*, 25 jan 2007.
2. *Doxa*: conjunto de pressupostos sobre as formas e os significados do mundo raramente questionados (se chegam a ser); pressupostos *com os quais* se pensa, mas não *sobre os quais, a partir dos quais* se pensa; paradigma: uma noção preconcebida do que é e não é relevante, sobre o que deve ser, portanto, registrado como exemplificador da norma e o que deve ser rejeitado, deixado fora, como algo anormal ou acidental.
3. François de Singly, *Les uns avec les autres: Quand l'individualisme crée du lien*, Paris, Colin, 2003, p.108-9.
4. Ver Claude Dubar, *La socialisation: construction des identités sociales et professionelles*, Paris, Colin, 1991, p.113 [trad. bras., *A socialização: construção das identidades sociais e profissionais*, São Paulo, Martins Fontes, 2005].
5. François de Singly, op.cit., p.108.
6. Ver Jean-Claude Kaufmann, *L'invention de soi: une théorie d'identité*, Paris, Hachette, 2004, p.214.
7. Ibid., p.212-3.
8. Theodor W. Adorno, *Critical Models: Interventions and Catchwords*, Nova York, Columbia University Press, 1998, p.14.
9. Jürgen Habermas, *The Postnational Constellation: Political Essays*, Cambridge, Polity, 2001, p.109.

1. Que oportunidades tem a ética
no mundo globalizado dos consumidores? *(p.37-83)*

1. Sigmund Freud, "Civilization and its discontents", *The Standard Edition of the Complete Psychological Works of Sigmund Freud*. Londres, Hogarth Press, 1961 [trad. bras., "O mal-estar na civilização", *Obras completas de Sigmund Freud*, v.18, *O mal-estar na civilização, Novas conferências introdutórias e outros textos (1930-1936)*, São Paulo, Companhia das Letras, 2010].

2. As citações deste parágrafo são de Sigmund Freud, *Civilization, Society and Religion*, Penguin Freud Library, v.12, Londres, Penguin, 1991, p.300 e 303.

3. Ver Michel Agier, *Aux bords du monde, les refugiés*, Paris, Flammarion, 2002, p.55-6.

4. Emmanuel Lévinas, *The Theory of Intuition in Husserl's Phenomenology*, Evanston (Illinois), Northwestern University Press, 1995, p.36s.

5. Harvie Ferguson, *Phenomenological Sociology: Experience and Insight in Modern Society*, Thousand Oaks (Califórnia), Sage, 2006, p.73.

6. Ver Georg Simmel, *The Sociology of Georg Simmel*, Nova York, Free Press, 1964, p.134s.

7. Ver Zygmunt Bauman, *O mal-estar da pós-modernidade*, Rio de Janeiro, Zahar, 1998, cap.4.

8. Comparar com Emmanuel Lévinas, "L'Autre, utopie et justice", *Autrement*, n.102, nov 1988, p.52-60.

9. Ver François Poirié, *Emmanuel Lévinas: Qui êtes-vous?*, Lyon, Éditions la Manufacture, 1987.

10. Georg Simmel, *Sociology of Georg Simmel*, p.137.

11. Joseph Brodsky, "The condition we call exile", *On Grief and Reason*, Nova York, Farrar, Straus and Giroux, 1998, p.34.

12. Emmanuel Lévinas, *Ethics and Infinity: Conversations with Philippe Nemo*, Pittsburgh (Pensilvânia), Duquesne University Press, 1985, p.98-9.

13. Ibid., p.80.

14. Ver Alain Ehrenberg, *La fatigue d'être soi*, Paris, Odile Jacob, 1998.

15. "Adiafórico": termo emprestado da linguagem da Igreja, significava originalmente uma crença neutra ou indiferente em termos de fé e de doutrina. No sentido metafórico aqui utilizado, "adiafórico" significa *amoral*, não sujeito a qualquer julgamento moral, sem significado moral.

16. Colette Dowling, *Cinderella Complex*, Nova York, Pocket Books, 1991 [trad. bras., *Complexo de Cinderela*, São Paulo, Círculo do Livro, 1989].

17. Ver Arlie Russell Hochschild, *The Commercialization of Intimate Life*, Berkeley, University of California Press, 2003, p.21s.

18. Ver Frank Mort, "Competing domains: democratic subjects and consuming subjects in Britain and the United States since 1945", in Frank Trentmann (org.), *The Making of the Consumer: Knowledge, Power and Identity in the Modern World*, Oxford, Berg, 2006, p.225s. Mort cita os relatórios do Henley Centre intitulados *Planning for Social Change* (1986), *Consumer and Leisure Futures* (1997) e *Planning for Consumer Change* (1999). O Henley Centre é uma organização dedicada ao marketing que fornece às indústrias de consumo informações sobre as mudanças no padrão de uso do tempo de lazer de seus potenciais clientes britânicos.

19. Knud Ejler Logstrup, *The Ethical Demand*, Notre Dame (Indiana), University of Notre Dame Press, 1977, p.8.

20. Leon Shestov, "All things are perishable", *A Shestov Anthology*, Athens, Ohio University Press, 1970, p.70.

21. Ver J. Livingstone, "Modern subjectivity and consumer culture". Aqui, apud Russell W. Belk, "The human consequences of consumer culture", in Karin M. Ekström e Helen Brembeck (orgs.), *Elusive Consumption*, Oxford, Berg, 2004, p.71.

22. Colin Campbell, "I shop therefore I know that I am", in Karin M. Ekström e Helen Brembeck (orgs.), *Elusive Consumption*, Oxford, Berg, 2004, p.41-2.
23. Ver Arlie Russell Hochschild, *Commercialization of Intimate Life*, p.208s.
24. Idem.
25. Ver Arlie Russell Hochschild, *The Time Bind: When Work Becomes Home and Home Becomes Work*, Nova York, Henry Holt, 1997, p.xviii-xix.
26. Knud Logstrup, *After the Ethical Demand*, Aarhus, Aarhus University Press, 2002, p.26.
27. Idem.
28. Ver Emmanuel Lévinas, *Ethics and Infinity*, p.10-1.
29. Nan Ellin, "Fear and city building", *Hedgehog Review*, v.5, n.3, p.43-61.
30. Bülent Diken e Carsten Laustsen, "Zones of indistinction: security, terror, and bare life", *Space and Culture*, n.5, 2002, p.290-307.
31. Gary Gumpert e Susan Drucker, "The mediated home in the global village", *Communication Research*, v.25, n.4, 1998, p.422-38.
32. Michael Schwarzer, "The ghost wards: the flight of capital from History", *Thresholds*, n.16, 1998.
33. Richard Sennett, *The Uses of Disorder: Personal Identity and City Life*, Londres, Faber and Faber, 1996, p.39-42.
34. Ibid., p.194.
35. Italo Calvino, *Invisible Cities*, Nova York, Vintage, 1997, p.165 [trad. bras., *As cidades invisíveis*, São Paulo, Companhia das Letras, 1990].

2. Assassinatos categóricos, ou o legado do século XX e como relembrá-lo *(p.84-114)*

1. Ver Giorgio Agamben, *Homo Sacer: Il potere sovrano e la nuda vita* (1995). Aqui citado em tradução americana, in *Homo Sacer: Sovereign Power and Bare Life*, Stanford (Califórnia), Stanford University Press, 1998, p.11 e 18.
2. Helen Fein, *Genocide: A Sociological Perspective*, Londres, Sage, 1993, p.6.
3. Frank Chalk e Kurt Jonassohn, *The History and Sociology of Genocides*, New Haven (Connecticut), Yale University Press, 1990, p.23.
4. Giorgio Agamben, *Homo Sacer: Sovereign Power and Bare Life*, p.8 e 82.
5. Apud Kristina Boréus, "Discursive discrimination: a typology", *European Journal of Social Theory*, n.3, 2006, p.405-24.
6. John P. Sabini e Mary Silver, "Destroying the innocent with a clear conscience: a sociopsychology of the Holocaust", in Joel E. Dimsdale (org.), *Survivors, Victims, Perpetrators: Essays on the Nazi Holocaust*, Washington, Hemisphere, 1980, p.329-30.
7. Ver Tzvetan Todorov, "Ni banalisation ni sacralisation: du bon and du mauvais usage de la mémoire", *Le Monde Diplomatique*, abr 2001, p.10-1.
8. Idem.
9. Ver Jim Hoagland, "Viewing Vietnam and Algeria with the luxury of hindsight", *New York Herald Tribune*, 5 e 6 mai 2001, p.6.
10. Tzvetan Todorov, "Les illusions d'une justice universelle", *Le Monde de Débats*, mai 2001, p.27.
11. Para a citação, ver "Secret U.S. endorsement of severe interrogations", *New York Times*, 10 out 2007.

12. Ver "Choephori, or the libation bearers", Aeschylus, *The Oresteian Trilogy*, Londres, Penguin, 1959, p.108-9, 114-5,118 e 143; e "The Eumenides", ibid., p.174 [trad. bras., *Oréstia*, Rio de Janeiro, Zahar, 8ª ed., 2010, trad. Mário da Gama Kury].
13. Ryszard Kapuscinski, "Un siècle de barbarie: de la nature des génocides", *Le Monde Diplomatique*, mar 2001, p.3.
14. Ver particularmente René Girard, *Violence and the Sacred*, Baltimore, Johns Hopkins University Press, 1977 (originalmente publicado em francês, em 1972); e *The Scapegoat*, Baltimore, Johns Hopkins University Press, 1986 (originalmente publicado em francês, em 1982).
15. Ryszard Kapuscinski, "Un siècle de barbarie".

3. Liberdade na era líquida moderna *(p.115-48)*

1. Anders, apud tradução francesa, *L'Obsolescence de l'homme*, Paris, Éditions Ivrea, 2001.
2. Richard Rorty, "The intellectuals at the end of socialism", *Yale Review*, v.80, n.1 e 2, abr 1992.
3. John Locke, "A Letter Concerning Toleration", *Political Writings*, Indianapolis, Hackett, 2003, p.407 [trad. bras., "Carta acerca da tolerância", *John Locke*, São Paulo, Abril Cultural, Coleção Os Pensadores, 1978, p.3-39].
4. Albert Camus, *L'Homme révolté* (1951). Apud tradução inglesa, *The Rebel*, Harmondsworth, Penguin, 1971, p.32.
5. Ver a conversa dela (em polonês) com Joanna Sokolinska, "Wysokie Obcasy", *Gazeta Wyborcza*, 6 nov 2006.
6. Ver "On the genealogy of ethics: an overview of work in progress", in Paul Rabinow (org.), *The Foucault Reader*, Nova York, Random House, 1984, p.350.
7. Ver Ernst Kris e Otto Kunz, *Legend, Myth and Magic in the Image of the Artist*, New Haven (Connecticut), Yale University Press, 1979, p.113.
8. Ver Jon Lanchester, "A bigger bang", *Guardian Weekend*, 4 nov 2006.
9. Ver Arlie Russell Hochschild, *The Commercialization of Intimate Life*, Berkeley, University of California Press, 2003, p.213s.
10. Ver Robert Taylor, *Sweden's New Social Democratic Model*, Londres, Compass, 2005, p.32. Acessível em: http://www.compassonline.org.uk/publications/.

4. Vida apressada, ou desafios líquidos modernos para a educação *(p.149-97)*

1. Uma correção, entretanto, é necessária: ao se falar da aprovação ou rejeição do "júri do estilo", pode-se falar apenas (para usar os termos que Jacques Derrida tomou emprestados de Martin Heidegger) *sous rature*, remontando aos mecanismos já não operacionais de regulação normativa, pressão social e controle de grupo. Seria mais apropriado falar da diferença entre o sucesso e o fracasso como algo determinado pela conformidade ou não conformidade com os padrões estabelecidos e divulgados pelo mencionado júri do estilo.

2. Todas as citações seguintes de Freud vêm de "The future of an illusion" e "Civilization and its discontents", *The Penguin Freud Library*, v.12, *Civilization, Society and Religion*, Harmondsworth (Reino Unido), Penguin, 1991, p.179-341.

3. A questão, porém, é que, mesmo que, antes do advento da era moderna, o espaço para a coerção não fosse menor do que teve de se tornar no percurso da construção da ordem moderna (e da era), mal havia espaço na ordem antiga para a autoconfiança e o realismo com os quais Jeremy Bentham poderia traçar, e de fato traçou, uma equação entre obediência à lei, de um lado, e, de outro, uma condição de "trabalhar ou morrer", na qual ele lançou os sujeitos para quem a lei se dirige, trancando as saídas de seu confinamento obrigatório e colocando vigias nas torres de observação, a fim de garantir que outras escolhas não se infiltrem.

4. Lucy Siegle, "Is recycling a waste of time?", *Observer Magazine*, n.15, jan 2006.

5. Ver Helen Haste, "Joined up texting: the role of mobile phones in young peoples' lives", *Nestlé Social Research Programme Report*, n.3, 2005, p.29.

6. Ver Zygmunt Bauman, *Vidas desperdiçadas*, Rio de Janeiro, Zahar, 2005.

7. Thomas Hylland Eriksen, *Tyranny of the Moment: Fast and Slow Time in the Information Age*, Londres, Pluto Press, 2001, p.2-3.

8. Ibid., p.vii.

9. Elzbieta Tarkowska, "Zygmunt Bauman o czasie i procesach temporalizacji", *Kultura i Społeczeństwoż*, n.3, 2005, p.45-65.

10. Ver Ignacio Ramonet, *La tyrannie de la communication*, Paris, Galilée, 1999, p.184.

11. Thomas Hylland Eriksen, *Tyranny of the Moment*, p.92.

12. Ibid., p.17.

13. Ver Bill Martin, *Listening to the Future: The Time of Progressive Rock 1968-1978*, Chicago, Open Court, 1997, p.292.

14. Thomas Hylland Eriksen, *Tyranny of the Moment*, p.109 e 113.

15. Georg Simmel. "The metropolis and mental life", apud tradução de Kurt Wolff, de 1950, republicada in Richard Sennett (org.), *Classic Essays on the Culture of Cities*, Nova York, Appleton-Century-Crofts, 1969, p.52 [trad. bras., "A metrópole e a vida mental", in Otávio Velho (org.), *O fenômeno urbano*, Rio de Janeiro, Zahar, 1979].

16. Rolland Munro, "Outside Paradise: melancholy and the follies of modernization", *Culture and Organization*, n. 4, 2005, p.275-89.

17. Apud George Monbiot, "How the harmless wanderer in the woods became a mortal enemy", *Guardian*, 31 jan 2006.

18. Thomas Mathiesen, *Silently Silenced: Essays on the Creation of Acquiescence in Modern Society*, Winchester, Waterside Press, 2004, p.15.

19. Ver Stephen Bertman, *Hyperculture: The Human Cost of Speed*, Westport (Connecticut), Praeger, 1998.

20. Leon Shestov, o eminente filósofo existencialista russo-francês, achava que o poder de anular o passado – para mudar a história, por exemplo, de modo que o crime de forçar Sócrates a beber cicuta nunca tivesse acontecido – era o supremo sinal da onipotência de Deus.

21. Joseph Brodsky, "In praise of Boredom", *On Grief and Reason*, Nova York, Farrar, Straus and Giroux, 1995, p.107-8.

22. Idem.

23. Andrzej Stasiuk, *Tekturowy Samolot*, Sekowa, Czarne Publishers, 2002, p.59.
24. Slawomir Mrozek, *Male Listy*, Varsóvia, Noir sur Blanc, 2000, p.122.
25. Blaise Pascal, *Pensées*, Harmondsworth, Penguin, 1966, p.67.
26. A "natureza praxeomórfica da cognição humana" diz respeito à primazia da práxis humana sobre a percepção do mundo; em outras palavras, para o fato de que a visão humana do mundo é formada em todas as fases da história por aquilo que os homens, num determinado estágio de sua história, são capazes de fazer, fazem e estão dispostos a fazer.
27. John Kotter, *The New Rules*, Nova York, Dutton, 1995, p.159, grifos meus.
28. Ricardo Petrella, "Une machine infernale", *Le Monde Diplomatique*, jun 1997, p.17.
29. Ver Alberto Melucci, *The Playing Self: Person and Meaning in the Planetary Society*, Londres, Cambridge University Press, 1996, p.43s. Essa é uma versão ampliada do original italiano publicado em 1991, com o título *Il gioco dell'io*.
30. Idem.
31. Precarização: o termo de Bourdieu se refere às manobras deliberadamente utilizadas pelos gerentes para tornar a situação de seus subordinados mais insegura e vulnerável, e, por essa razão, menos previsível e controlável.
32. Dominique Simone Rycher, "Lifelong learning – but learning for what?", *LLinE* 1, 2004, p.26-33.
33. Brian Knowlton, "Hot-cold-hot: terror alert left America uncertain", *International Herald Tribune*, 5 ago 2004.

5. Da frigideira ao fogo, ou as artes entre a administração e o mercado *(p.198-227)*

1. Theodor W. Adorno, "Culture and administration", in J.M. Bernstein (org.), *The Culture Industry: Selected Essays on Mass Culture*, Londres, Routledge, 1991, p.93. Permita-me salientar que a palavra "gestão", mais que o termo "administração", transmite a essência do termo alemão *Verwaltung*, usado no original.
2. Ibid., p.98.
3. Ibid., p.93, 98 e 100.
4. Joseph Brodsky, "The child of civilization", *Less Than One: Selected Essays*, Nova York, Farrar, Straus and Giroux, 1987, p.123.
5. Theodor W. Adorno, "Culture and administration", p.94.
6. Theodor W. Adorno e Max Horkheimer, *Dialectics of Enlightenment*, Londres, Verso, 1979, p.216-7 [trad. bras., *A dialética do esclarecimento*, Rio de Janeiro, Zahar, 2004].
7. Theodor W. Adorno, "Culture and administration", p.103.
8. Hannah Arendt, *La crise de la culture*, Paris, Gallimard, 1968, p.266-7.
9. Joseph Brodsky, "On tyranny", *Less Than One: Selected Essays*, Nova York, Farrar, Straus and Giroux, 1987, p.121.
10. Milan Kundera, *Sztuka powiesci*, Varsóvia, Czytelnik, 1998, p.21-2 [trad. bras., *A arte do romance*, São Paulo, Companhia das Letras, 2009].
11. Milan Kundera, *Les testaments trahis*, apud tradução polonesa, *Zdradzone testamenty*, Varsóvia, PIW, 1993, p.20-3.

12. Hannah Arendt, *Man in Dark Times*, Nova York, Harcourt Brace, 1983, p.viii [trad. bras., *Homens em tempos sombrios*, São Paulo, Companhia das Letras, 2008].
13. Ibid., p.4-5.
14. Ibid., p.24.
15. Milan Kundera, *Sztuka powiesci*, p.25.
16. Naomi Klein, *No logo*, Londres, Flamingo, 2001, p.5.
17. Ibid., p.25.
18. Willem de Kooning, *Écrits et propos*, Paris, Éditions de l'Ensba, 1992), p.90s.
19. Yves Michaud, *L'Art a l'état gazeux: essai sur le triomphe de l'esthétique*, Paris, Stock, 2003, p.9.
20. Ver Zygmunt Bauman, *Society under Siege*, Cambridge, Polity Press, 2002, cap.4.
21. Wolfe apud Patrick Barrer, *(Tout) l'art contemporain est-il mal?*, Lausanne, Fauvre, 2000, p.67.
22. Yves Michaud, *L'Art a l'état gazeux*, p.7 e 9.
23. Ibid., p.77.
24. Serge Daney, *La salaire du zappeur*, Paris, POL, 1993, p.12.
25. Yves Michaud, *L'Art a l'état gazeux*, p.120-1.
26. Sigmund Freud, "Civilization and its discontents", p.271, 281 e 282.
27. Joseph Brodsky, "The condition we call exile", *On Grief and Reason*, Nova York, Farrar, Straus and Giroux, 1995, p.34.

6. Tornando o planeta hospitaleiro para a Europa *(p.228-60)*

1. Termos opostos de Heidegger: numa tradução aproximada, *zuhanden* significa "à mão" e, portanto, óbvio – despercebido e manuseado de forma concreta; já *vorhanden* se refere a coisas "em frente", visíveis por serem ruidosas e perturbadoras.
2. Jacques Derrida, *Cosmopolites de tous les pays, encore un effort!*, Paris, Galilée, 1997, p.42. "Hospitalidade *é* cultura; não é uma ética entre outras. ... Ética *é* hospitalidade."
3. Ver Ryszard Kapuscinski, *Lapidarium V*, Varsóvia, Czytelnik, 2002.
4. Ver Denis de Rougemont, "L'Aventure mondiale des européens" (1962), *Écrits sur l'Europe*, Paris, Éditions de la Difference, 1994.
5. Ver Jürgen Habermas, *L'Occidente diviso*, Roma, Editori Laterza, 2005.
6. Immanuel Wallerstein, "Quo Vadis America?", *Commentary*, n.141, 15 jul 2004, Fernand Braudel Center, Binghamton University/State University of New York; acessível em: http://fbc.binghamton.edu./commentr.htm; Morris Berman, *Dark Ages America*, Nova York, Norton, 2006, p.302-3.
7. Apud Matthew J. Morgan, "The Garrison State revisited: civil-military implications of terrorism and security", *Contemporary Politics*, v.10, n.1, mar 2004, p.5-19.
8. Paul Virilio, "Cold panic", *Cultural Politics*, n.1, 2005, p.27-30.
9. Ted Koppel, "The long, cost-free war", *New York Times*, 6 nov 2007.
10. Paul Krugman, "Deep in debt, and denying it", *International Herald Tribune*, 14 fev 2006.

11. George Soros, *The Age of Fallibility: The Consequences of the War on Terror*, Nova York, Public Affairs, 2006, p.108 e 123.
12. Ver George Steiner, *The Idea of Europe*, Amsterdã, Nexus Institute, 2004, p.32-4.
13. Ver em particular Hans-Georg Gadamer, *Das Erbe Europas*, Frankfurt, Suhrkamp, 1989. Citações nesse parágrafo apud tradução francesa, *L'héritage de l'Europe*, Paris, Rivages Poche, 2003, p.40 e 124.
14. Idem.
15. Ver Lionel Jospin, "Solidarity or playing solitaire", *Hedgehog Review*, segundo trimestre de 2003, p.32-44.
16. Ver, por exemplo, Cris Shore, "Wither European citizenship?", *European Journal of Social Theory*, fev 2004, p.27-44.
17. Jürgen Habermas, *The Postnational Constellation: Political Essays*, Cambridge, Polity Press, 2001, p.76.
18. Ibid., p.102.
19. Ibid., p.101.
20. Ver Sheldon Rampton e John Stauber, "Trading on fear", *Guardian Weekend*, 12 jul 2003.
21. Jacques Attali, *La voie humaine*, Paris, Fayard, 2004.
22. Joseph Stiglitz, "Trade imbalances", *Guardian*, 15 ago 2003.
23. Jürgen Habermas, *Postnational Constellation*, p.104.
24. Ibid., p.109.
25. Ibid., p.104 e 108.
26. Ver Jan-Werner Müller, "Europe: le pouvoir des sentiments; l'europa triotisme en question?", *La Vie des Idées*, n.19, abr-mai 2004.
27. Franz Kafka, "Advocates", *The Penguin Complete Short Stories of Franz Kafka*, Londres, Penguin Books, 1988, p.451.

· Índice remissivo ·

A
adiaforização, 61
Adorno, Theodor, 33, 200-2, 205, 209
Agamben, Giorgio, 85, 89, 91
Agier, Michel, 45
Alberti, Leon Battista, 215
Anders, Günther, 115, 120
aprendizado × esquecimento, 150-1, 184-93
aprendizagem vitalícia/educação vitalícia, 186-8, 192-5, 197
Arendt, Hannah, 204-5, 207-8
Aristóteles, 38, 169, 257
arte da vida, 23-4, 121-2, 128-31, 136, 140-4
artes líquidas modernas, 200-3, 215-6, 218-21, 222-4
Attali, Jacques, 251
autoestima/amor-próprio, 39-41
autossatisfação/autorrealização, 59-60

B
Bakhtin, Mikhail, 161
banalização, 98-104, 108
Bateson, Gregory, 105
Baudrillard, Jean, 181
Beck, Ulrich, 115
beleza, 204, 214-6, 221-6
Belloc, Hilaire, 187
Benjamin, Walter, 147
Bennett, William J., 250
Berlin, Isaiah, 119
Berman, Morris, 235
Bertman, Stephen, 176
Blake, William, 243-4
Boltanski, Luc, 67
Boorstin, Daniel J., 212

Borges, Jorge Luis, 23
Bourdieu, Pierre, 56, 115, 196
Brecht, Bertolt, 44
Brodsky, Joseph, 52, 182, 201, 206, 226-7
Burke, Kenneth, 117
busca da felicidade, 120-2, 162, 170-4, 184

C
cadeia cismogenética, 104-7, 114
Calvino, Italo, 83
Campbell, Colin, 65
Camus, Albert, 124
Carroll, Lewis, 221
Castells, Manuel, 33
Chalk, Frank, 87
Chiapello, Ève, 67
cidadania, 192-7, 246
civilização, 84-5, 94, 123, 155-60, 225-6
Cohen, Richard, 69
comunidade, 27-30, 109-11, 155-9
confiança, 60-3, 67-73, 110, 146-7
construção da ordem, 89-92, 108-12
construção de/da nação/construção nacional, 158-9, 246, 257
consumismo, 56-65, 67, 143-4, 148-53, 162-3, 165, 169-70, 172-5, 208-11
contenção local × responsabilidade global, 253-5
cultura, 198-205, 209
"cultura homeostática", 204-6

D
De Kooning, Willem, 139, 214
Derrida, Jacques, 230, 259

descarte de resíduos, 162-6, 175-7
Diderot, Denis, 118
Diken, Bülent, 71
Donne, John, 78
Dostoiévski, Fiódor, 52, 124
Dowling, Colette, 59-60
Drucker, Susan J., 72
Dubar, Claude, 25
Dunn, John, 144
Durkheim, Émile, 53, 57

E
Ehrenberg, Alain, 57
Elias, Norbert, 91, 158-9
Ellin, Nan, 71
enxames, 21-3
Eriksen, Thomas Hylland, 164, 166-8
Esclarecimento (Iluminismo), 118-9
Ésquilo, 106-7
Estado social, 144-8
estrangeiros/estranhos, 44-5, 71-5
Europa × EUA, 233-43
exigência ética, 37, 61-4, 69
expressão soberana da vida, 63, 70, 75, 77

F
Fein, Helen, 87
Ferguson, Harvie, 47
Festinger, Leon, 42
Foucault, Michel, 128, 159
Freud, Sigmund, 31, 37-8, 53, 56, 123-4, 155-6, 158, 225-6

G
genocídio, 87-9, 95, 107-11
gerencialismo, 199-209
Girard, René, 110
Giroux, Henry, 195
globalização, 32-5, 44-5, 77-83, 112-4, 249-51
Guerra ao Terror/Guerra contra o Terrorismo, 236-9
"guerra de sítio" × "guerra de movimento", 237
Gumpert, Gary, 72

H
Habermas, Jürgen, 35, 117, 119, 234, 247-8, 254-6, 259
Haste, Helen, 163
Havel, Václav, 36, 117
Hegel, Friedrich, 185
Heidegger, Martin, 48, 96, 184, 228, 230

hibridismo cultural, 30
Hilberg, Raul, 93
Hillel, rabino, 38
Hobbes, Thomas, 41, 53, 56, 61, 85, 156
Hochschild, Arlie Russell, 60, 65-7, 144
Holbrook, Richard, 101
Holocausto (holocausto), 86-91, 94-6, 103-4
Horkheimer, Max, 202
hospitalidade, 228-30
Husserl, Edmund, 46-8, 50

I
identificação, 13, 20, 29, 31, 126, 180
inadequação × culpa, 57-8
intelectuais, 31-6, 116-7

J
Jaspers, Karl, 78
Jonas, Hans, 79, 210
Jonassohn, Kurt, 87
Jospin, Lionel, 245

K
Kafka, Franz, 260
Kant, Immanuel, 16, 46, 118, 229-30, 240, 245
Kapuscinski, Ryszard, 107-8, 112, 230-1
Kaufmann, Jean-Claude, 27
Keats, John, 215, 221
Klein, Naomi, 212-3
Knowlton, Brian, 196
Koppel, Ted, 238
Koselleck, Reinhardt, 257-8
Kotter, John, 188
Krugman, Paul, 240
Kundera, Milan, 150, 206, 210

L
Lanchester, John, 138
Layard, Richard, 172
Lévinas, Emmanuel, 46-61, 68-70, 83
Lévi-Strauss, Claude, 181
liberdade × segurança, 20-1, 24-5, 123-4
Livingstone, James, 65
Locke, John, 120-1
Logstrup, Knud, 51, 54-5, 57, 61-3, 68-70, 75-6, 83

M
Martin, Bill, 168
Maslow, Abraham, 172
materialização de/do amor, 65-6
Mathiesen, Thomas, 175

Melucci, Alberto, 189-90
memória histórica, 96-8
Menênio Agripa, 80
mercadorização/mercantilização da cultura, 210-4, 221-3
Merton, Robert K., 76
Michaud, Yves, 214, 222-4
Mirandola, Pico della, 124
mixofobia, 73-5
modernidade líquida × modernidade sólida, 14, 55, 57, 110-1, 123-4, 137, 143, 155, 161-2, 170, 176, 179, 184, 188-92
Mort, Frank, 61
Mrozek, Sławomir, 183
Munro, Rolland, 169

N
Nemo, Philippe, 69
Nietzsche, Friedrich, 41-2

O
Offe, Claus, 115, 258
Oswald, Andrew, 172
Outro, 47-51, 59-61, 76, 244

P
paridade, 18-9, 123-5
Parsons, Talcott, 153, 175, 205
Pascal, Blaise, 184
Petrella, Ricardo, 189
Picasso, Pablo, 216
Platão, 117
Poirié, François, 52
política de vida, 20-1, 34, 122-3
princípio do prazer × princípio de realidade, 54, 56-7, 156, 160

R
Ramonet, Ignacio, 166
Ranke, Leopold Von, 96
redes, 19, 125-6
"refugos humanos"/"homens como refugo", 45, 145, 163
Renan, Ernest, 158
responsabilidade, 52-5, 57-61, 124, 150
ressentimento, 41-5, 71-7
"revolução gerencial, versão 2", 206, 209-11, 226-7
Ricœur, Paul, 96
risco, 59, 74-5, 123-4, 145
Rorty, Richard, 116-7
Rougemont, Denis de, 232
Rousseau, Jean-Jacques, 41, 118

S
Sabini, John P., 90
sacralização, 98-101, 104, 108
Sartre, Jean-Paul, 131-2
Scheler, Max, 41-4
Schmitt, Carl, 85, 91
Schwarzer, Michael, 73
"secessão, versão 2", 80-2
Sennett, Richard, 73-4
Shakespeare, William, 97
Shaw, George Bernard, 211
Shestov, Leon, 64
Silver, Mary, 90
Simmel, Georg, 49-50, 52, 168-9, 181
Singly, François de, 24-5
solidariedade, 67, 82, 111, 144-8, 253, 256, 259
Soros, George, 242
Stasiuk, Andrzej, 183
Steiner, George, 192, 213, 243
Stevenson, Robert Louis, 191
Stiglitz, Joseph, 252
Swida-Ziemba, Hanna, 127-8, 130-1

T
Tarkowska, Elzbieta, 165
tempo/temporalidade pontilhista, 176-80
"tempos sombrios", 207-8
Terceiro, o/um, 49-52
Tocqueville, Alexis de, 119
Todorov, Tzvetan, 98-9, 101-2
Tönnies, Ferdinand, 108
totalitarismo, 91

U
utopia, 33-4, 60

V
Valdés, Manolo, 218-20
Veblen, Thorstein, 43
vida na cidade, 70-3
Villeglé, Jacques, 217-20
Virilio, Paul, 237
Voltaire, 226

W
Wallerstein, Immanuel, 235
Warhol, Andy, 225
Weber, Max, 80, 91, 152
Wilde, Oscar, 200
Wolfe, Tom, 217

ESTA OBRA FOI COMPOSTA POR MARI TABOADA
EM AVENIR E MINION E IMPRESSA EM OFSETE PELA
GRÁFICA BARTIRA SOBRE PAPEL PÓLEN SOFT DA SUZANO S.A.
PARA A EDITORA SCHWARCZ EM SETEMBRO DE 2021

A marca FSC® é a garantia de que a madeira utilizada na fabricação do papel deste livro provém de florestas que foram gerenciadas de maneira ambientalmente correta, socialmente justa e economicamente viável, além de outras fontes de origem controlada.